JE VEUX REVOIR MAMAN

Alain Vincenot

JE VEUX REVOIR MAMAN

Préface de Simone Veil

Avant-propos d'André Kaspi

ÉDITIONS FRANCE LOISIRS

Édition du Club France Loisirs,
avec l'autorisation des Éditions des Syrtes

Éditions France Loisirs,
123, boulevard de Grenelle, Paris.
www.franceloisirs.com

ISBN : 2-7441-9227-9

PRÉFACE

Vies parallèles, vies cachées, vies meurtries, vies sauvées, les destinées qu'Alain Vincenot a entrepris de raconter dans ce livre montrent qu'il n'y a pas de distance entre la « petite histoire » et la « Grande Histoire ». Il arrive souvent que les deux se rejoignent. L'enjeu est ici le sort de quelques enfants dont nous lisons les témoignages avec émotion. La grande faille que constitue la Shoah dans l'histoire de l'Humanité est ici présente dans chaque anecdote, chaque petit fait rapporté dans ces pages.

Pour rendre compte des faits, le rôle du témoignage est capital. Souvenons-nous que le projet nazi d'extermination des juifs était fondé sur le secret et l'oubli : il ne devait y avoir ni témoin ni histoire. C'est pourquoi dans le témoignage se joue encore aujourd'hui la victoire définitive sur le nazisme. Au retour de déportation, il n'a pas été aisé de faire entendre des témoignages sur ce qui s'était passé. Nous nous heurtions à l'incrédulité, voire à l'indifférence. Les gens ne voulaient pas savoir. D'autres problèmes retenaient leur attention : leur pays en ruine, leur maison souvent aussi, leur famille. La plupart des adultes avaient subi deux guerres mondiales, dix années cumulées de conflit en trois décennies. Mais le monde ne pouvait pas tarder davantage à comprendre que cette guerre-ci marquait une rupture historique plus forte, un traumatisme plus profond encore que la Grande Guerre, dont le carnage avait pourtant dépassé celui de tous les conflits précédents. Le crime de la Shoah bouleversait les réflexions sur la civilisation et les valeurs que l'on croyait définitivement acquises.

Une question s'est alors posée : comment les plaies de 1914-1918, la « der des der », n'avaient-elles pas su, par un travail de mémoire approprié, préserver d'errements encore plus destructeurs ? La mémoire devenait un devoir, elle créait une mission, elle appelait à une vocation. Ainsi se dessinait l'engagement des Européens de l'après-Shoah. Avec le nazisme, toute l'Europe avait sombré. Il fallait la reconstruire, différemment. Non pas en oubliant tout, en faisant table rase, en enfouissant les ruines pour ne plus avoir à supporter leur atroce vision. Ç'eût été la facilité, et bientôt de nouvelles ruines. Tout au contraire, il fallait reconstruire l'Europe sur la mémoire. Il fallait marier l'histoire et l'espoir. Il fallait s'engager, pour longtemps, en bâtissant sur le roc.

En m'engageant personnellement dans l'œuvre de la construction européenne, je n'ai jamais cessé de penser que de la place de la Shoah dans la conscience collective européenne dépendait largement le destin de l'Europe future. Et si, depuis la libération d'Auschwitz jusqu'à l'élargissement de l'Union européenne qui a réunit l'Est et l'Ouest du Vieux Continent, nous avons connu près de soixante ans de paix, c'est, j'en suis sûre, grâce aussi au travail de mémoire.

À la génération des témoins devait succéder une génération d'historiens qui poursuivrait l'ouvrage, d'une autre manière. Le livre d'Alain Vincenot se situe exactement à cette charnière. C'est un travail d'historien, soucieux de recueillir les témoignages de survivants : dix-neuf vies, dix-neuf histoires d'enfants et de familles.

Leurs origines étaient diverses. Certaines familles étaient françaises depuis bien longtemps. D'autres, venues d'Allemagne, d'Europe centrale, de Grèce ou d'ailleurs, avaient trouvé refuge depuis peu sur notre terre d'accueil, la France, qui avait vu naître les droits de l'homme, qui avait donné la citoyenneté aux juifs, qui avait su défendre Dreyfus au nom de la justice. Et tout cela paraissait une garantie suffisante. Et pourtant, entre 1940 et 1944, cette terre d'accueil est devenue, comme le reste de l'Europe, une terre de malheur.

Malgré tout, en ces temps tragiques, des portes se sont ouvertes, des mains se sont tendues, des amis inconnus et insoupçonnés se sont révélés. Car si le sol français était occupé, l'humus restait celui des valeurs de la France. Ce livre montre, selon les mots de l'auteur, « des citoyens ordinaires, qui ont contribué à déjouer les plans d'extermination nazis », et qui ont sauvé en même temps que les vies des enfants juifs l'honneur de notre pays. Ces hommes et ces femmes ordinaires, invités soudainement à l'héroïsme, ont agi sans hésiter, au risque de leur vie, pour sauver des enfants innocents. En accueillant des juifs, ces « Justes » ont été les premiers à comprendre le sens profond de la Shoah : l'inhumanité de la conscience moderne, le Mal absolu appelé à rester un absolu dans un monde de relativisme moral.

En lisant le récit de ces actes héroïques, faits admirables mais en même temps si simples, il est difficile de contenir son émotion. Pourtant, cet ouvrage saisissant ne s'acquitte pas de ce qu'on pourrait appeler un facile devoir d'émotion ; il remplit aussi un véritable devoir d'information. Les histoires rapportées contribuent à une meilleure connaissance des résistances locales et des filières de sauvetages. Les situations, en effet, sont diverses. L'action des réseaux y est bien montrée. L'Entraide temporaire, par exemple, structure clandestine très active à Paris qui agissait sous l'apparence d'une œuvre annexe de la Croix-Rouge, sauva ainsi plus de cinq cents enfants juifs, grâce à l'action de femmes de toutes origines qui prirent en plein Paris des risques considérables. Il faut aussi citer les écoles, et notamment les institutions religieuses, dans lesquelles ont trouvé refuge les enfants. Mais, à côté des réseaux, on compte aussi de très nombreuses actions isolées, spontanées, en faveur d'enfants que le hasard avait conduits là. Parmi tant d'autres, citons les paroles de Sarah sur la famille qui l'avait recueillie : « Je leur ai demandé pourquoi ils s'étaient comportés avec autant de courage. Ils ont répondu : "Nous avons la foi en Jésus-Christ. Il fallait empêcher les nazis de tuer des innocents." » Mais cette famille ne se contente pas de l'héberger. Grâce à elle, Sarah construit son avenir, puisque, sous un faux nom, elle prépare, passe puis réussit son bac. Quel symbole, en pleine Occupation, que cette jeune fille juive protégée par des chrétiens obtenant grâce à eux l'emblématique « passeport » du progrès social, de l'émancipation et de l'intégration dans la République.

Très nombreux ont été les Français de toutes les couches de la société qui ont accueilli chez eux de jeunes enfants dont il fallait cacher les origines. Certains parlaient plus ou moins bien le français. Il fallait aussi, parfois, les emmener à l'église pour ne pas que l'on se pose de questions. Il ne faut pas oublier, par ailleurs, combien la vie quotidienne était alors difficile pour beaucoup d'entre eux, dans cette période de pénurie : les principaux produits alimentaires et les vêtements étaient rationnés. Pour la plupart, les enfants cachés n'avaient ni carte d'alimentation, ni carte pour les textiles. Il fallait se méfier des voisins, même les plus aimables mais dont la curiosité était grande et qui, ne serait-ce que par imprudence, risquaient de parler de cette présence insolite.

Il fallait enfin convaincre les enfants concernés de se taire et d'être prudents. Bref, leur donner confiance.

Les historiens montrent que, dans le régime totalitaire nazi, les responsabilités étaient savamment diluées, habilement fractionnées, pour que personne ne se sente vraiment coupable. Les Justes sont à l'exact opposé de ce fractionnement. L'héroïsme n'était pas dilué ; il engageait toute la conscience ; il assumait tous les risques. Qu'il s'agisse des filières, des réseaux constitués ou des actes individuels, spontanés, gratuits, de ceux qui révèlent en un instant ce que l'âme humaine contient de meilleur, quel contraste avec les « exécuteurs » de la Shoah, fonctionnaires anonymes, rouages impersonnels d'une machine de mort, perverse au point d'être programmée pour mettre à l'abri la conscience elle-même des assassins. Mais Alain Vincenot a voulu aussi évoquer l'identité juive et française de ces enfants dont la vie s'est construite sur une absence, celle des parents arrêtés, emprisonnés, morts en déportation. Robert, qui a oublié le visage de ses parents et se souvient seulement que son père l'emmenait à la synagogue, et aussi à chaque défilé du 11 novembre, écrit : « Je ressentais au fond de moi un vide terrible. Je me rattachais aux quelques prières juives que je connaissais. »

Je voudrais également rappeler les paroles du président de la République, Jacques Chirac, qui, reconnaissant enfin la responsabilité de la France lors des cérémonies de commémoration de la rafle du Vel'd'Hiv du 16 juillet 1995, rappelait : « Ne rien occulter des heures sombres de notre histoire, c'est tout simplement défendre une idée de l'homme, de sa liberté, de sa dignité. »

Les missions de la Fondation pour la mémoire de la Shoah, que j'ai l'honneur de présider, s'inscrivent dans cette ligne : perpétuer, comprendre, enseigner. C'est sur ce dernier verbe que je voudrais m'arrêter un instant pour terminer. L'évolution actuelle de la société française, soixante ans après la libération d'Auschwitz, nous y incite. Même si l'antisémitisme d'aujourd'hui n'est évidemment pas comparable à celui des nazis et de la France de Vichy, il faut être vigilant. Qui pourrait, après avoir lu ce livre, être encore tenté de contester la rude vérité des faits, à laquelle il n'est pas possible de se dérober. Il est indispensable que la spécificité de la Shoah ne soit jamais banalisée, car ce serait remettre en cause la défaite du nazisme. Aucun enseignant ne doit être tenté de céder à la pression des difficultés sociales ou pédagogiques pour minimiser les faits historiques. Aucun jeune ne doit prétexter de son origine, de son identité, de ses difficultés à s'intégrer sur la terre d'accueil qu'est la France, pour contester la place de la Shoah dans ses cours d'histoire. Il existe un risque de négationnisme par amnésie ou banalisation qu'il convient de combattre. Enseigner la Shoah, mais surtout le processus qui y conduit, est un devoir.

Devoir exigeant et difficile. Les enseignants y ont un rôle essentiel : montrer aux élèves le prix de la tolérance, de la primauté du savoir et de la raison sur les phantasmes et les idéologies qui constituent le socle de l'éducation à la citoyenneté.

Ils sont aussi les porte-voix de la République afin qu'aucune petite fille ne puisse plus entendre : « Tu ne t'appelles plus Lili Goldberg mais Lili Page », et qu'aucun enfant ne puisse plus aujourd'hui, ni jamais, écrire ces vers :

Qui donc est cette enfant
Cette enfant qui se cache
Tout au fond de la classe
Sans répondre : « Présente ! »

PRÉFACE

Qui donc est cette enfant
Tout au fond de la classe
Qui, entendant son nom
Reste sans réaction ?

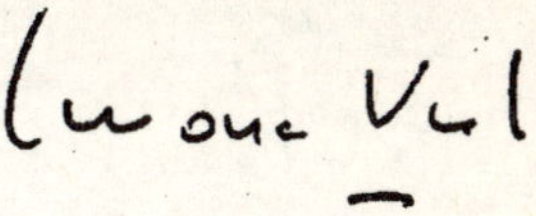

Simone Veil
Paris, le 20 décembre 2004

AVANT-PROPOS

Assassiner les adultes, assassiner les enfants, tels sont les objectifs que poursuivent les auteurs du génocide. Sur les 75 721 juifs qui ont été déportés de France, 1 893 avaient moins de six ans, 4 129 de six à douze ans, 4 125 de treize à dix-sept ans, soit, au total, 10 147 enfants. Plus de 26 % des adultes juifs qui habitaient la France ont été les victimes de la solution finale. Parmi les enfants et les adolescents, la proportion s'établit à 12,68 %.

Alain Vincenot a recueilli le témoignage de celles et de ceux qui ont échappé à la tragédie. Leur sort n'est pas identique. Les uns ont été hébergés, puis « planqués », par les soins d'organisations juives comme l'OSE (Œuvre de secours à l'enfance), l'ORT (Organisation et reconstruction par le travail) et les Éclaireurs israélites. Plus de 4 000 enfants sont passés par les maisons de l'OSE de la zone dite libre, par exemple dans la Creuse à Chabannes, Masgelier et Chaumont, en Haute-Vienne, dans l'Allier. L'ORT encourage « le développement du travail artisanal, industriel et agricole parmi les juifs ». Dans la zone non occupée, elle fait fonctionner, dans quatorze sites, soixante cours qui forment à différents métiers. Des centres ouvrent ou rouvrent leurs portes dans la zone occupée. Les Éclaireurs israélites animent cinq maisons d'enfants, parmi lesquelles celle de

Moissac qui abrite, jusqu'en 1943, le secrétariat du mouvement. Et n'oublions pas la Colonie scolaire, qu'on désigne souvent par l'expression « Comité de la rue Amelot », qui sert des repas, donne des consultations médicales et prend en charge des centaines d'enfants. La plupart de ces organismes ont accepté, non sans réticences, de faire partie de l'UGIF (Union générale des israélites de France), créée à l'initiative des Allemands et du Commissariat général aux questions juives. L'aide des chrétiens, des individus comme de l'Église, est déterminante. Le franchissement, toujours dangereux, parfois tragique, des frontières vers l'Espagne ou la Suisse offre une autre possibilité aux enfants juifs.

L'ouvrage d'Alain Vincenot nous fait entrer dans le monde des « enfants cachés ». Ils ont survécu aux horreurs de la guerre. Privés de leurs parents, réfugiés dans des « maisons » ou chez des particuliers plus ou moins accueillants, plus ou moins compréhensifs, ils ont eu plus de chance que les enfants arrêtés, internés, déportés, gazés. Mais pendant très longtemps, ils ont tu leurs souffrances, caché leur angoisses et, surtout, passé sous silence l'attente interminable, le plus souvent vaine, du retour de leurs parents. Ils nous disent aujourd'hui comment ils ont vécu les vexations que les Allemands ont imposées aux juifs, tout particulièrement le regard des autres sur l'étoile jaune que, dès l'âge de six ans, tous les juifs devaient porter dans la zone occupée. Ils nous racontent l'arrestation de leurs parents, les rafles, le comportement des gestapistes et des policiers français. Ils nous décrivent leur vie clandestine, les prénoms et les noms dont ils ont été affublés pour échapper à la persécution, la vie dans les familles d'accueil. Les plus chanceux ont retrouvé leur père et leur mère une fois la Libération venue. Les autres ont attendu en vain que la vie familiale reprenne son cours. Et puis, les années se sont succédé les unes aux autres. Les enfants sont devenus des adultes. Ils ont eu des enfants à leur tour. Aujourd'hui, ils sont grands-parents et éprouvent enfin l'impérieux besoin de raconter, de laisser derrière eux les traces de la mémoire.

Voilà un témoignage douloureux et précieux, qui enrichit notre connaissance de cette période sanglante. Alain Vincenot sait le replacer dans le contexte historique. Il ne se contente pas de citer les propos. Il les éclaire. Ce n'est pas le moindre des mérites de ce beau livre.

André Kaspi,
professeur d'histoire contemporaine à la Sorbonne.

Qui a vu le crapaud traverser une rue ? C'est un tout petit homme : une poupée n'est pas plus minuscule. Il se traîne sur les genoux : il a honte, on dirait... Non ! Il est rhumatisant. Une jambe reste en arrière, il la ramène ! Où va-t-il ainsi ? Il sort de l'égout, pauvre clown. Personne n'a remarqué ce crapaud dans la rue. Jadis, personne ne me remarquait dans la rue, maintenant, les enfants se moquent de mon étoile jaune. Heureux crapaud ! Tu n'as pas l'étoile jaune.

MAX JACOB [1]

J'appelle aujourd'hui à témoin devant vous les cieux et la terre : j'ai placé devant toi la vie et la mort, le bonheur et la malédiction. Choisis la vie ! Et tu vivras, toi et ta descendance.

DEUTÉRONOME [2]

Mes chers parents,
Si le ciel était du papier et si toutes les mers du monde étaient de l'encre, ils ne suffiraient pas pour que je vous décrive ma souffrance et tout ce qui se passe autour de moi.

CHAÏM [3]

1. Max Jacob, « Amour du prochain », in *Derniers Poèmes,* Gallimard, 1945.
2. XXX, 15 et 19.
3. Quatorze ans, assassiné au camp de Pustkow.

À Chaïm

INTRODUCTION

27 janvier 1945 : une unité d'avant-garde de l'armée soviétique libère Auschwitz. Depuis que le premier convoi de déportation transportant plus de 1 100 juifs a quitté la gare du Bourget-Drancy, le 27 mars 1942, pour une « destination inconnue », plus de 75 000 juifs de France, dont 10 000 enfants, ont été envoyés vers les camps d'extermination. À peine 2 560 d'entre eux sont revenus.

En partie occupée jusqu'au 11 novembre 1942, totalement envahie ensuite, la France, patrie de la Déclaration des droits de l'homme et du citoyen, a cessé pendant quatre longues années d'incarner la liberté, l'égalité et la fraternité. Ayant écrasé la République sous sa botte, le gouvernement d'un État français collaborateur s'est mis au service de l'hitlérisme, notamment dans son projet raciste le plus ignoble : la destruction des juifs d'Europe, quel que soit leur âge. Des « heures noires qui souillent à jamais notre histoire et sont une injure à notre passé et à nos traditions », reconnaîtra Jacques Chirac le 16 juillet 1995 lors de la commémoration de la grande rafle des 16 et 17 juillet 1942. Il ajoutera : « Oui, la folie criminelle de l'occupant a été secondée par des Français, par l'État français. »

En septembre 1939, à la déclaration de la guerre, la France compte environ 300 000 juifs, dont 110 000 Français depuis plusieurs générations, 70 000 naturalisés et 120 000 étrangers et apatrides. Soit moins de 1 % de la population totale. Toutefois, ayant rejoint en grand nombre les rangs de la Résistance, ils seront 17 % parmi les fusillés du mont Valérien, ce qui infirme l'image des juifs se laissant conduire passivement à l'abattoir. Si certains ont acquis la célébrité dans la politique, la banque, les sciences, la littérature ou les arts, la majorité d'entre eux appartient à la petite ou à la moyenne bourgeoisie. Les immigrés les plus récents vivent souvent dans la pauvreté. En mai 1940, 40 000 réfugiés juifs franchissent la frontière après l'invasion par l'armée allemande de la Belgique, du Luxembourg et des Pays-Bas. Autrement dit 340 000 hommes, femmes, enfants seront officiellement dénoncés comme agents du « complot juif ». « Le chancre qui ronge la France », vomit une affiche placardée sur les murs. La presse collaborationniste se déchaîne. Ainsi, le journal *Au Pilori* du 14 mars 1941 éructe : « Mort au juif ! Mort à la vilenie, à la duplicité, à la ruse juive ! Mort à l'argument juif ! Mort à l'usure juive ! Mort à tout ce qui est faux, laid, sale, répugnant, négroïde, métissé, juif ! Mort ! Mort au juif ! Oui. Répétons. Répétons-le ! Mort ! M.O.R.T. AU JUIF ! Là ! Le juif n'est pas un homme. C'est une bête puante. On se débarrasse des poux, on combat les épidémies. On lutte contre les invasions microbiennes. On se défend contre le mal, contre la mort, donc contre les juifs. » En septembre de l'année suivante, Paris inaugure une exposition organisée par l'Institut d'études des questions juives (IEQJ) en liaison avec les services allemands, consacrée à cette « araignée » néfaste pour le pays : « C'est la juiverie faisant un festin avec le sang de notre France. » Les visiteurs peuvent notamment lire : « Ce n'est pas à la sueur de son front que le juif gagne son pain. Il vole en spéculant et en trafiquant sur le travail des autres. » Ils apprennent également que « l'inquiétude, l'inversion sexuelle et la destruction de nos traditions sont les thèmes favoris des écrivains juifs, coupables de la perversion du goût et de l'esprit français par le théâtre », que les juifs sont « les protecteurs du crime, les organisateurs de l'exode de guerre de 1939-1940 où les nôtres ont connu une effroyable misère ».

La première ordonnance allemande antijuive date du 27 septembre 1940. Elle porte sur le recensement des juifs résidant en zone occupée et de leurs biens. Or, dès le mois de juin, Vichy s'appuie sur deux décrets pris sous la IIIe République, ceux des 2 mai et 12 novembre 1938 prévoyant l'expulsion des étrangers « indignes de notre hospitalité » ou leur internement dans des « centres spéciaux », pour envoyer dans des groupements de travailleurs étrangers (GTE) les 30 000 juifs étrangers engagés volontaires dans l'armée française qui n'avaient été ni tués, ni faits prisonniers pendant la « drôle de guerre ». La plupart seront déportés. Le 22 juillet, soit douze jours à peine après le vote, par le Parlement, des pleins pouvoirs au « vainqueur de Verdun », est créée une commission chargée de réviser les naturalisations accordées depuis la loi du 10 août 1927 qui offrait la possibilité à quiconque né en France de parents étrangers d'opter pour la nationalité française. 15 154 Français d'origine étrangère, dont 6 307 juifs, seront déchus de leur nationalité. Le 27 août est abrogé le décret-loi du 21 avril 1939 qui interdisait toute attaque dans la presse « envers un groupe de personnes appartenant, par leur origine, à une race ou à une religion déterminée, lorsqu'elle aura pour but d'exciter la haine entre les citoyens ou habitants ». Autant de décisions prises, avant la première ordonnance allemande, par le gouvernement du maréchal Pétain qui allait se faire l'instrument de la Shoah en France.

Le 3 octobre, Vichy promulgue le premier statut des juifs, les excluant d'un certain nombre de postes dans l'administration. Le lendemain, il permet aux préfets d'assigner à résidence les juifs étrangers ou de les interner dans des camps spéciaux. Le 7, il abroge le décret Crémieux du 24 octobre 1870 qui avait naturalisé collectivement les juifs d'Algérie. Pendant quatre ans, renouant avec l'antisémitisme virulent de l'affaire Dreyfus, il accumulera des mesures de plus en plus contraignantes, de plus en plus criminelles, privant les juifs de leurs professions, les spoliant de leurs biens, les réduisant à la misère, leur interdisant les cinémas, les théâtres, les lieux publics, les squares. Il les arrêtera, les internera, les entassera dans 78 convois de la mort... Au total, l'ensemble des lois, décrets, ordonnances et autres textes antijuifs organisant en France le fichage, l'exclusion, l'arrestation, puis la déportation des juifs, représente un volume de près de deux cents pages. La plupart proviennent de Vichy, qui va engager sa complicité jusque dans la « solution finale » programmée le 20 janvier 1942 par seize dignitaires nazis, à Wannsee, un quartier de Berlin. Ce jour-là, Reinhard Heydrich, chef de l'Office central de sécurité du Reich, donne le chiffre de 11 millions de juifs européens à « traiter ». Dans son rapport remis en avril 2000 au Premier ministre, la mission d'étude sur la spoliation des juifs de France, présidée par Jean Mattéoli, président du Conseil économique et social et de la Fondation de la Résistance, constate : « Lorsque, pour mener à bien les déportations nécessaires à l'accomplissement de la "solution finale" choisie par les Allemands — le premier convoi, composé de 1 100 à 1 200 juifs, est parti de Drancy vers l'Est le 27 mars 1942 —, les juifs seront poursuivis et arrêtés en masse, ils se trouveront dépourvus de tout moyen de défense contre leurs poursuivants : privés de leurs biens, de leur activité professionnelle, de leur liberté de circuler, recensés par l'administration et repérés par l'étoile jaune, consignés à domicile, ils n'auront plus qu'à être "cueillis" par les forces de l'ordre françaises et les occupants allemands. » La circulaire n° 173-42 du 13 juillet 1942 adressée par la direction de la police municipale de la préfecture de police de Paris à « messieurs les commissaires divisionnaires, commissaires de voie publique et des circonscriptions de banlieue », donne ainsi un « tableau récapitulatif des fiches d'arrestations » en prévision de la grande rafle des 16 et 17 juillet : 134 dans le I^{e} arrondissement, 579 dans le IIe, 2 675 dans le IIIe, 2 401 dans le IVe, 414 dans le Ve, 143 dans le VIe, 68 dans le VIIe, 128 dans le VIIIe, 902 dans le IXe, 2 594 dans le Xe, 4 235 dans le XIe, 588 dans le XIIe, 563 dans le XIIIe, 295 dans le XIVe, 397 dans le XVe, 424 dans le XVIe, 424 dans le XVIIe, 2 075 dans le XVIIIe, 1 917 dans le XIXe, 4 378 dans le XXe...

Dans une brochure éditée par l'association Les Fils et Filles des déportés juifs de France à l'occasion de l'inauguration à Paris, le 18 juillet 1986, de la place des Martyrs juifs du vélodrome d'Hiver, Serge Klarsfeld souligne : « Le 17 juillet, au cours d'une conférence entre la Gestapo et les responsables de la police française, ceux-ci ont insisté pour que les enfants de deux à quinze ans soient également déportés. Cela probablement en raison des résultats insuffisants de la rafle : 9 037 adultes au lieu des 20 000 à 22 000 prévus. Il est plus facile de déporter leurs enfants que de recommencer une nouvelle rafle. Par ailleurs, la déportation des enfants évite les multiples problèmes posés par leur prise en charge. » Un « aspect pratique » que relève également l'historien Raul Hilberg : « En 1942, il fut entendu qu'on arrêterait les familles d'apatrides sans leurs enfants, car les Allemands voulaient entretenir la fable selon laquelle les juifs allaient à l'Est pour travailler. Mais la police française, pour sa part, jugeait plus expéditif de s'emparer aussi d'enfants âgés de deux ans et plus : elle n'entendait pas devoir les relâcher de crainte d'être obligée de leur trouver un endroit où vivre puis d'avoir à fournir un contingent supplémentaire d'adultes pour remplir les trains. Ce dilemme aboutit à un compromis : on fit partir les parents des camps d'internement, les enfants suivirent quand Eichmann donna le feu vert. Par la suite, les transports emmenèrent enfants et adultes sans faire de distinction, et certains trains furent composés principalement d'enfants [1]. »

Durant l'été 1942, les autorités de Vichy internent des milliers de gosses à Pithiviers et à Beaune-la-Rolande, deux camps français du Loiret, puis les arrachent à leurs mères, déportées, avant de les envoyer également à Auschwitz, via Drancy. Parmi eux, Joseph Weismann, qui réussit à s'évader de Beaune-la-Rolande et gagne la Sarthe où des paysans le cachent jusqu'à la fin de la guerre. Il ne reverra jamais ses parents et ses deux sœurs. Il se souvient : « Des hurlements de bêtes comme je n'en avais jamais entendu, poussés par des mères qui se roulaient par terre, se tapaient la tête contre le sol. Et les enfants, affolés, pris de panique en les entendant, qui se mettaient à hurler aussi, qui faisaient pipi. Une scène terrible, qui me hante encore. Je ne sais pas combien de temps cela a duré, mais je n'ai jamais rien entendu de pire. Avec, instinctivement, le sentiment d'une situation de non-retour. Le lendemain régnait dans le camp un désarroi indescriptible. Les petits erraient, pleurant, la morve au nez, les fesses de plus en plus sales, désemparés. Une tristesse, une misère [2]... »

Autre témoignage : celui de Georges Wellers qui, arrêté le 12 décembre 1941 à Paris et déporté en juillet 1944 à Auschwitz, passera plus de deux ans en transit à Compiègne et à Drancy. Dans un livre [3], il raconte Drancy : « La veille

1. Raul Hilberg, *Exécuteurs, victimes, témoins. La catastrophe juive 1933-1945*, Gallimard, 1994.
2. Éric Conan, « Enquête sur un crime oublié », *L'Express*, 27 avril 1990.
3. Georges Wellers, *Un juif sous Vichy*, éditions Tiresias, 1991.

de la déportation, les enfants passèrent par la fouille comme tout le monde. Les garçons et fillettes de deux ou trois ans entraient avec leur petit paquet dans la baraque de la fouille où les inspecteurs de la PQJ [4] fouillaient soigneusement les bagages et faisaient ressortir les enfants avec leurs baluchons défaits. On avait installé près de la porte de sortie une table où, toute la journée, des hommes volontaires refaisaient tant bien que mal les paquets des enfants. Les petites broches, les boucles d'oreilles et les bracelets de fillettes étaient confisqués par la PQJ. Un jour, une gamine de dix ans est sortie de la baraque avec une oreille en sang parce que le fouilleur lui avait arraché sa boucle d'oreille que, dans sa terreur, elle n'arrivait pas à enlever assez rapidement. [...] Le jour de la déportation, les enfants étaient réveillés à cinq heures du matin et on les habillait dans la demi-obscurité. Il faisait souvent frais à cinq heures du matin, presque tous les enfants descendaient dans la cour très légèrement vêtus. Réveillés brusquement dans la nuit, morts de sommeil, les petits commençaient à pleurer et, peu à peu, les autres les imitaient. Ils ne voulaient pas descendre dans la cour, se débattaient, ne se laissaient pas habiller. Il arrivait parfois que toute une chambrée de cent enfants, comme prise de panique et d'affolement invincibles, n'écoutait plus les paroles d'apaisement des grandes personnes qui, incapables de les faire descendre, appelaient alors les gendarmes qui descendaient sur leurs bras les enfants hurlant de terreur. Puis, debout dans la cour, ils attendaient leur tour d'être appelés, souvent en répondant mal à l'appel de leur nom. Les aînés tenaient les petits par la main et ne les lâchaient pas. Dans chaque convoi, il y avait un certain nombre

4. Police des questions juives, créée le 19 octobre 1941 dans la zone occupée et la zone sud. Rattachée au ministère de l'Intérieur et travaillant en liaison étroite avec le Commissariat général aux questions juives (CGQJ), son rôle était de rechercher les infractions aux lois antijuives commises par des juifs et d'alimenter la police en renseignements concernant ces derniers.

d'enfants qu'on ajoutait pour terminer ; c'étaient ceux dont les noms étaient inconnus. Ces derniers étaient marqués sur la liste par des points d'interrogation. Cela n'avait pas beaucoup d'importance : il est douteux que la moitié des malheureux bambins ait pu supporter le voyage, et les survivants étaient sans doute détruits dès leur arrivée. »

Quatre mille enfants sans parents seront déportés de Drancy en deux semaines durant la seconde moitié du mois d'août 1942. Deux mille d'entre eux avaient moins de six ans, « tant était évidente aux yeux des Allemands la nécessité historique de mettre à mort les enfants des juifs », écrira Primo Levi [5]. La population, jusque-là plutôt indifférente au sort des juifs, s'émeut des scènes d'horreur auxquelles elle assiste. Le 17 août, un rapport de la préfecture de police de Paris signale :

« Les mesures prises à l'encontre des israélites ont assez profondément troublé l'opinion publique.

« Bien que la population française soit dans son ensemble et d'une manière générale assez antisémite, elle n'en juge pas moins sévèrement ces mesures qu'elle qualifie d'inhumaines.

« Les raisons de cette désapprobation reposent en grande partie sur les bruits qui circulent actuellement d'après lesquels les familles seraient disloquées et les enfants âgés de moins de dix ans confiés à l'Assistance publique.

« C'est cette séparation des enfants de leurs parents qui touche le plus les masses françaises et provoque des réactions qui se traduisent par des critères sévères à l'égard du gouvernement et des autorités occupantes. »

Illustrant le malaise qui se développe dans le pays malgré la virulence de la propagande antisémite, des voix s'élèvent

---

5. *Si c'est un homme,* Julliard, 1987, rééd. Robert Laffont, 2002.

parmi les responsables religieux chrétiens. Elles rejoignent celle du pasteur Marc Boegner qui, le 26 mars 1941, au nom du Conseil national de l'Église réformée de France, avait écrit à l'amiral Darlan, chef du gouvernement : « Nous sommes profondément émus, comme Français et comme chrétiens, par une loi qui introduit dans notre législation le principe raciste et dont la rigoureuse application entraîne pour des Français israélites de cruelles épreuves et de poignantes injustices. Nous nous élevons en particulier contre le principe en vertu de quoi l'État a rompu des engagements formels pris vis-à-vis d'hommes et de femmes dont l'immense majorité l'ont servi avec loyauté et désintéressement. On nous assure que la loi du 3 octobre 1940 n'est pas une loi de persécution religieuse. Si donc la liberté de culte demeure entière pour les israélites français aussi bien que pour les catholiques et les protestants, pourquoi est-elle, en fait, déjà enrayée ou menacée dans certaines localités ? En fait, une minorité religieuse est durement frappée. Notre Église, qui a connu toutes les souffrances de la persécution, manquerait à sa mission primordiale si elle n'élevait pas la voix en sa faveur. »

En mai 1942, le synode national de l'Église réformée diffuse un mandement « à lire dans toutes les chaires », stigmatisant les persécutions. En juin, alors qu'une récente ordonnance allemande impose aux juifs de la zone occupée de porter une étoile jaune, le pasteur André Bertrand, vice-président de la Fédération protestante, envoie à l'ensemble du clergé réformé une lettre « sur l'égalité des races devant Dieu ». Le 22 juillet, l'assemblée générale des cardinaux et archevêques de France s'adresse au maréchal Pétain : « Nous ne pouvons étouffer le cri de notre conscience. » Elle demande que « soient respectés les exigences de justice et les droits de la charité ». Le 20 août, le pasteur Boegner écrit au chef de l'État : « Aucun Français ne peut demeurer insensible à ce qui se passe depuis le 2 août dans les camps d'hébergement et d'internement. On répondra, on le sait, que la France ne fait que rendre à l'Allemagne des juifs que celle-ci a renvoyés en automne 1940. La vérité est que viennent d'être livrés à l'Allemagne des hommes et des femmes réfugiés en France pour des motifs politiques ou religieux, dont plusieurs savent d'avance le sort terrible qui les attend... Aucune défaite, vous nous l'avez rappelé vous-même, ne peut contraindre la France à laisser porter atteinte à son honneur. »

À Toulouse, l'archevêque, monseigneur Saliège, donne pour instruction aux religieux et religieuses de son diocèse de cacher des juifs et, surtout, des enfants. Le 22 août, dans une lettre pastorale lue en chaire dans toutes les églises, il s'élève contre les discriminations et les déportations raciales :

Mes très chers frères,

Il y a une morale chrétienne, il y a une morale humaine qui impose des devoirs et reconnaît des droits. Ces devoirs et ces droits tiennent à la nature de l'homme ; ils viennent de Dieu. On peut les violer. Il n'est au pouvoir d'aucun mortel de les supprimer.

Que des enfants, des femmes, des hommes, des pères et des mères soient traités comme un vil troupeau, que les membres d'une même famille soient séparés les uns des autres et embarqués pour une destination inconnue, il était réservé à notre temps de voir ce triste spectacle.

Pourquoi le droit d'asile dans nos églises n'existe-t-il plus ?

Pourquoi sommes-nous les vaincus ?

Notre Dame, ayez pitié de nous.

Notre Dame, priez pour la France.

Dans notre diocèse, des scènes émouvantes ont eu lieu dans les camps de Noé et de Récébédou. Les juifs sont des hommes, les juives sont des femmes. Les étrangers sont des hommes, les étrangères sont des femmes. Tout n'est pas permis contre eux, contre ces hommes, contre ces femmes, contre ces pères et ces mères de famille. Ils font partie du genre humain. Ils sont nos frères comme tant d'autres. Un chrétien ne peut l'oublier.

France, patrie bien-aimée, France qui porte dans toutes les consciences de tous les enfants la tradition du respect de la personne humaine, France chevaleresque et généreuse, je n'en doute pas, tu n'es pas responsable de ces erreurs.

Le 26 août, alors que débutent en zone sud les premières grandes rafles de 10 000 juifs « apatrides », rapidement livrés à l'occupant par la police de Vichy, l'archevêque de Montauban, monseigneur Pierre Théas, diffuse également une lettre pastorale de réprobation : « Je fais entendre la protestation indignée de la conscience chrétienne et je proclame que tous les hommes, aryens ou non aryens, sont frères parce que créés par le même Dieu ; que tous les hommes, quelle que soit leur race ou leur religion, ont droit au respect des individus et des États. Or les mesures antisémites actuelles sont un mépris de la dignité humaine, une violation des droits les plus sacrés de la personne humaine. Que Dieu console et fortifie ceux qui sont iniquement persécutés, qu'il accorde au monde la paix véritable et durable, fondée sur la justice et la charité. » Outre cette déclaration publique, le prélat ouvre les institutions de son diocèse aux réseaux engagés dans le sauvetage des juifs. Arrêté le 9 juin 1944 pour avoir refusé de recevoir le maréchal Pétain en visite officielle à Montauban, il sera interné à Compiègne jusqu'à la Libération. Le 8 juillet 1969, le mémorial Yad Vashem de Jérusalem lui décernera le titre de Juste des nations (dossier 197 a), ainsi qu'à monseigneur Saliège (dossier 197) dont la Résistance a diffusé la lettre à des centaines de milliers d'exemplaires dans toute la France.

Le 6 septembre, c'est le cardinal-archevêque de Lyon, monseigneur Gerlier, qui fait lire un texte de protestation auprès de ses fidèles. Réplique du journal *Au Pilori* : « Ce prêtre infâme, en vertu d'un pacte conclu avec la juiverie internationale, dirige son clergé dans la voie criminelle qu'il s'est choisie. » Malgré son admiration pour le maréchal Pétain, le primat des Gaules préside, avec le pasteur Marc Boegner, l'Amitié chrétienne, association fondée en 1941 pour secourir les victimes du régime de Vichy. Il sera déclaré Juste des nations le 15 juillet 1980 (dossier 1 769) ; de même que le chef de l'Église protestante, le 21 juin 1988 (dossier 2 698), qui, dès 1940, à la tête de la Cimade [6], va permettre de sauver des milliers de juifs, notamment à Lyon, au Chambon-sur-Lignon, en Ardèche, en Lozère, dans le Gard, l'Aveyron, la Drôme et le Tarn.

À Nice, où les juifs se sentent en sécurité, la situation se dégrade subitement en septembre 1943, après le départ des troupes italiennes qui s'étaient montrées plutôt clémentes à leur égard. Elles sont remplacées par des SS que commande Aloïs Brunner, l'adjoint d'Adolf Eichmann en France. Bien que fervent maréchaliste, l'évêque, monseigneur Rémond, ancien aumônier des armées en 1914-1918, va aider un couple de juifs, Moussa Abadi et Odette Rosenstock, à créer le réseau « Marcel » qui arrachera 527 enfants aux griffes de la Gestapo. Le 2 décembre 1981, le mémorial Yad Vashem lui décernera le titre de Juste des nations (dossier 5 061).

« Sans doute le nombre de sauveurs de juifs n'a-t-il été qu'une fraction minuscule de la population, note Lucien Lazare [7], membre de la commission pour la désignation des Justes des nations. Sans doute certains Français les ont-ils sévèrement critiqués. Mais d'autres les ont approuvés, voire admirés, tout en restant passifs. Cette passivité a très souvent joué en faveur de l'action des sauveurs. Rappelons que

6. Commission intermouvements auprès des évacués.

7. *Dictionnaire des Justes de France,* édition établie par Lucien Lazare, éditions Yad Vashem-Fayard, 2003.

l'attitude de l'ensemble de la population française envers les juifs a été fortement marquée par les avatars de la situation militaire et politique, ainsi que par la cruauté de la répression antijuive. À ce point de vue, l'obligation faite aux juifs d'arborer une étoile jaune, ainsi que les rafles et les déportations ont incité d'assez nombreux Français à venir en aide aux juifs et à prendre part aux opérations de sauvetage. Ce fut le cas dans plusieurs villages et quartiers, dont toute la population savait chez qui étaient cachés des juifs et a protégé le "secret". Cela explique la proportion relativement élevée de rescapés – 75 % – parmi les juifs de France. »

En effet, si des Français se déshonorent et déshonorent la France en dénonçant des juifs qui se cachent, si « d'honnêtes citoyens » s'accaparent les biens de leurs voisins déportés, si les policiers et les gendarmes qui arrêtent ces malheureux sont souvent des Français, de même que ceux qui gardent la trentaine de camps d'internement en zone sud et en zone nord [8], si beaucoup de « braves hommes » préfèrent regarder ailleurs plutôt que de risquer de voir des familles entières traitées comme du bétail, si la presse officielle se vautre dans l'immonde, si des artistes adoptent le style vert-de-gris pour ne pas déplaire à leurs nouveaux spectateurs, si les institutions se souillent dans la collaboration avec l'occupant nazi en se mettant au service de l'innommable, dans l'obscurité de la barbarie, de petites lucioles d'espoir clignotent çà et là. Et les innombrables

8. Les camps en France dans la zone nord : Beaune-la-Rolande, Compiègne, Drancy, Écrouves, La Lande, Paris (Vel'd'Hiv', Austerlitz, Bassano, Lévitan), Pithiviers et Vittel. Dans la zone sud : Gurs, Nexon, Mérignac, Les Milles, Noé, Rivesaltes, Septfonds, Vénissieux, Le Vernet, Rieucros, Brens, Agde, Récébédou, Argelès, Saint-Cyprien, Perpignan-hôpital Saint-Jean, Perpignan-hôpital Saint-Louis, Villemur-sur-Tarn, Masseube, stadium de Pau, château du Doux, La Meyze, Soudeilles, Sereilhac, Douadic, Châteauneuf-les-Bains, La Guiche, Mons, Nébouzat, Alboussière, Les Marquisats, Monfort-Montmélian et Reilhanne-Pont-la-Dame.

« salauds » ne doivent pas masquer la multitude des « gens biens ».

Plus de deux mille sauveurs « aryens » français ont déjà été fait Justes des nations par le mémorial Yad Vashem de Jérusalem. D'autres, beaucoup d'autres, n'ont pu être identifiés. Ils étaient religieux, policiers, gendarmes, enseignants, paysans, ouvriers, bourgeois, commerçants, de gauche, de droite, croyants, athées... Ils agissaient par convictions politiques, religieuses, philosophiques, par altruisme, par charité, ou tout simplement parce qu'ils « devaient le faire ». Mais tous, malgré les représailles auxquelles ils s'exposaient, se sont engagés au nom de la vie, dans cette forme de résistance à la sauvagerie nazie, en ouvrant leur porte à des êtres humains traqués comme des bêtes. Parmi eux, Édouard Lebreil, menuisier, et sa femme Aline, à Lamagistère dans le Tarn-et-Garonne ; Denise Vallon, directrice d'une école privée à Paris, dans le XIe arrondissement ; Georges et Marcelle Roy, agriculteurs à Granzay dans les Deux-Sèvres ; Pierre Page, bijoutier, et sa femme, Marguerite, à Lyon ; l'abbé Émile Chonavez, à Grasse ; Alban et Germaine Fort, responsables d'un établissement pour enfants orphelins à Cannes ; Anguste Landeau, agriculteur à Laigné-en-Belin, dans la Sarthe... Ce livre leur rend hommage à travers les témoignages des enfants qu'ils ont accueillis. Le 14 novembre 1999, lors de la remise de la médaille des Justes à Marie-Élise Roger, une habitante de Chavagnes-en-Paillers en Vendée, Jean-Claude Ross, représentant du comité français pour le mémorial Yad Vashem, a rappelé : « Il fallait une personne pour dénoncer une famille juive, mais une très importante chaîne de solidarité pour en sauver une seule. »

Ces citoyens ordinaires, qui ont contribué à déjouer les plans d'extermination nazis, étaient souvent sollicités par les réseaux de la résistance juive qui, outre la lutte contre l'occupant, organisaient des filières de planques et d'évasion vers la Suisse et l'Espagne. Leurs membres, militants des Éclaireurs israélites de France (EIF)-la Sixième, du Mouvement de la jeunesse sioniste (MJS), de l'Œuvre de secours aux enfants (OSE)-réseau Garel, du Comité Amelot, de l'Armée juive (AJ)-Organisation juive de combat (OJC), du réseau « Marcel », du réseau « André », de l'Entraide temporaire (ET), du réseau des Hollandais et celui des aumôniers, ont permis que des enfants, condamnés à mort parce que nés juifs, soient, soixante ans après la Libération, devenus des grands-parents. « Pour les responsables de cette résistance juive spécifique, souligne Jacques Lazarus, ex-"capitaine Jacquel", dans le livre *Organisation juive de combat*[9], tout aussi soucieux que d'autres de voir la France libérée et de contribuer à cette libération, le salut des juifs était l'objectif prioritaire. Resteraient-ils encore des juifs demain si rien n'était entrepris pour assurer leur survie ? » 72 000 enfants juifs vivaient en France à la fin des années trente. Plus de 60 000 ont survécu à l'Holocauste, pris en charge par la résistance juive, cachés avec leurs parents et échappant aux rafles et aux arrestations, ou bien confiés à des amis ou à des connaissances. Des enfants sauvés, mais des enfances brisées et des adultes traumatisés.

Leur sensibilité de gosses, qui capte les moindres aspérités de leur environnement, les a, dès l'été 1940, plongés dans l'insécurité et l'inquiétude. D'abord, ils ont ressenti l'incompréhension et le désarroi de leurs parents devant les mesures antijuives prises par le gouvernement de Vichy qui, à peine l'armistice signé, a engagé sa politique de discrimination, s'empressant d'autoriser et d'encourager la publication de torchons antisémites. Dans cette France de l'égalité entre tous les citoyens, quelles que soient leurs origines, ils

9. Jean Brauman, Georges Loinger et Frida Wattenberg, *Organisation juive de combat. Résistance/sauvetage France 1940-1945*, Autrement, 2002.

sont devenus des parias qui n'avaient plus le droit d'aller dans les squares, au cinéma, étaient obligés de rendre leur poste de TSF, ne devaient plus monter que dans le dernier wagon des rames de métro, ne pouvaient plus se déplacer comme ils le souhaitaient, ni aller dans les magasins en dehors des heures où il ne restait plus rien. Puis, avec la perte des emplois interdits aux juifs, les conditions matérielles des familles se sont dégradées, les privations ont pesé de plus en plus lourd dans le quotidien. En zone occupée, une étoile jaune les désignait comme suspects repérables de loin. La crainte des rafles alourdissait l'angoisse ambiante. Le moindre bruit inconnu dans la cage d'escalier de leur immeuble ou près de leur maison les plongeait dans la frayeur. Le moindre képi de policier ou de gendarme se transformait en menace. Un instant d'inattention pouvait déclencher le pire.

Mais le moment gravé à jamais dans la mémoire des gamins restera celui de la séparation d'avec leurs parents. Soit parce que ceux-ci les mettaient à l'abri, les confiant à des inconnus, soit parce qu'ils étaient brutalement arrêtés, sous leurs yeux. Moment parfois enfoui au plus profond de leur mémoire, parfois toujours à vif, mais qui, dans l'un et l'autre cas, les a blessés pour toujours. Car ce père, cette mère emmenés vers une « destination inconnue » n'ont jamais cessé de leur manquer. Le vide de leur absence injuste n'a jamais cessé de se creuser, de les torturer. Que leurs séjours clandestins dans des familles d'accueil ou des institutions aient, en apparence, préservé les joies de leur jeune âge ou que, seuls et sans défense, ils aient été maltraités par de véritables Ténardier, ils ont, jusqu'à la fin de la guerre, attendu leurs parents, espérant les retrouver, se blottir à nouveau dans leurs bras protecteurs et, après la fermeture de la terrible parenthèse, pouvoir reprendre leur vie d'avant, avec leur logement, leurs rires, leurs voix familières, leurs objets chers, leurs voisins, leurs copains, leurs cousins. Un espoir vain pour beaucoup d'entre eux qui ne les reverront jamais, certains continuant néanmoins, longtemps après la Libération, à les chercher dans les rues. Et pour ceux dont les parents sont revenus des camps, rescapés de l'innommable, ils écouteront leurs cauchemars ramenés de l'enfer. Autant d'enfances broyées sur lesquelles il leur a fallu bâtir des vies d'adultes, surmontant tant bien que mal la douleur. Et tenter de se reconstruire, seuls et en silence, car bien peu de ceux qui n'avaient pas vécu leur drame, même parmi leurs amis proches, les auraient compris. Alors, eux qui avaient eu la chance de ne pas être entassés dans les wagons plombés des trains de la mort, ils se sont tus, enfermés dans leur volonté de ne pas importuner leurs proches avec leurs histoires, souhaitant avant tout préserver leurs propres enfants et petits-enfants d'un tel héritage. Souvent aussi pour murer ce passé cruel afin d'éviter de raviver des plaies qu'ils savaient inguérissables. « On peut penser, souligne Bruno Bettelheim, que le temps passé à vivre une vie normale, à mûrir, et à se faire une place dans la vie, à fonder un foyer et avoir des enfants aurait dû guérir ces blessures anciennes. Or ce ne sont pas des blessures anciennes cicatrisées depuis longtemps ; au contraire, elles ne sont jamais guéries et, dès qu'on y touche, elles se mettent à saigner de plus belle. Malgré les apparences, il n'est pas possible que ces victimes d'hier aient aujourd'hui une vie normale [10]. »

Écoutons-les ces rescapés de l'insupportable qui ont accepté de se confier. Écoutons ces victimes oubliées de la barbarie, gosses sans importance négligés par les manuels d'histoire. Enfants sauvés des chambres à gaz, certainement. Mais adultes handicapés, sûrement. Robert Carles parle des morsures qui ne le lâchent jamais ; Gilberte Czyzyk-Eugénie, de son angoisse, de sa peur d'exister ; Léon Wodowski-

10. Bruno Bettelheim, *in* préface du livre de Claudine Vegh, *Je ne lui ai pas dit au revoir. Des enfants de déportés parlent,* Gallimard, 1979.

Vermont, de l'arrestation, sous ses yeux, de sa mère, de son petit frère et de sa jeune sœur ; Sami Dassa et David Fuchs, des larmes que continue à leur arracher l'absence de leurs parents ; Salomon Galdbart, de son père qui lui manque tous les jours ; Nelly Scharapan, de la solitude qui la poursuit ; Liliane Goldberg-Lancry, du « bonjour madame » avec lequel elle accueillit sa mère qui revenait la chercher ; Jeannette Swita-Wolgust, de la culpabilité d'avoir retrouvé les siens alors que d'autres petites filles n'avaient pas eu ce bonheur ; Sarah Tieder-Kaminsky, de ses hésitations entre préserver ses enfants de son douloureux passé et leur transmettre une mémoire...

Née le 8 avril 1942 à Paris dans le XIIe arrondissement, Liliane Reznik-Soret n'avait que quelques mois lorsque les policiers de la rafle du Vel'd'Hiv' l'arrachèrent à sa mère qui mourut à Auschwitz. Elle ne se rappelle évidemment pas les années de l'Occupation. Ses premiers souvenirs remontent à l'orphelinat. Placée ensuite dans des familles d'accueil, notamment à Saint-Maur, près de Paris, elle vécut sous les brimades jusqu'à son mariage à l'âge de vingt ans. « Pendant toute mon enfance, j'ai eu le sentiment de grandir en étant de trop, une charge dont personne ne savait quoi faire. Je mangeais trop, j'étais sale. Rien de ce que je faisais ne plaisait. Tout ce que je disais, le moindre de mes gestes, était épié à travers le prisme de l'antisémitisme. Vers l'âge de dix ans, on m'a baptisée sans mon consentement. Quelqu'un de la famille de mes tuteurs me violait régulièrement, assuré que personne ne me croirait, moi, une juive, si je me plaignais. Lorsque j'osais me rebiffer devant une injustice dont j'étais victime, on me lançait : “Ici, tu n'es pas chez toi. Et avec tes origines, tu devrais t'estimer bienheureuse qu'on s'occupe encore de toi.” » J'attendais seulement que quelqu'un m'aime un peu et que je puisse aimer. Plus tard, lorsque, mariée, je suis tombée enceinte, j'ai perdu mon bébé à huit mois et demi de grossesse. Je crois que j'ai eu peur de ne pas pouvoir assumer un enfant. Gamine, j'en avais trop voulu à mes parents, auxquels je pensais constamment, de m'avoir fait naître. Heureusement, j'ai pu par la suite adopter un petit garçon et une petite fille. Ils ont aujourd'hui vingt-neuf et trente-deux ans et ma fille m'a donné trois petits-enfants. Toutefois, malgré mes soixante-trois ans, je demeure prisonnière de mes interrogations : que puis-je dire ou ne pas dire ? Que puis-je faire ou ne pas faire ? J'aurais tant aimé crier pour qu'on m'entende. Mais la souffrance engendre un cri que personne ne peut écouter. La souffrance, c'est hurler de silence. »

Iana Zbar n'a jamais su qui était son père. De sa mère, déportée à Auschwitz le 13 février 1943, elle ne connaît que le nom, Fleurette Aizenmann, et des numéros : celui de son convoi, le 48, de son enregistrement à Drancy, le 18 878, de son escalier à la cité de la Muette, le 9, et de sa chambre, le 2. Dès sa naissance, le 20 mai 1942, elle l'a plongée dans la clandestinité, lui donnant un « prénom hors de tout soupçon de judaïté » et payant un homme non juif pour qu'il la déclare à la mairie du XIVe arrondissement de Paris : « Christiane Delaporte, née de mère inconnue. Père : Gaston Delaporte. » Confiée à l'âge de deux mois à une nourrice, Maguite, dans un village des environs de Paris, la petite orpheline en galoches et haillons n'apprendra qu'en 1945 qu'elle a une famille. « Merveilleuse découverte. » Une tante lui rendra visite et lui fera rencontrer sa grand-mère, aveugle et ne chuchotant que le yiddish. L'Holocauste, qui a emporté tant des siens, a jeté sur le visage de la vieille femme usée un voile de désespoir. Iana a d'autres tantes, d'autres oncles, eux aussi « occupés à survivre et à compter leurs morts ». Pas plus que la grand-mère, ils ne pourront la prendre en charge. Jusqu'à ce qu'un couple de juifs russes aisés, les Zbar, l'adopte en 1951. Pour elle débutera une nouvelle vie, apparemment normale et confortable, dans un quartier chic de Paris. Elle se mariera, aura un fils, une fille et trois petits-enfants. Mais ne pourra jamais combler le « grand trou noir de la Shoah ». « Je vis en permanence à cloche-pied, explique-t-elle. Je suis dynamique, je fonce et, au bout, je tombe. Inévitablement, quelque chose de grave, un accident ou un deuil, me fait trébucher. Comme si je ne pouvais tenir sur mes jambes, lestée par un sentiment d'abandon, de désespoir, constamment rattrapée par mon enfance. Mon prénom, Iana, je l'ai choisi pour m'éloigner de Christiane, à connotation vraiment chrétienne, et pour renouer avec mes racines. »

Alain Vincenot

Sarah Tieder-Kaminsky
14 ans en 1940

Sarah Tieder-Kaminsky résume en deux phrases son enfance et son adolescence : « Pendant dix ans, j'ai subi la botte nazie. Depuis, je ne peux plus pleurer, mes larmes sont intérieures. »

Berlinois originaire de Hongrie, son père, Osias Tieder, prénommé Yehoshua en hébreu et Oscar en allemand, avait porté durant la guerre de 1914-1918 l'uniforme de l'Empire austro-hongrois. Le traité de Versailles et le dépeçage des puissances des empires centraux ayant rattaché une partie de la Hongrie à la Tchécoslovaquie, il était devenu tchèque. Polonaise, la mère de Sarah, Brucha Salpeter, avait quitté vers l'âge de vingt ans son *schtetl* [1] de Galicie pour Berlin. Un couple très religieux. « Juifs orthodoxes, d'une foi profonde, sincère et quasi mystique, ils n'étaient pas tristes pour autant. Ils remplissaient notre maison de chaleur et de gaieté. Pour le shabbat et à chaque fête, ma mère préparait un festin. Mon père chantait des prières en hébreu, d'autres en yiddish. Conteur extraordinaire, il nous lisait des passages de la Torah. Il consacrait tous ses samedis à étudier le Talmud et à prier à sa synagogue située à une heure de marche de chez nous. Il nous emmenait, ses trois

1. Bourgade juive d'Europe centrale et orientale.

enfants, avec lui. La culture de mes parents baignant entièrement dans le judaïsme dont les règles rythmaient notre quotidien, ils vivaient isolés. Hors de leur communauté, ils ne fréquentaient pas d'Allemands, excepté pour des raisons professionnelles. D'ailleurs, les relations entre juifs et Allemands pouvaient s'avérer dangereuses. Bien qu'étrangers à la modernité laïque, ils s'étaient adaptés à Berlin. Ils parlaient un allemand parfait, sans accent. Ils lisaient les journaux allemands et écrivaient sans la moindre faute. »

La famille d'Osias a d'abord fabriqué des perruques et des postiches en cheveux naturels. Une mode qui s'est éteinte dans les années 1920. L'entreprise a alors périclité. Les Tieder se sont recyclés dans le négoce des vins de Rhénanie. Ils achetaient des barriques chez les producteurs, qu'ils revendaient en bouteilles dans les Länder du nord. Représentant, Osias prenait le train le lundi matin et rentrait le vendredi, avant le début du shabbat. Brucha tenait la maison. Ils ont eu deux filles, Ida et Sarah, et un fils, Martin. Née le 4 septembre 1926, Sarah porte le prénom de sa grand-mère paternelle, décédée en 1917.

Été 1938. Hitler, qui gouverne l'Allemagne depuis cinq ans, a annexé l'Autriche en mars. Il a déjà ouvert quatre camps de concentration, Dachau, Buchenwald, Sachsenhausen et Mauthausen. Les Tieder n'ont plus de ressources. Le nouveau propriétaire de leur affaire de négoce de vins, qui a été « aryanisée », leur verse juste de quoi subsister. Heureusement, le vieux stock de perruques et de postiches invendus qu'ils ont conservé intéresse un commerçant parisien qu'ils ont discrètement contacté. Le couple envoie la marchandise en Bohème, province tchécoslovaque d'où il espère l'expédier en France, toute exportation depuis l'Allemagne étant en effet interdite. Brucha et son fils Martin partent à Marienbad régler avec l'administration tchécoslovaque les formalités de transport d'un premier lot. En septembre, Osias et ses deux filles se rendent à leur tour dans la ville d'eau afin d'achever l'expédition. C'est durant leur séjour que les Allemands, ayant entrepris d'absorber les Sudètes, envahissent la Bohème. « La population était paniquée. Nous avons gagné Prague en catastrophe. » À peine arrivent-ils dans la capitale tchèque que les troupes allemandes y défilent. Retour à Berlin. Un beau-frère d'Osias, Jacob, le mari d'Ida qui mourra au camp de Teresenstadt, les attend sur le quai de la gare. Il informe Osias que les nazis raflent les juifs tchèques et lui conseille de filer sans perdre de temps. Osias, dont le passeport tchèque lui permet encore de se déplacer, monte dans le premier train pour le pays le plus proche, la Belgique. Sarah et sa sœur rentrent chez elles sans leur père. « Peu de temps après, un matin, nous avons aperçu deux hommes en imperméable sur le trottoir, devant notre immeuble. Le soir, après l'école, l'appartement était vide. Notre mère nous avait laissé un mot nous demandant d'aller au plus vite chez tante Ida. » Les policiers allemands avaient saisi la marchandise à la frontière tchèque et leur enquête les avait menés jusqu'à Osias. Comme il était absent, ils avaient appréhendé son épouse. « La Gestapo l'a interrogée pendant plusieurs jours. Elle ne nous a jamais raconté ce qui s'était passé. Cependant, elle ne s'est plus jamais laissé voir en sous-vêtements. Ce sont des détails qui n'échappent pas à des enfants. »

Le 9 novembre 1938, des hordes de nervis hitlériens se livrent à un gigantesque pogrom dans le pays, assassinant 91 000 juifs, déportant 35 000 autres dans les camps de Dachau, Sachsenhausen et Buchenwald, détruisant ou saccageant 280 synagogues, pillant 7 500 magasins... C'est la Nuit de cristal.

Brucha veut fuir cette Allemagne nazie qui martyrise les juifs et les réduit à la misère. Femme déterminée, elle organise une sortie clandestine du pays ainsi que le voyage jusqu'à Anvers où Osias a pu s'appuyer sur la solidarité de la communauté juive de la ville. Elle part à la fin de l'année, avec son fils et ses deux filles. « Elle avait même emmené les enfants d'une famille amie. Dans le train, nous occupions un compartiment. Nous avons tout laissé à Berlin. Lors de notre dernière soirée à l'appartement, ma mère a proposé à nos voisins de palier de leur vendre à bas prix quelques biens. Ils lui ont rétorqué qu'ils n'avaient pas besoin de les lui payer car ils n'allaient pas tarder à les avoir gratuitement. »

En mai 1940, l'offensive allemande contre la Belgique, les Pays-Bas et le Luxembourg chasse les Tieder vers le sud. Leur train, bondé de réfugiés belges, erre plusieurs semaines sans destination précise. La dernière étape sera Fronton, en Haute-Garonne, où, dès la signature de l'armistice, le 22 juin, les Belges non juifs s'empressent de faire demi-tour. Les juifs, eux, n'ont pas le choix : ils restent. D'abord parqués au camp de Septfonds, dans le Tarn-et-Garonne, ils sont ensuite transférés à Agde, dans l'Hérault, où des républicains espagnols croupissent déjà dans des conditions épouvantables. « Séparant les hommes des femmes, on nous a entassés dans des baraques en bois au toit de tôle et au sol en terre battue. Sans aucune précaution d'hygiène, la saleté était repoussante. Il y avait des gens qui mouraient. Dans la cour, nous ne disposions que d'un seul point d'eau où ma mère nous obligeait, malgré le vent, à nous laver quotidiennement pour nous préserver du typhus. Elle avait conservé un petit peigne fin et, inlassablement, coiffait mes longs cheveux roux et ceux de ma sœur, qu'elle refusait de couper, éliminant poux et lentes. Très digne, elle priait silencieusement dans un coin de notre baraque, alors qu'autour de nous des femmes criaient, se disputaient, certaines perdant même la raison. Nous n'avions que nos vêtements d'été et lorsque le froid est tombé, ce fut terrible. Nous grelottions. Nous avions faim. Mon frère et moi avons contracté une furonculose généralisée qui nous a couvert le corps de pustules purulentes, entraînant une forte fièvre et une primo-infection. »

Des gendarmes français gardent le camp et interdisent d'en sortir. Un jour, comme Sarah est fluette et qu'elle court vite, sa mère lui donne un peu d'argent pour qu'elle se glisse sous le grillage et qu'elle aille au village acheter quelques pommes de terre et des oignons. « En rentrant au camp, des gendarmes m'ont surprise. Ils m'ont ramenée au poste et m'ont forcée à manger un oignon entier pendant que deux brutes me tiraient chacun une oreille. Je pleurais. Ils me faisaient très mal. Pire : ils riaient, se moquaient de moi. Certes, ce n'était pas encore les nazis et les camps de concentration, mais humilier ainsi une petite fille affamée n'est vraiment pas glorieux. »

Tandis qu'elle évoque ce passé tragique qui a tant pesé dans sa vie d'adulte, laissant en elle « une zone non vivante, cicatricielle », et une autre toujours douloureuse, lui reviennent en mémoire les paroles d'un chant que les internés juifs originaires d'Allemagne et d'Autriche avaient composé. Elle traduit. Ce chant décrit « un endroit où il n'y a que des baraques, où il n'y a aucun arbre, où n'entrent que des gens n'ayant pas le droit d'être au monde. Et quand on est dans cet endroit, on trouve entre soi et le monde des fils barbelés ».

En janvier 1941, une délégation de représentants de la Croix-Rouge et de notables de la communauté juive de Montpellier visite le camp. « L'annonce à l'avance de ce déplacement officiel de personnalités a laissé aux gendarmes le temps d'humaniser les lieux. Les baraques ont été nettoyées, maquillées. Les rations de repas sont par miracle devenues copieuses. Quand, enfant, vous découvrez le monde à travers une telle tromperie, vous vous révoltez. Assistant aux congratulations de circonstance, j'ai voulu crier que les apparences n'étaient que le camouflage d'une réalité odieuse. À la fin de la visite, alors que les personnalités s'apprêtaient à remonter dans leurs voitures, une impulsion soudaine m'a saisie. Je me suis précipitée, montrant à ces messieurs distingués et polis mes bras couverts de pustules et dénonçant la comédie qui les avait dupés. Après mon esclandre, les autorités françaises ont retiré les enfants malades du camp. Le rabbin Schili, responsable de la communauté de Montpellier, a obtenu qu'un médecin, le docteur Malkin, puisse venir soigner les malades. »

Laissant derrière eux leurs parents et leur sœur Ida, Sarah et son frère sont envoyés à Moissac, dans une des maisons d'accueil que les Éclaireurs israélites de France ont ouvertes en zone libre pour les gosses les plus menacés. « La séparation d'avec nos parents a brisé Martin. Il s'est enfoncé dans une tristesse terrible. Il avait onze ans et pleurait jour et nuit. Il me disait : “Je veux revoir maman !” Je lui répondais qu'elle était trop loin. Il insistait : “Ce n'est pas grave. Je marcherai.” Je le réconfortais du mieux que je pouvais. » Au printemps, Sarah subit une nouvelle rupture. Une éclaireuse, Paulette Benroubi, alias Sultane, l'emmène seule vers une autre maison de l'EIF, à Beaulieu-sur-Dordogne en Corrèze. « On m'avait enlevée à mes parents et à ma sœur. Maintenant, on m'arrachait à mon frère qui était si malheureux. Je voyais le monde à travers un épais nuage noir qui embrumait mon existence. Je n'avais aucune prise sur lui. Les adultes disposaient d'un pouvoir absolu et moi, je devais m'incliner, perdue au fond de ma détresse. » « Durant le voyage, se souvient Sultane, j'ai dû la consoler. Ce fut très dur car la pauvre était désemparée. »

Animée par Jacob Gordin, un érudit qui, avant-guerre, avait été conservateur en chef de la bibliothèque de l'Alliance israélite universelle, et sa femme Rachel, ancienne élève, à Rome, de Maria Montessori, pionnière de la pédagogie moderne, la maison de La Verrière, près de l'abbatiale de

Beaulieu, immerge Sarah dans une atmosphère familiale. Originaire de Saint-Péterbourg, le couple, déçu par la révolution soviétique, a émigré vers l'Allemagne en 1923 et s'est réfugié en France en 1933. Il imprègne l'établissement des valeurs et des traditions juives. « Les prières, les bougies qu'on allumait pour le shabbat, tout cela me rappelait la maison. » Les cheftaines de l'EIF, qui secondent les Gordin, ne sont guère plus âgées que les plus grandes des pensionnaires. Sarah n'a pas oublié leurs totems : Sultane, qui dirigeait un atelier de théâtre, Maki, qui avait monté une chorale dont le répertoire comprenait des chants yiddish et d'autres du folklore français, Bugatti, Chèvrefeuille, TP (Toujours Prêt), Neige, Mouflon, Bantou, Taupe, Annette, Criquet. « Elles savaient nous rassurer. Rapidement, je me suis senti comprise et protégée. Que ce soit à la maison, lors de promenades dans la campagne ou de baignades dans la Dordogne, pendant des camps fixes ou volants, l'ambiance joyeuse qu'elles réussissaient à créer m'emportait. Dans les rires, nous partagions les corvées, ménage, pluche des pommes de terre, entretien du linge, raccommodage... Au milieu de la folie de l'Occupation, elles ont préservé, pour les enfants démolis et abîmés que nous étions, un îlot de chaleur et d'amitié. Mais une partie de moi-même ne se détachait jamais de mes parents. J'étais là et ailleurs. En cachette, je rangeais dans ma table de nuit des morceaux de chocolat, de sucre ou des biscuits secs que je ne mangeais pas au dessert et que je comptais leur envoyer. L'apparition de souris dans mon dortoir inquiéta madame Gordin et Sultane qui se livrèrent à une inspection détaillée. Elles découvrirent ma réserve. Je craignais une punition. En fait, madame Gordin me promit de préparer chaque semaine un colis et de l'apporter avec moi à la poste. »

Sultane était depuis septembre 1939 à Beaulieu où elle avait convoyé depuis Paris une centaine d'enfants. Elle avait alors dix-neuf ans. Secrétaire dans une société commercialisant des phares d'automobiles, elle avait intégré les éclaireuses israélites en 1933. En mars 1940, elle écrivit un poème intitulé *Beaulieu* :

Te souviens-tu de la cuisine
Aux poutres noires et encrassées ?
Où nos chants montaient en sourdine
Accompagnant la fricassée ?

Les travaux rudes mais la tâche belle
Nous rendaient le cœur léger
Et notre lente ritournelle
Accompagnait la fricassée.

Soixante-treize enfants à nourrir
À vêtir et à loger.
Nos voix montaient... Pas un soupir
N'accompagnait la fricassée.

Époque sombre, tout était noir,
La guerre au loin nous menaçait,
C'était quand même un chant d'espoir
Qu'accompagnait la fricassée.

Nous sommes jeunes, vive la vie,
L'Amour, la joie, assez, assez !
Nous ne voulons plus de tuerie,
Ainsi chantait la fricassée.

Vers la fin de 1942, les menaces de rafles se précisent. Depuis le 11 novembre, il n'existe plus ni zone nord, ni zone sud. Les Allemands occupent l'ensemble du pays, faisant voler en éclats l'image d'un maréchal Pétain bouclier protecteur de la France. Les maisons d'enfants risquent de se transformer en pièges, surtout pour les pensionnaires de nationalité étrangère, les plus exposés aux descentes de la Milice ou de la Gestapo. Sous de fausses identités, il faut donc les disperser dans des familles d'accueil, des collèges, des couvents, des institutions catholiques ou protestantes. En attendant de trouver ces planques, les cheftaines organisent à la hâte des camps volants. « Par petits groupes de dix, nous nous déplacions en permanence, ne dormant jamais au même endroit. Pour tout dire, nous nous cachions. Au moindre aboiement ou bruit de voiture, nous plongions derrière des haies ou dans des fourrés. Moi, je m'inquiétais surtout pour mes parents. Où se trouvaient-ils ? Étaient-ils en bonne santé ? N'étaient-ils pas maltraités ? Mangeaient-ils à leur faim ? Avaient-ils été pris dans une de ces rafles dont on avait entendu parler ? J'avais peur pour eux et ne pouvais les prévenir. Cette impossibilité de leur porter secours m'a rongée pendant des années, jusqu'à ce que j'arrive à surmonter mon terrible sentiment de culpabilité. »

À l'automne 1943, Sarah et deux de ses copines, Laure et Régine, sont évacuées vers Montpezat-de-Quercy après un détour par Moissac. Tandis qu'un couple de juifs, les Gribenski, recueille Laure dans leur maison du village, des Suisses, non juifs, les Bauman, hébergent Sarah et Régine. Ils possèdent un domaine, Le Mouligné, où ils ont ouvert pour les enfants des environs une école servant de refuge à des petits juifs. En avril 1944, un nouveau départ est provoqué par l'arrestation d'un résistant de la région qui risque de parler sous la torture. Sarah est confiée à des habitants de Lamagistère, Édouard et Alice Lebreil. Menuisier, le mari tient une échoppe de bois au détail, en face d'une caserne allemande. L'appartement se trouve au-dessus du magasin. « Des gens merveilleux. Ils m'ont donné la chambre de leur fille. Préparatrice en pharmacie à Moissac, elle avait épousé en 1942 un moniteur juif de la maison de l'EIF et, ensemble, ils avaient rejoint le maquis en Dordogne. Vous

vous rendez compte ! Pendant que leur fille risquait sa vie dans la Résistance, monsieur et madame Lebreil n'hésitaient pas, malgré le danger encouru, à loger dans sa chambre une petite juive. Et cet autre geste magnifique lorsqu'ils m'ont emmenée à Agen acheter les livres dont j'avais besoin car je souhaitais passer mon bac. Je les aidais le matin à la maison, l'après-midi, je révisais. Grâce à eux, sous un faux nom, Simone Thuizat, j'ai décroché mon bac ! Ils m'ont donné une chance de préserver mon avenir. Jamais je ne l'oublierai. Ils estimaient naturel et normal d'agir ainsi. D'authentiques héros car modestes et discrets ! J'ai appris qu'ils avaient caché avant moi d'autres enfants juifs. Je leur ai demandé pourquoi ils s'étaient comportés avec autant de courage. Ils m'ont répondu : "Nous avons la foi en Jésus-Christ. Il fallait empêcher les nazis de tuer des innocents." Quand vous rencontrez des gens pareils, vous ne pouvez qu'espérer en l'humanité. Si, après la guerre, les soucis de la vie et mes efforts pour me guérir des blessures psychologiques laissées par cette période m'ont éloignée d'eux, je leur garde une reconnaissance infinie. Leur fille habite dans mon quartier à Paris. Nous nous rencontrons de temps en temps. »

Les parents de Sarah seront assassinés à Auschwitz en 1942. Son père est parti de Drancy le 9 septembre par le convoi n° 30, sa mère le 16 du même mois par le convoi n° 33. « Ils ont été gazés aussitôt. Ils avaient tout juste cinquante ans. » Bien qu'ayant eu, depuis, deux fils, trois petits-enfants et un arrière-petit-fils, symboles de l'échec des nazis dans leur programme de rompre la chaîne de vie juive par la « solution finale », Sarah tremble dès qu'elle se met à parler de ses parents. Plus de soixante ans après, elle demeure une femme blessée par la barbarie nazie. « Leur histoire m'a beaucoup plus traumatisée que mon vécu d'enfant traqué. Il m'a fallu longtemps avant de me résoudre à reconnaître qu'ils ne reviendraient plus, que je ne les reverrais plus, que je ne les entendrais plus. Encore aujourd'hui, la douleur ne me lâche pas. Le fait de témoigner, c'est comme revivre et retraverser tout ce vécu. »

Sarah a reconstitué leur itinéraire depuis le moment où elle les a quittés, avec sa sœur Ida, à Agde. À la fermeture du camp, les responsables de la communauté juive de Montpellier avaient réussi à convaincre les autorités de les placer en résidence surveillée plutôt que de les interner au camp de Rivesaltes, dans les Pyrénées-Orientales. En effet, Brucha était malade. Assignés à résidence à Sablet-sur-Ouvèze, près de Vaison-la-Romaine, dans une maison abandonnée, sans eau ni électricité, ils n'avaient pas le droit de s'éloigner du village. La communauté de Montpellier leur envoyait régulièrement un modeste subside « qui ne leur parvenait pas toujours ». Pour se nourrir, ils ramassaient ce qu'ils pouvaient dans les champs. À l'école du village, l'institutrice donnait chaque jour un litre de lait à Ida. « Elle et son mari appartenaient à la Résistance. Ils ont été dénoncés et on ne sait pas ce qu'ils sont devenus. »

Quand, au lever du jour, les gendarmes ont frappé à leur porte, Osias et Brucha n'ont pas ouvert. « Les gendarmes sont revenus, accompagnés du maire et d'un serrurier. Ils ont fouillé toutes les pièces. Personne. Ils sont montés au grenier. Personne. Ils ont découvert mon père à la cave. Et comme ma mère demeurait introuvable, ils ont poursuivi leurs recherches, avec une insistance rare. Finalement, elle n'a pas échappé à leur zèle. » Daté du 26 août 1942, le rapport du capitaine Ferrier, commandant la section de gendarmerie à Orange, sur le « ramassage des israélites étrangers », témoigne de cette ténacité : « Les gendarmes s'étant présentés à 4 heures 15 au domicile de la famille Tieder Osias à Sablet n'ont pu obtenir aucune réponse aux appels faits. À 5 heures 45, il a été fait appel au maire de cette commune qui a dû requérir un serrurier pour ouvrir la porte. Les chambres et grenier ont été explorés en vain. Ils ont découvert le mari caché derrière la porte de la cave, la femme Tieder Brucha couchée dans un coin de ce local entièrement dissimulée sous un tas d'ordures [2]... » La veille, Brucha, « ayant acquis une grande expérience des persécutions », avait eu un pressentiment qui allait sauver sa fille Ida. Alertée par une convocation de la gendarmerie, elle lui avait demandé d'aller en Avignon se renseigner auprès des Sokolowski, des amis qu'un employé de la préfecture prévenait des opérations antijuives. À son retour à Sablet, des scellés condamnaient la porte. Les Sokolowski l'ont hébergée, puis l'Œuvre de secours aux enfants l'a prise en charge [3].

Du fond de sa bibliothèque, Sarah extrait deux cartes postales écrites en allemand que lui ont adressées ses parents après leur arrestation. La première a été postée le 28 août du camp des Milles, près de Marseille. Sarah traduit :

Chère Selli,

Comment ça va ? Où est Ida ? Écris-nous vite. Que le Dieu tout-puissant nous aide encore. On t'embrasse. Papa.

---

2. Isaac Lewendel, *Un hiver en Provence,* éditions de l'Aube, 1996.

3. C'est le 28 octobre 1910 que se réunit, à Saint-Pétersbourg, l'assemblée constituante de la Société pour la protection sanitaire des populations juives (Obchtchestvo Zdravookhranienia Ievreie), autrement dit l'OZE, créée par un groupe de médecins, d'avocats, de professeurs et d'étudiants juifs afin de lutter contre la misère et le manque d'hygiène dans les « zones de résidence » où l'empire tsariste imposait aux juifs de vivre. Le congrès fondateur se tint en 1912. Dix ans plus tard, sous la présidence d'Albert Einstein, prix Nobel de physique, elle installa son siège à Berlin et se transforma en organisation internationale, ouvrant des institutions dans toute l'Europe, avec pour objectif « l'éducation, la protection de la mère et du nourrisson, la préservation du peuple juif ». En 1933, devant la montée du nazisme, elle déménagea pour Paris et devint l'Œuvre de secours aux enfants (OSE). À partir de 1937, elle dut faire face à un afflux de jeunes Allemands ou Autrichiens. Puis, sous l'Occupation, elle assura, notamment à travers « le circuit Garel », un réseau clandestin, le sauvetage de 7 000 enfants juifs. À la Libération, elle prit en charge 2 000 orphelins.

Chère enfant,

Il faut que tu sois courageuse et brave. Nous espérons une aide de Dieu.

On t'embrasse. Maman.

« Mes parents, soupire Sarah, utilisaient souvent ce diminutif, Selli. Depuis, je n'ai plus voulu qu'on m'appelle ainsi. » La deuxième carte est datée du 2 septembre. « Mon père l'a vraisemblablement jetée du wagon où il avait été embarqué à la dernière minute pour compléter l'effectif d'un convoi partant pour Drancy. »

Mon cher enfant chéri,

Je ne sais pas où je vais. La chère maman est restée au camp des Milles, je crois. Ida est chez les Sokolowski. Mais je ne sais rien de plus. Je n'ai pas mes affaires. Que le Dieu tout-puissant nous aide encore. Je t'écrirai plus tard si je peux. Je t'embrasse de tout cœur. Ton papa.

Émue, Sarah confie : « Le fait qu'on ait séparé mes parents, qu'ils n'aient pas pu se soutenir mutuellement devant la mort, est pour moi insupportable. Ils s'aimaient tant. Quant à ces lettres, je ne les ai jamais montrées à Jean et à Pierre, mes fils. Ils ont leur vie à eux, parlent de vacances, d'anniversaires, de projets. De mon enfance je ne leur ai raconté que des bribes. J'hésite encore entre les préserver de ce passé douloureux, qui pourrait les détourner de leur propre vie, ou leur transmettre une mémoire. »

Après la Libération, les enfants cachés des EIF, dont Sarah, sa sœur Ida et son petit frère Martin enfin réunis, seront progressivement rassemblés à Moissac. « Nous nous sommes tous regardés. Bien que sains et saufs, nous étions pour la plupart orphelins et nous ne le savions pas. De jeunes rescapés des camps nous ont rejoints. Ils restaient entre eux, à l'écart, évitaient de parler de cet enfer inimaginable auquel ils avaient survécu. Impressionnés par leurs bras tatoués, nous respections leur silence. Nous n'osions pas les interroger. D'ailleurs, nous n'étions par sûrs de vouloir savoir ce qu'ils avaient subi. Car nous devinions que nos parents avaient enduré les mêmes souffrances. Et nous voulions encore espérer qu'ils reviendraient. Je suis montée à Paris. À l'hôtel Lutetia, transformé en centre d'accueil pour les déportés, je demandais à ceux que je croisais s'ils connaissaient mes parents, s'ils pouvaient me donner de leurs nouvelles. Ils ne pouvaient pas me répondre. »

Sarah fera des études de médecine et deviendra psychiatre-psychanalyste. « Du fait de mon énorme sentiment de culpabilité d'avoir survécu à tous ces morts, il m'a fallu justifier ma vie, lui donner un sens. J'ai décidé de réparer les gens, de soigner les douleurs de l'âme, les pires qui soient. C'est ma réponse aux tentatives de destruction des nazis. Ce que j'ai subi m'a aidée à comprendre les autres. Je suis convaincue que chacun peut trouver au fond de soi les ressorts permettant de surmonter les traumatismes de l'existence. Si je n'avais pas opté pour la psychiatrie, j'aurais choisi d'être médecin-accoucheur. Mettre des enfants au monde, ce que j'ai fait un temps pendant mon internat, m'a apporté d'immenses satisfactions. Mon frère et ma sœur sont devenus pédiatres. Ils vivent en Israël où mon frère a découvert un enzyme manquant dans une maladie génétique héréditaire qui touche notamment une tribu de bébouins. Il a mis au point le traitement, mais quand la communauté scientifique lui a proposé de donner son nom à cette maladie, il a refusé. Il ne voulait pas qu'une maladie porte le nom de ses partents. » En 1947, Sarah épousera Paul Kaminsky, délégué médical d'un laboratoire pharmaceutique. Né en 1922 à Buenos Aires de parents ashkénazes, le père, originaire de Kiev, en Ukraine, et la mère, née à Tiflis (Tbilisi), en Géorgie, installés en France en 1932 après un détour par l'Amérique latine, il était parvenu grâce à un passeport argentin à se faufiler entre les filets de la Gestapo et avait rempli des missions pour la Résistance. Non religieux, il a aidé Sarah à se reconstruire, à surmonter notamment ce qu'elle appelle « un sentiment d'illégitimité » : « Longtemps, j'ai éprouvé une sorte d'obligation de me faire toute petite, en particulier devant l'administration, de ne pas me faire remarquer pour être tolérée, acceptée. Sinon, je craignais que je ne sais quoi me tombe dessus. »

Quant à l'éducation religieuse que lui avaient donnée ses parents, elle ne l'a pas perpétuée malgré leurs dernières recommandations. « Avant la Shoah, le Dieu de mon enfance s'appelait *Hakadosh-Barouh-Hu* (le Saint béni soit-il), ou *Ani Maamin* (Je crois de tout mon être en la venue du Messie). J'avais une confiance naïve et absolue en mes parents si pieux. Ils étaient mes héros qui pouvaient tout pour nous protéger. Or, submergés par la machinerie de mort nazie, ils n'ont rien pu faire. Ma confiance s'est lézardée devant cette impuissance. Même si, à aucun moment, ils n'ont perdu leur dignité et leur courage et s'ils m'ont toujours donné les preuves d'une grande force spirituelle et morale, la foi de mon enfance est morte avec eux et l'assassinat de millions de juifs. Ce fut la rupture, ma sortie de la religion. Mes yeux se sont décillés sur le monde, un monde cruel et sans Dieu. Alors j'ai dû survivre, rebâtir ma vie, avec mes contradictions, mes interrogations, mes ambiguïtés. J'ai lutté. J'ai fait ce que j'ai pu. J'ai fondé une famille chaleureuse au sein de laquelle nous avons cultivé des valeurs morales et humaines. Nos deux fils sont devenus des hommes bien. J'ai certainement tâtonné dans leur éducation, leur imposant involontairement mes cauchemars, mes angoisses et mes doutes. Bien que les ayant circoncis à la naissance et leur ayant donné à chacun un prénom hébreu, Yehochoua et Baruch, je ne les ai pas élevés religieusement. Non pratiquants, l'un et l'autre partagent maintenant leur vie avec des femmes non juives. Un seul de mes petits-fils, Raphaël, s'est converti au judaïsme, mais sans excès dans sa démarche spirituelle. Pour ma part, je suis revenue à une certaine pratique traditionnelle. Lors des fêtes importantes, comme Pessah ou Kippour, je réunis la famille. Car je garde un fort sentiment d'appartenance à mon peuple : c'est mon identité juive. »

Gilberte Czyzyk-Eugénie
5 ans en 1940

Gilberte Czyzyk ne pleure pas, ne pleure plus. « Je n'ai plus de larmes, soupire-t-elle. J'en ai trop versé. » Elle est née à Paris, le 12 décembre 1935, dans le XIVᵉ arrondissement. Originaire de Varsovie, son père, Chaïm, était tailleur, et sa mère, Laja Kozès, née à Chelm à l'est de Lublin, couturière. En décembre 1940, le couple a eu une deuxième fille, Fanny.

Engagé dans l'armée française en 1939, interné à Drancy en novembre 1941, Chaïm sera dans le premier convoi de déportés envoyés à Auschwitz le 27 mars 1942. Il est mort le 13 juin de la même année. Arrêtée le 5 novembre suivant, Laja quittera Drancy six jours plus tard par le convoi n° 45. Gilberte n'a aucun objet, aucune photo de ses parents, rien qui lui permette de s'y raccrocher, de recoller les lambeaux de cette famille engloutie, emportée dans la fumée des fours crématoires. « Pendant des mois, j'ai essayé de garder leurs visages dans mon esprit. Je fermais les yeux et me concentrais. Ça a marché un temps. Je les voyais. Leurs traits se sont ensuite lentement estompés, puis plus rien. Malgré mes efforts pour les retenir, ils ont totalement disparu. J'ai plongé dans un grand trou noir, sans la moindre lueur pour atténuer ma douleur qu'il me fallait taire. Depuis, elle ne m'a plus lâchée. D'ailleurs, à qui aurais-je pu me confier ? Personne ne m'aurait comprise. On m'a dit que mes parents étaient morts. Mais je n'ai pas fait leur deuil. J'ai toujours pensé qu'un jour je les reverrai. Encore aujourd'hui, je suis à leur recherche. Même si, à près de soixante-dix ans, j'ai commencé à prendre conscience qu'il n'y a plus d'espoir. Peut-être n'ai-je pas grandi ? » De son père, elle ne garde qu'un seul souvenir, une scène furtive et banale : « Nous habitions rue Oberkampf, dans le XIe arrondissement. Il roulait à bicyclette sur une rue pavée et m'avait assise à l'arrière, sur son porte-bagages. C'est tout. »

Après l'arrestation de son mari, Laja et ses filles déménagent pour un hôtel meublé, rue des Bernardins dans le Ve arrondissement. À plusieurs reprises, les policiers investissent le bâtiment. Ils traquent les juifs. « Les cavalcades dans les couloirs, les cris nous effrayaient. Tapies dans un coin de la pièce, nous évitions de faire le moindre bruit. Nous retenions notre respiration. J'avais une copine de mon âge dont les parents louaient une chambre à l'étage au-dessus. Ils les ont tous raflés. » Pour la mettre en sécurité, sa mère la conduit chez Édouard et Estelle Degouy, qui tiennent un hôtel-café-restaurant à Tremblay-lès-Gonesse, en banlieue nord. Ces gens, qui avaient « l'intelligence du cœur », logent déjà une tante de Gilberte, Cipa, son mari, Jacques Zynger, et leurs cinq enfants. Dénoncée par la concierge de leur immeuble alors qu'elle allait récupérer des vêtements pour ses enfants à l'appartement, impasse Ronce dans le XXe arrondissement, Cipa sera déportée en juillet 1942. À Tremblay-lès-Gonesse, les voisins n'ignorent pas la présence de ces étoiles jaunes chez les Degouy. Ils se taisent. En revanche, à l'école, les gamines n'épargnent pas Gilberte : « Sale juive ! C'est de ta faute si le christ a été crucifié ! » « L'humiliation d'être rejetée, d'être de trop, de ne pas avoir ma place parmi les autres écolières avivait cruellement mes blessures de petite fille traumatisée par la disparition de mon père et l'absence de ma mère. »

Chaque semaine, Laja se rend à Tremblay-lès-Gonesse pour laver le linge de Gilberte, dont la présence doit gêner le moins possible ses hôtes. « Un jour, elle n'est plus venue. Les Degouy m'ont gardée. Et j'ai enlevé mon étoile jaune. Comme personne ne payait ma pension, je les aidais dans les tâches ménagères. Nous tricotions également des petits carrés de laine destinés à fabriquer des couvertures pour les prisonniers en Allemagne. Je ne jouais pas. Je crois que je n'ai jamais su jouer. Simples, courageux, les Degouy formaient une sorte de montagne protectrice face à l'ignominie et à l'injustice. Ils hébergeaient une dizaine d'adultes juifs et treize enfants. Pour nourrir tout le monde, ils travaillaient jour et nuit, allaient acheter la nourriture dans les fermes environnantes. Je ne sais comment ils s'organisaient avec les tickets de rationnement. Ils prenaient certainement des risques énormes. Un commissaire de police, au courant de la présence de tous ces juifs dans leur établissement, les prévenait dès qu'un danger se présentait. Des soldats allemands fréquentaient le café. Quand ils arrivaient, nous nous cachions, sans bruit, dans la salle de bal qui jouxtait le bar. Heureusement, aucun d'eux n'a jamais ouvert la porte. Je suis restée à Tremblay-lès-Gonesse jusqu'à la Libération. »

À la fin de la guerre, Gilberte a dix ans. Elle n'a plus de famille. Personne ne la réclame. « Une laissée-pour-compte, une oubliée, seule, abandonnée. » Les Degouy déménagent pour la Charente d'où ils sont originaires. Ils l'emmènent avec eux. « Ils avaient repris une ferme à Pougné, près de Ruffec. Durs avec eux-mêmes, ne ménageant pas leurs forces, ils m'ont élevée sans déceler ma souffrance. Je ne leur en veux pas. Ils ne pouvaient pas savoir. Et ce qu'ils faisaient pour moi était tellement beau, tellement désintéressé, même s'ils ne me considéraient pas comme la fille de la maison. Alors je grandissais en étouffant mon chagrin. À l'école, je portais le nom de jeune fille de ma mère, Kozès, persuadée que c'était le mien. Je n'ai appris mon nom de famille, Czyzyk, qu'au moment de mon inscription au certificat d'études. Il figurait sur les pièces administratives délivrées par la mairie de mon lieu de naissance que nous devions fournir. J'avais quatorze ans. »

À dix-huit ans elle monte à Paris, fait des ménages pour gagner sa vie. Soucieuse d'améliorer son salaire et d'abandonner balais et chiffons de poussière, elle s'inscrit à un cours de sténodactylo. Munie de son diplôme, elle entre dans une compagnie d'assurances. Elle postule ensuite pour un emploi dans une banque où elle passera vingt-cinq ans, gravissant les échelons jusqu'au poste de responsable du personnel.

Vers 1955, Gilberte entreprend de rechercher sa petite sœur dont elle a été séparée quand celle-ci avait vingt et un mois. « Depuis, je n'avais plus de nouvelles d'elle. Je l'imaginais. Comment pouvait être à l'âge de quinze ans ce bébé que j'avais fait tomber dans l'escalier de la rue des Bernardins ? Blonde ? Brune ? Grande ? Petite ? Ses yeux étaient-ils bleus, verts, marrons ? Unique certitude : je savais que je devais la retrouver. Car elle seule pouvait ressembler à ma mère tant aimée dont j'avais oublié le visage. Elle seule pouvait m'aider à le redessiner, à m'extraire du trou noir. Mais j'ignorais tout d'elle. Était-elle seulement vivante ? »

Gilberte est mineure à cette époque, ce qui complique considérablement ses démarches auprès de l'Office des anciens combattants et de l'Assistance publique. Elle ne se décourage pas pour autant face à l'accumulation des obstacles bureaucratiques. Enfin, elle reçoit une lettre l'informant de la présence de la petite Fanny à Autun, en Saône-et-Loire. Pensionnaire dans un collège, elle revient chaque week-end dans une famille d'accueil de l'Assistance publique. « Elle se croyait fille unique. Elle ignorait tout. Il a fallu la préparer. L'administration m'a imposée plusieurs mois de courriers avec le directeur de l'AP. Et nous nous sommes rencontrées. Deux étrangères. Je me suis efforcée de ne pas la brusquer, de contrôler mes émotions. J'étais une intruse pour elle et sa famille d'accueil qui l'avait élevée dans le catholicisme. Je bousculais tout. Il me fallait la rassurer, la convaincre que je ne comptais pas l'enlever à ses parents adoptifs. Je me suis retirée. Nous nous sommes écrit. La méfiance, peu à peu, s'est écartée. Elle a compris que je n'avais pas l'intention de la reprendre. Hélas ! Quand j'ai essayé d'aborder la déportation de nos parents, leur mort, je me suis heurtée à un mélange de désintérêt, de manque de curiosité et d'absence de connaissance de la Shoah. Peut-être étais-je trop compliquée. Peut-être n'ai-je pas su trouver les mots. Meurtrie, j'ai refusé d'aller à son mariage, inventant un prétexte. Avec le temps, nous nous sommes rapprochées, puis éloignées. Maintenant, nous n'avons plus grand-chose à nous dire. »

Gilberte s'est mariée et a eu deux filles, Françoise, née en 1956, et Brigitte, née en 1958. Bien que les Degouy, qu'elle a continué à fréquenter jusqu'à leur mort, soient devenus comme leurs grands-parents, elle ne leur a pas vraiment parlé de ce qu'elle a subi, de son « enfance cachée, bâillonnée, humiliée, brisée ». « Je ne voulais pas les perturber. Pourtant, je leur ai transmis mon angoisse, la peur d'exister, de m'avancer, qui, lorsque je suis dans une salle, me plaque contre un mur de crainte que quelqu'un me surprenne par-derrière. Une peur qui m'empêche de manifester ma présence et me transforme en tronc d'arbre abattu par la tempête, dont les résidus de sève permettent à quelques bouts de branche de ne pas complètement sécher. Là, les nazis ont gagné. Ils m'ont mis la tête sous l'eau trop longtemps. Ils m'ont imposé une seconde vie qui a remplacé celle qu'ils m'ont prise. Mais ce n'est pas vraiment moi qui vis. C'est une autre que moi que je regarde en spectatrice.

Écartée de la lumière, des fêtes et des rires, je suis une ombre, une morte vivante, repliée à l'intérieur de moi-même, percevant l'extérieur comme une menace permanente. Une douleur inguérissable me colle à la peau. Je ne connais aucun terme susceptible de la définir. Or, ce mal de vivre ne s'arrête pas à moi dont les Allemands et le régime de Vichy ont anéanti les parents, à moi qu'ils ont déracinée, broyée. Il perdure de génération en génération. Il est tellement difficile de donner à ses enfants ce qu'on n'a pas appris à être et à faire. Ainsi, sur le plan religieux, je les ai laissés dans l'ignorance. Une rupture s'est produite avec mes racines juives. Irréversible, définitive. Je ne pratique pas, je ne respecte aucune fête. Mes filles non plus. Et elles n'ont donné aucune religion à mon petit-fils et à mes deux petites-filles. »

Robert Carles
11 ans en 1940

Partie de Drancy par le convoi n° 40 du 3 novembre 1942, toute la famille de Robert Carles a été assassinée à Auschwitz. « Excepté de mon père, je n'ai pas le moindre souvenir de leurs visages. Je ne me rappelle même plus les gestes de tendresse de ma mère. Malgré des efforts désespérés depuis soixante ans, je n'ai pas retrouvé la moindre bribe d'image dans ma mémoire. Tout s'est effacé. » Ses traits se figent. Il ajoute : « Au-delà des événements tragiques des années d'occupation qui ont ballotté le gosse parfois inconscient que j'étais, au-delà du traumatisme des écriteaux "Interdit aux chiens et aux juifs", il y a des morsures terribles qui ne vous lâchent plus. Impossible d'en guérir. Elles creusent comme un vide insondable au plus profond de vous-même. Sans parler de cette culpabilité d'en avoir voulu à mes parents parce qu'ils ne m'avaient pas gardé avec eux. Une irréparable déchirure dans la vie. Devant ce mal-être persistant et ses atroces pointes d'intensité qui resurgissent régulièrement, le temps qui passe n'apporte aucune aide. »

Robert Carles ne sait rien de la vie en Pologne de son père Max, Moshe en hébreu, né en 1894. Seulement qu'il habitait Sierpc, à soixante kilomètres à l'ouest de Varsovie, et qu'il a posé ses valises en Lorraine à l'âge de trente-quatre ans. De sa mère, Betty Wohl, née en 1903 à Brody, non loin d'Auschwitz, il suppose qu'elle a été directrice d'école. Max et Betty se sont mariés à Metz le 1er janvier 1929. Robert y est né le 11 novembre suivant. « Jusqu'à la maternelle, je n'ai entendu parler qu'allemand ou yiddish, les deux seules langues utilisées à la maison. » Max et Betty Carles ont eu trois autres enfants : Annette-Mireille, née en 1934, Marcel, en 1936, et Charles, en 1938.

À Metz, les Carles habitent un bel appartement de quatre pièces, aménagé avec goût. « Notre rue, agréable, contrastait avec le vieux quartier juif délabré où mon père, voyageur de commerce, allait chercher les costumes pliés dans deux valises en osier qu'il revendait dans la région. » Deux tantes maternelles, Amélie et Frida, vivent avec eux. Elles seront déportées en juillet 1942. La famille est religieuse. « Mon père tenait absolument à ce que je l'accompagne à la synagogue. Moi, j'aurais préféré jouer avec mes copains. Aujourd'hui, bien que très attaché à ma communauté et à l'histoire du peuple juif, je ne pratique pas. » Autres souvenirs d'enfance : les défilés militaires du 11 novembre où son père l'emmenait, tandis que sa mère restait à la maison pour préparer les gâteaux de son anniversaire que la famille fêtait l'après-midi ; les cartes postales caricaturant Hitler et les Allemands que vendait son père avant la guerre ; la mémorable gifle qu'il lui a administrée le jour où un gardien de square l'a raccompagné fermement chez lui après que son ballon était allé se perdre sur une pelouse. « C'était un homme rigoureux et sévère, mais très juste et plein d'amour. Il estimait qu'il ne fallait pas enfreindre les lois et règlements, qu'il fallait être poli, respectueux des autres, travailleur. »

Octobre 1939 : la population de Metz est évacuée. La communauté juive, qui a souhaité rester groupée, est envoyée sur la côte atlantique. Les Carles et quelques autres s'installent à Royan. En juillet 1940, les Allemands entrent dans la cité balnéaire. « J'étais allé acheter du pain. J'ai d'abord vu deux estafettes à moto franchir le portail d'un bâtiment officiel, suivies un peu plus tard par des fantassins défilant au pas de l'oie. » Durant l'été, il sert d'interprète dans un grand magasin pour les nouveaux clients à l'accent d'outre-Rhin. Jusqu'à ce que l'un d'eux s'étonne qu'il s'exprime aussi bien en allemand. Il répond qu'il est lorrain. L'autre lui lance : *« Du bist jude ! »* (Tu es juif !) Sa mère lui interdit alors de continuer.

En octobre, les nazis ayant décrété la zone côtière interdite aux juifs, ceux de Royan sont refoulés vers la partie occupée de la Dordogne. « Notre train a mis deux jours et deux nuits pour parcourir soixante kilomètres. » Dix familles sont placées en résidence surveillée à Festalemps, un village situé à quatre kilomètres de la ligne de démarcation que personne, par souci de ne pas enfreindre la loi, ne songe à franchir. La mairie attribue à chacune d'elles une maison inoccupée. Celle des Carles est une ferme vide, sans eau ni électricité, légèrement en retrait du village. « En voyant la bâtisse abandonnée, ma mère s'est assise sur le rebord de la brouette où nous avions chargé nos quelques bagages et s'est exclamée : "Jamais je n'y mettrai les pieds !" En fait, nous y avons vécu très exactement deux ans moins un mois de bonheur. Elle est devenue une maison de rêve. Nous avions un potager et une basse-cour. Mon père s'est révélé un vrai paysan, cultivant la terre, élevant des poules, des canards et des oies qu'il gavait. Je l'accompagnais dans les travaux des champs chez les voisins. J'ai fait les foins, les moissons, les vendanges... Une fois par semaine, j'allais à vélo acheter la viande dans un village voisin, à quatre kilomètres. Au milieu de cette campagne, ce fut la plus belle période de ma vie. »

Ordonnance du 13 août 1941 : les juifs de la zone nord doivent remettre leurs postes TSF à la mairie de leur domicile. Les Carles obtempèrent : « Je tenais beaucoup à notre radio. Nous l'avions gardée malgré nos déménagements successifs. Depuis qu'un jour de 1938, en rentrant de l'école, j'avais surpris quelques notes derrière la porte de l'appartement, elle avait pris une grande place dans ma vie et m'avait fait découvrir la musique. Parfois, le matin, je me levais sans bruit avant tout le monde pour aller l'écouter en sourdine, et j'accompagnais les airs en jouant de la batterie avec une fourchette et un couteau. »

Ordonnance du 29 mai 1942 : le port de l'étoile jaune, « à six pointes, ayant les dimensions de la paume d'une main et les contours noirs », est imposé aux juifs. « À l'école, dès que nous sommes entrés en classe, l'instituteur a prévenu les élèves : "Le premier qui fait la moindre remarque sur cette étoile recevra mon pied au cul." » Hormis deux petites pestes qui, un jour, lâchent une réflexion sur les juifs qui n'ont pas leur place au pays, l'étoile ne suscite aucune réaction de la part des écoliers.

Les beaux jours de Festalemps se déchirent brutalement dans la nuit du 8 au 9 octobre 1942, lorsque des gendarmes français viennent ordonner aux Carles de préparer leurs balluchons et d'attendre un car à l'entrée de la ferme. « Nous avons entassé le maximum d'affaires dans les deux valises en osier de mon père. Ma mère pleurait. Nous, les enfants, nous pleurions aussi. Mon père m'a envoyé demander à notre voisine de s'occuper des volailles en notre absence. Quand nous avons été prêts, nous nous sommes postés sur le bord de la route. Il faisait froid. Nous étions toujours en larmes. Nous avons attendu longtemps dans la nuit. »

Ils ont perçu un bruit de moteur qui se rapprochait. Un car s'est garé devant la ferme. Leurs cinq silhouettes ankylosées par le froid, l'angoisse et la douleur de devoir quitter leur petit paradis, se sont glissées à l'intérieur du véhicule après avoir hissé les deux valises sur le toit. Le car a ensuite poursuivi la tournée. Au total, sept des dix familles juives de Festalemps sont emmenées, soit vingt-quatre personnes dont onze enfants. Direction : Angoulême. En cours de route, un grand vacarme tire de leur engourdissement les Carles, assis au fond du véhicule. Une grosse branche d'arbre vient de faire tomber une de leurs valises. « Je n'oublierai jamais mon père ramassant nos affaires éparpillées sur la chaussée. » L'humiliation d'un homme dépouillé, rejeté, poussé avec sa famille vers l'innommable.

À Angoulême, le car dépose ses passagers devant la salle philharmonique où sont parquées les familles juives raflées dans la région cette même nuit : près de quatre cents personnes désemparées, chassées de leurs habitations, privées des droits humains les plus élémentaires, traitées comme du bétail, obligées de dormir à même le sol. Les fauteuils ont été retirés et remplacés par de la paille. Les conditions d'hygiène sont épouvantables. Il n'y a pas assez de WC pour tout le monde. Robert, qui n'a que treize ans, ne réalise pas. Il suit les événements comme dans un jeu. Il ignore que le 11 novembre suivant, pour la première fois, il ne fêtera pas son anniversaire en famille. D'ailleurs, il ne soufflera plus jamais parmi les siens les bougies piquées sur le gâteau cuisiné par sa mère.

Quelques jours plus tard, un Allemand annonce par haut-parleur que des sacs vont circuler et qu'il faut y déposer montres, bijoux et objets de valeur. « Discrètement, mon père m'a glissé dans la poche un petit porte-monnaie contenant son alliance, sa montre et son canif, l'alliance de ma mère, sa montre et une petite bague, tout l'argent liquide qui lui restait, soit 700 francs, une petite pièce d'or et un bout de papier sur lequel il avait griffonné l'adresse d'Élie Bloch, le rabbin de sa synagogue à Metz, réfugié à Poitiers. Je ne sais pas pourquoi il m'a donné tout ça. Mais j'ai toujours gardé ce porte-monnaie et son contenu. Même dans les moments les plus difficiles, je n'ai pas touché à l'argent. Je comptais tout rendre à mes parents le jour où je les reverrais. Car j'en étais sûr, je les reverrais. »

Une autre annonce est faite : les pères ayant des enfants de nationalité française doivent les accompagner dans une étroite cour. Robert est le seul de la famille à être naturalisé. Pour quelle raison ? Il l'ignore. « Mon père et moi avons suivi la consigne et sommes sortis, pensant qu'il s'agissait d'un banal contrôle. Je n'ai dit au revoir ni à ma mère, ni à ma sœur, ni à mes deux frères. Notre séparation s'est déroulée ainsi. Je n'imaginais pas qu'elle était définitive. »

Le brouhaha de la cour l'effraie. Il reste collé à son père. Jusqu'à ce qu'un type, qui hurle des ordres en allemand, lui donne un grand coup de botte dans le derrière, l'écartant violemment en criant : *« Schwein jude gehweck »* (Cochon de juif, va-t-en !) Il se relève. Dans la cohue, il distingue son père qui, hissé sur la pointe des pieds, tente de l'apercevoir et lui crie en pleurant : « Robert ! N'oublie jamais que tu es juif ! » « Je n'avais jamais vu mon père pleurer. Moi, j'ai ri. Sans raison. Une réaction nerveuse. Mon père, qui avait certainement tout compris du malheur qui s'abattait sur nous, n'a reçu de moi qu'un rire déplacé en dernier adieu. Un rire qui me hante encore, tandis que pendant des années je lui ai reproché ses paroles que je jugeais dures dans de telles circonstances. J'aurais tellement préféré entendre : "Je t'aime, mon fils ! Je t'aime ! Prends bien soin de toi !" Ce brutal arrachement à ma famille, mon rire, le message de mon père m'ont harcelé toute ma vie. »

Un ami des Carles à Festalemps confie à Robert son fils, Bernard. Plus loin, un petit rouquin à taches de rousseur s'approche et lui donne un grand livre rouge à tranche dorée, les *Contes* de Perrault, qu'il presse précieusement contre lui. Puis le temps s'accélère. Un prêtre s'avance et demande aux garçons – ils sont onze – de le suivre. Leurs balluchons sont jetés dans une charrette à bras. Après une longue marche, le groupe fait halte devant un foyer, connu sous le nom des « baraquements de Chanzy », qui héberge une soixantaine de gamins, essentiellement des cas sociaux. Les nouveaux sont dirigés vers le réfectoire. Étonnement de Robert quand, en pénétrant dans la salle derrière l'homme d'église, il entend les pensionnaires assis autour des tables se lever et dire : « Bonjour, mon père ! » « Pourquoi l'appelaient-ils mon père ? Ce mot m'a surpris. »

Quotidiennement, les petits juifs, qui ne se mêlent pas aux autres, le pressent de leur accorder l'autorisation de revoir leurs parents. La réponse est toujours la même : « Oui, demain ! On verra demain ! » Mais les lendemains se succèdent, reportant invariablement l'autorisation à plus tard. Jusqu'à leur départ pour une grande demeure, L'Hirondelle, à l'extérieur de la ville. Pendant trois mois, ils apprennent prières catholiques et chants d'église, ils assistent aux messes. Des jeunes femmes en civil leur font faire un peu de calcul et des dictées. Leurs parents leur manquent de plus en plus. « Une absence tellement insupportable que je me souviens avoir pris un petit sur mes genoux et avoir éclaté en sanglots, murmurant que je voulais revoir mon papa et ma maman. »

Une lettre de sa mère va lui briser le cœur. Internée à Drancy, elle s'étonne de son silence, bien qu'elle lui ait déjà écrit trois fois. « Dans les enveloppes, précisait-elle, elle avait joint des bons qui devaient me permettre de leur faire parvenir des colis de nourriture. Elle me disait : "Boubi ! Quel fils es-tu donc ? Nous t'avons laissé tout ce que nous possédions et tu nous abandonnes. Tes frères et ta sœur ont faim. Ils pleurent." Vous imaginez ? Mes parents ont cru que je les avais oubliés. Moi qui ne pensais qu'à eux, qu'à me serrer dans leurs bras. Furieux, au bord de la crise de nerfs, j'ai couru auprès du curé et l'ai assailli de questions : pourquoi n'ai-je pas eu ces lettres ? Qui les a interceptées ? Pourquoi ne m'a-t-on laissé préparer des colis pour ma famille ? Embarrassé, il n'a su que répondre et m'a montré un papier collé sur l'enveloppe indiquant qu'il était désormais inutile d'envoyer colis ou correspondances. Et sur ce papier, j'ai pu lire : "Parti pour une destination inconnue." » Robert ne supporte pas le choc. Le lendemain, il tombe malade. « Une jaunisse très grave. Un mois alité, entre la vie et la mort. »

Une autre angoisse gagne les onze pensionnaires juifs lorsque le prêtre les informe qu'il va bientôt les confesser. Robert, qui garde gravées en lui les dernières paroles de son père, ne peut accepter qu'on le convertisse au catholicisme. Il écrit au rabbin Bloch, dont il a l'adresse de Poitiers dans le porte-monnaie. « Je ne sais pas comment j'ai pu me procurer une enveloppe et un timbre. Toujours est-il que, trois ou quatre jours plus tard, la secrétaire du rabbin est venue nous récupérer. Puis celui-ci nous a placés dans des familles juives. Évidemment, à l'époque, il aurait pu nous abriter sous un toit plus sûr. » Le rabbin Élie Bloch, sa femme Georgette et sa fille Myriam seront déportés de Drancy vers Auschwitz le 17 décembre 1943, par le convoi n° 63 [1].

Au sein d'une première famille, à Châtellerault, Robert se heurte à l'hostilité du fils. Beaucoup plus jeune que lui, le gamin, jaloux, ne tolère pas sa présence au point de le forcer à coucher par terre alors qu'ils sont censés partager le même lit. Il va jusqu'à lui dire qu'il a uriné sur sa brosse à dents. Entièrement tendu vers l'attente de ses parents, Robert se tait. « Pour moi le "parti pour une destination inconnue" que m'avait montré le prêtre d'Angoulême signifiait que l'auteur de ces mots ne savait tout simplement pas dans quelle ville ils avaient été envoyés. Au bout de quinze jours, Robert, excédé, écrit au rabbin Bloch qui le change de

1. Paul Lévy, *Un camp de concentration français : Poitiers*, éditions Sedes, 1995.

famille et de quartier. Il se retrouve chez des commerçants, les Weil, qui accueillent déjà une adolescente de quinze ans, Éva. Le mari vient d'être déporté. La femme, grande cardiaque, doit en permanence rester alitée. C'est la bonne qui s'occupe des enfants.

La maison des Weil donne sur un square. Le matin, Robert se rend à l'école située juste en face avec un autre jeune réfugié juif du quartier. Mais leur étoile jaune, qui leur interdit de traverser le square, leur impose un détour. Un jour, adossés contre la vitrine d'une pâtisserie, ils regardent émerveillés un manège qui a été monté au bout de la promenade, évidemment inaccessible aux enfants juifs. Une dame sort du magasin accompagnée d'un petit garçon et, discrètement, leur fait signe de la suivre dans une rue calme où elle leur remet une boîte de gâteaux qu'elle vient d'acheter. Et s'éclipse... Après la guerre, en 1950, à la faculté de Jussieu où il est inscrit en PCB (physique, chimie et biologie), année préparatoire aux études de médecine, Robert se liera avec un étudiant, « un grand rigolard », Michel Rabot. Celui-ci l'invitera chez lui et lui présentera ses parents. Dans la conversation, ils évoqueront les années d'occupation, Châtellerault. « Vous y étiez ? lui demandera la mère. Nous aussi. » Elle parlera de deux enfants juifs près d'une pâtisserie qui regardaient un manège. C'était la dame aux gâteaux. « Je suis devenu le deuxième fils de la maison et Michel est devenu mon frère. Nous sommes restés très unis jusqu'à la disparition de monsieur Rabot, puis de Michel, mort d'un cancer, et de madame Rabot. »

Retour aux années noires. « Je ressentais au fond de moi un vide terrible. Je me rattachais aux quelques prières juives que je connaissais. Les baragouiner m'apaisait. Elles me permettaient de conserver un lien avec mes parents en attentant de les revoir, ce dont je ne doutais pas. Pour éviter de trop y penser, je me suis jeté avec acharnement dans le travail scolaire. » Au début de 1943, la police française rassemble tous les enfants juifs placés dans des familles de Châtellerault dont les parents ont été déportés. « On nous désignait pudiquement sous la formule “séparés de leur milieu familial”. » Ils sont dirigés vers un des deux camps de concentration de Poitiers, sur la route de Limoges, d'où 502 gosses, dont une douzaine de bébés de quelques mois, partirent pour les camps de la mort entre le 18 juillet 1942 et le 2 février 1944 [2]. « C'était très dur de se sentir ainsi trimballé comme un objet d'un endroit à l'autre sans pouvoir maîtriser quoi que ce soit, sans la moindre information. Pas moyen de se révolter. Il fallait obéir, suivre sans comprendre ni comment ni pourquoi. C'était insupportable. Mais il y avait pire. Moi, j'avais treize ans. J'étais un grand. Malgré l'absence du baiser de mes parents, le soir, avant de m'endormir, je pouvais essayer de me raisonner. Imaginez les plus petits, de cinq ans et moins. Ils étaient perdus, terrifiés. Autour d'eux, il n'y avait que des inconnus, des étrangers. La souffrance qui vous est infligée alors ne vous quitte plus. Elle dépasse de loin une douleur physique et ne cesse plus jamais de vous ronger. »

Après quelques jours au camp de Poitiers, Robert, ainsi qu'une soixantaine de gosses sont envoyés dans un train spécial pour Paris. Gare d'Austerlitz les attendent des représentants de l'Union générale des israélites de France (UGIF), organisme créé par une loi de Vichy du 29 novembre 1941, conformément aux consignes de l'occupant nazi soucieux de maintenir les juifs sous son contrôle. Ils réussissent à récupérer la moitié des enfants, dont le petit Bernard que Robert avait promis à son père de protéger et qu'il a retrouvé à Poitiers, ainsi qu'Éva, hébergée avec lui chez les Weil à Châtellerault. Les autres seront déportés à Auschwitz. « Les membres de l'UGIF, souligne Robert

2. Paul Lévy, *op. cit.*

Carles, ont commis une erreur aux conséquences dramatiques en faisant confiance aux autorités allemandes qui prétendaient garantir une pseudo-protection aux juifs. En fait, ils ont mis le doigt dans un engrenage qui a conduit bon nombre d'entre eux à la même mort que ceux qu'ils croyaient aider. »

D'abord logé dans une maison d'enfants du XVIIIe arrondissement, rue Lamarck, il part ensuite dans un autre établissement de l'UGIF, l'École de travail, 4 bis, rue des Rosiers dans le IVe, transformé en foyer d'hébergement. Au printemps 1944, son directeur, Georges Levitz, et sa femme, Ida, seront arrêtés lors de la rafle des derniers enfants des centres de l'UGIF. Ils seront déportés vers Auschwitz le 30 juin par le convoi n° 76. « Les conditions de vie, rue des Rosiers, étaient extrêmement pénibles : le froid, le manque de nourriture, la discipline très stricte, la menace permanente de la déportation... Je figurais parmi les plus jeunes des pensionnaires dont les plus âgés, certains de véritables délinquants, avaient instauré le règne de l'intimidation et du chacun pour soi. Et, toujours présent, ce terrible vide affectif dû à l'absence de mes parents. J'avais tellement faim que chaque semaine, à l'entrée de la station Saint-Paul, je revendais la carte de métro hebdomadaire que me fournissait le foyer pour que je puisse me rendre à des cours de menuiserie, rue Claude-Bernard. Je faisais le trajet à pied. L'argent me permettait d'acheter un bout de pain au marché noir, dans un bistrot du quartier. Car jamais je n'aurais touché aux 700 francs que m'avait laissés mon père et que je tenais à lui rendre. Ça me pesait de penser tout le temps à ne surtout pas perdre le porte-monnaie. »

En février 1944, Robert reçoit une lettre. Il y est écrit à peu près ceci : « Robert, je suis un ami de tes parents. Mon nom ne te dira rien. Mais viens tel jour, à telle heure, à cette adresse de la rue Alexandre-Dumas. N'en parle à personne. » Robert hésite, puis décide de se rendre au rendez-vous. Là, il pénètre dans une cour où jouent des enfants. Un homme s'approche, le conduit au premier étage d'un bâtiment et l'enferme dans une pièce. Robert a très peur. Enfin, un autre homme d'une soixantaine d'années ouvre la porte. « Il m'a dit : "Je m'appelle monsieur Auger. Ici, tu es dans une maison d'enfants chrétiens. Tu ne retourneras pas à l'École de travail. J'appartiens à une organisation qui s'efforce de sauver des enfants en les extrayant du circuit juif. Tu vas enlever ton étoile jaune. Tu vas changer ton nom, la date et le lieu de ta naissance. Tu seras Robert François, tu recevras une carte d'alimentation sous cette fausse identité." Plus tard, j'ai appris que la plupart des pensionnaires de la maison Lamarck, de l'École de travail et des autres lieux d'accueil de l'UGIF avaient été déportés. »

Moins d'un mois après, monsieur Auger, « dont le regard d'une grande bonté, l'accent méridional apaisant et les gestes affectueux étaient confortés par une voix autoritaire qui inspirait la confiance », l'accompagne dans une école privée du XIe arrondissement, l'institut Voltaire, 204, boulevard Voltaire. La directrice, Denise Vallon, les reçoit dans son bureau. « Elle m'a demandé d'enlever mon pantalon et d'aller dans la pièce voisine, le temps qu'elle le recouse, car il était entièrement déchiré, de la braguette jusqu'aux fesses. J'avais tellement honte de porter de telles loques que, depuis, j'ai toujours accordé une grande attention à mes vêtements. »

Denise Vallon propose à Robert de le loger chez elle, dans le Xe, près de la gare de l'Est, où elle accueille déjà un autre garçon, Georges Miliband. « J'ai connu alors une vie à peu près normale. Georges est devenu un copain. Il avait les mêmes blessures que les miennes mais, comme moi, il n'en parlait pas. Bien qu'ayant dormi jusqu'à la fin de la guerre dans le même lit, jamais nous n'avons abordé la question de la disparition de nos parents. Je ne savais même pas qu'il était juif, que sa mère et ses trois sœurs avaient été prises en juillet 1942 dans la rafle du Vel'd'Hiv. »

À la Libération, Robert a quinze ans. « Bien sûr, j'étais content. Et après ? Je ne pensais qu'à mes parents, à ma sœur et à mes frères. Quand allais-je les retrouver ? Je ne pensais qu'à ça. Georges, que madame Vallon voulait adopter, a été repris par une de ses tantes. Moi, je suis resté chez elle. » Monsieur Auger, qui l'avait placé là, lui a confié qu'il ne s'appelait pas Auger, mais Léon, qu'il était le beau-père du docteur Fred Milhaud, le médecin chargé de la surveillance médicale à l'École de travail et que c'était ce docteur qui lui avait envoyé la lettre lui demandant de se rendre rue Alexandre-Dumas. Sous l'Occupation, avec sa femme Denise, assistante sociale, ils avaient mis en place un réseau clandestin de sauvetage d'enfants juifs, L'Entraide temporaire, dont l'encadrement était assuré par des femmes de milieu aisé, juives, mais aussi protestantes ou catholiques. Officiellement, cette œuvre caritative se présentait comme une annexe de la Croix-Rouge ayant pour vocation d'aider les personnes en difficulté.

Quand Robert réussit son brevet élémentaire, en 1945, et que madame Vallon lui demande quel cadeau il souhaite, il lui répond : « Un voyage chez moi, à Metz, seul. » Il y part. Il revoit son quartier, les fenêtres de l'appartement au quatrième étage, ainsi que la maison des meilleurs amis de ses parents. Ils ont à nouveau inscrit leur nom sur leur porte. « J'ai sonné. Personne. Alors, en attendant qu'ils rentrent, je me suis promené dans les rues, m'attardant à chaque porte, espérant reconnaître un nom. Soudain, j'ai vu le nôtre. L'écriture était celle de mon père. Je ne comprenais pas. Je devenais fou. J'ai sonné. Pas le moindre bruit. Mes parents seraient donc rentrés et ne m'auraient pas recherché ? L'idée m'était insupportable. Je titubais. Je pleurais. Je criais. Mes pas m'ont conduit devant la maison de leurs amis. Ils étaient là, étonnés de me revoir. Ils me croyaient morts à Auschwitz avec toute ma famille. D'ailleurs, à la synagogue, sont gravés sur une plaque les noms de mes parents, de ma sœur, de mes frères... ainsi que le mien. Je leur ai affirmé que mes parents étaient revenus, qu'ils habitaient à quelques rues de chez eux, que j'avais reconnu l'écriture de mon père sur une porte. Je leur ai raconté ma joie et mon désarroi. Ils m'ont expliqué que je me trompais, qu'il ne s'agissait pas de mes parents, mais d'un avocat alsacien non juif. »

« En 1946, un homme est venu à l'institut Voltaire. C'était le fils du patron de mon père à Metz. Il avait survécu à Auschwitz. Il m'a confié : "Je connaissais ton père. J'ai vu ta famille arriver à Auschwitz. Ta mère, ta sœur et tes deux frères ont été gazés aussitôt. Ton père est mort trois mois plus tard." J'ai évidemment entendu ces paroles, mais ne les ai absolument pas intégrées. Pendant dix ans, j'ai continué à courir après des hommes dans la rue, croyant reconnaître mon père. Plus tard, je suis retourné en Dordogne. J'ai voulu racheter la ferme de Festalemps où nous avions été si heureux. Le propriétaire a refusé de la vendre. »

En janvier 1984, un groupe d'anciens enfants cachés de l'Entraide temporaire a réalisé une brochure destinée à rendre hommage à ce réseau, « trop méconnu, déplore Robert Carles, bien qu'il ait permis à 500 enfants juifs d'échapper à la déportation ». Dans l'introduction on peut lire :

« Quarante ans après, quelques-uns de ceux qui ont été sauvés par cette action restée anonyme et inconnue ont désiré savoir, connaître et comprendre ce qui s'était passé... Pourquoi ce silence de quarante ans ? C'est que ce silence avait permis aux enfants de supporter l'insupportable. Il était devenu l'abri, la protection de leur refus d'accepter la mort de leurs parents. Cette mort, ils ne l'ont jamais acceptée et ils ne l'accepteront jamais. Mais ce silence a trop duré, c'est lui qui, à son tour, est devenu insupportable. À plusieurs "enfants" de l'Entraide, ils ont voulu approcher ce qui, de leur vécu, est encore indicible.

« Il faut ajouter que l'Entraide ne s'est pas éteinte avec la fin de la guerre. Elle a continué à soutenir, à suivre, à orienter "ses" enfants. Les plus jeunes en ont bénéficié jusqu'à la fin des années 1950.

« Cette brochure est d'abord l'expression de notre reconnaissance envers Denise et Fred Milhaud.

« Elle est dédiée à la mémoire de nos familles.

« Elle signe notre gratitude envers tous ceux qui ont lutté et agi pour que la vie l'emporte sur la mort. »

Aujourd'hui, chirurgien-dentiste à la retraite, Robert Carles, qui a toujours le porte-monnaie, est père de deux filles et a quatre petits-enfants. Dans les écoles, il se consacre à la transmission de la mémoire. Il explique aux élèves « ce que fut la Shoah » et leur inculque « l'horreur de la guerre, quelle qu'elle soit ».

Simone Miliband-Fenal
7 ans en 1940

Les premiers des douze frères et sœurs Miliband à avoir fui la misère et l'antisémitisme polonais furent les deux aînés. Varsoviens, ils émigrèrent au début du siècle dernier aux États-Unis. Les autres les imitèrent, optant pour la Belgique ou la France. Leizer, dit Léon, le père de Simone, s'installa à Paris dans les années 1920. Il commença par vendre de la bonneterie sur les marchés, puis il apprit le métier de maroquinier et travailla chez lui à la pièce. Originaire de Slawatycze, près de Varsovie, la mère de Simone, Justina Dluga, qui allait franciser son prénom en Ida, découvrit peu de temps après la Ville lumière. Elle avait rejoint ses deux sœurs, Éva et Hélène, qui, outre la pauvreté, avaient fui une ambiance familiale détestable. Justina avait huit ans au décès de sa mère. Son père s'était remarié mais les rapports avec la belle-mère n'avaient cessé de se dégrader. Une embauche suscita la rencontre entre Leizer et Ida. Il avait besoin d'une ouvrière pour le seconder. Elle se présenta. Il l'épousa.

Restés en Pologne, le père d'Ida, sa belle-mère et ses trois demi-sœurs, Mala, Belcia et Bracia, disparaîtront dans le ghetto de Varsovie qui sera rasé en mai 1943. Trois mille SS, auxiliaires ukrainiens, lettons, lituaniens et policiers polonais y massacrèrent les derniers résistants juifs qui avaient échappé aux convois vers les camps d'extermination. Simone montre le plan du ghetto. « Ils habitaient au 45 de la rue Dzielna, près du cimetière. » Leur dernier signe de vie : une carte expédiée le 3 mars 1941 dans laquelle le père évoque discrètement les difficultés d'un quotidien qui vire à l'enfer :

Nous avons reçu ta lettre. Chez nous, tout va bien. Nous sommes tous vivants et en bonne santé. Nous sommes très inquiets car Éva n'a pas écrit. Comment vont vos maris et vos enfants ? Tu n'as pas dit un mot sur eux dans ta lettre. Nous vous prions beaucoup, évidemment si vous n'avez pas trop de difficultés, de nous envoyer quelque chose à manger. Nous vous demandons la réponse la plus rapide possible. Un bonjour de la famille. Nous vous embrassons. Votre père qui vous aime.

Simone est née le 2 février 1933, six ans avant le mariage de ses parents devant le maire. « Ils auraient souhaité m'appeler Sarah, comme ma grand-mère maternelle. Ils y ont renoncé, préférant un prénom plus discret. Ils voulaient tellement s'intégrer en France qu'ils écartaient tout ce qui pouvait les singulariser. »

Un de ses premiers souvenirs demeure l'énorme paquet recouvert d'une toile noire que son père monta jusqu'à leur deux pièces, au sixième étage sans ascenseur de l'immeuble du 8, rue de Bagnolet, dans le XXe arrondissement. « Un poste TSF. J'étais émerveillée. Je ne pouvais pas en détacher mes yeux. Je croyais que quelqu'un était assis à l'intérieur de cette luxueuse boîte magique en bois vernis et nous parlait. La musique inondait la maison. Or j'aimais beaucoup la musique. Le dimanche matin, pendant que ma mère préparait le déjeuner, mon père m'emmenait écouter une fanfare qui jouait dans le kiosque du square de la place de la Réunion. » Le 3 septembre 1939, Simone se rappelle que le poste est resté allumé toute la journée. L'Angleterre, puis la France venaient de déclarer la guerre à l'Allemagne. « Une voix a résonné dans la cour de notre immeuble. "C'est la guerre ! C'est la guerre !" Ma tante Berthe, qui logeait dans le haut de la rue de Charonne, s'était précipitée nous prévenir. Je soupçonnais la gravité de la situation. D'autant que mon père s'était engagé dans la Légion étrangère et, avant son départ, je l'avais surpris en train de chuchoter avec ma mère. En polonais pour ne pas que je comprenne. Ce qui avait accentué mon inquiétude. Je pressentais un danger. » Veuve d'un frère de Leizer, Berthe sera arrêtée le 16 juillet 1942, ainsi que ses trois fillettes, Jeanne, Simone et Liliane. « La veille, quelqu'un lui avait proposé de mettre ses enfants à l'abri. Ignorant l'horreur qui menaçait sa famille, elle n'avait accepté de se séparer que de son fils Georges. » Après trois jours au Vel'd'Hiv', elles seront internées ensemble au camp de Pithiviers d'où elles seront déportées à Auschwitz le 24 août par le convoi n° 42.

Affecté au 22e régiment de marche de volontaires étrangers composé de réfugiés républicains espagnols et d'immigrés juifs d'Europe centrale, Leizer Miliband prend part aux durs combats de la Somme. Le 22e est tellement mal équipé que les soldats des autres unités le surnomment le « régiment ficelle ». Pourtant, les 5, 6 et 7 juin, il résiste avec un tel acharnement aux assauts nazis, déterminé à tenir jusqu'au bout ses positions, parfois au corps à corps, qu'il sera cité à l'ordre de l'armée. Sur 2 500 hommes, 800 seront capturés, épuisés. Les autres ne reviendront pas du combat. « Un soir de la fin du mois de juin, nous avons eu la surprise de voir mon père en uniforme de soldat devant l'immeuble. J'ignore si, blessé, il avait été évacué, ou bien si, fait prisonnier, il s'était évadé. Je sais seulement que j'étais heureuse. »

Démobilisé durant l'été, Leizer reprend son travail de maroquinier. Une année s'écoule à peu près normalement dans Paris désormais couvert de croix gammées. Jusqu'à ce que les gendarmes lui remettent, le 13 mai 1941, un « billet vert » le convoquant pour le lendemain à la caserne Mortier, officiellement pour un recensement. « Ma mère et moi l'avons accompagné. Quand nous sommes arrivés, des gendarmes ont fait entrer les hommes et ont prié les familles d'aller leur préparer une valise sur laquelle il fallait inscrire leur nom. Ce que nous avons fait. Nous n'avons revu mon père qu'une fois, au camp de Beaune-la-Rolande. Nous avions obtenu l'autorisation de lui rendre visite. L'allée qui menait au camp reste gravée dans ma mémoire. Nous avons pu passer deux heures avec lui. » Simone a conservé les cartes écrites au crayon qu'il leur a envoyées pendant un an. Dont celle-ci, datée du 16 juin 1942, une des dernières :

Chère Ida et chère petite Simone,
J'ai bien reçu votre lettre. Et je suis très content que vous allez tous bien. Écris-moi si tu travailles un peu et si Simone va à l'école. Écris-moi si tu t'arranges bien avec le ravitaillement. Je crois que ça doit être un peu dur en ce moment...
Le moral est toujours bon espérant que tout finira pour le mieux et on sera de nouveau ensemble. De Belgique je n'ai pas de nouvelles depuis trois semaines. Enfin je vous dis à bientôt et je vous embrasse tous bien fort. Votre Léon qui pense à vous.

Leizer-Léon Miliband sera déporté vers Auschwitz le 28 juin 1942 par le convoi n° 5.

Seule avec sa mère, Simone, qui fréquente l'école de la rue Planchat, connaît la pauvreté, le froid, les douloureuses engelures aux pieds et le manque de nourriture qui est compensé de temps en temps par un bocal de soupe que distribue l'Armée du salut, rue de Charonne, ou par les petits gâteaux secs que la voisine de palier donne parfois à la fillette. Un quotidien terrible aggravé par les interdictions imposées par le régime de Vichy, dont celles d'utiliser dans le métro un autre wagon que le dernier de la rame, de fréquenter les lieux publics, les cinémas, les squares... « Mais, surtout, mon père me manquait. »

Peu de temps après que le port de l'étoile jaune a été imposé aux juifs, Simone se remet péniblement d'une scarlatine qui l'a épuisée. Sa mère se résout à l'éloigner de Paris. Elle l'envoie à Niort chez sa sœur. Le chauffeur d'un camion de déménagement la prend au milieu de son chargement. « J'ai grimpé à l'arrière. Il faisait nuit. Le camion a démarré. Maman a disparu dans le noir. J'étais vraiment seule. Je n'avais plus mon père. On venait de me séparer de ma mère. » Au bout de quelques jours, elle lui écrit une petite lettre :

Chère maman

Je viens de finir de manger. Chère maman, tout à l'heure je vais aller au jardin avec tante Éva et je suis contente. Chère maman, avant de manger je me suis pesée et je pèse trente kilos... Chère maman, je termine ma lettre en espérant que tu es en bonne santé. Chère maman, je t'embrasse bien fort. Simone.

Le 15 juillet 1942, Boris, son oncle paternel, qui ne s'est pas rendu à la convocation du « billet vert », est informé par un ami qu'une grande rafle est prévue pour le lendemain. Il prévient Ida et la presse de se réfugier chez lui. « Elle a répondu qu'elle n'avait pas le temps, qu'il lui fallait terminer une commande de porte-monnaie. Il a insisté. Deux fois il a dépêché sa fille afin de la convaincre. Deux fois elle a refusé, précisant qu'elle ne pourrait venir que le lendemain matin. » Elle sera prise dans la rafle du Vel'd'Hiv'. Le 23 juillet, veille de son départ pour une « destination inconnue », elle écrira de Drancy une carte à sa sœur Éva :

J'espère que tu vas bien, que tu as bien reçu ma carte que je t'ai envoyée cette semaine, mais je n'ai pas reçu de réponse. J'ai tellement de peine avant que je parte. J'aurais voulu avoir des nouvelles de mon enfant. Si je pars, que je sois assez tranquille que mon enfant soit toujours avec vous. Ce qui arrivera, que mon enfant soit bien placé. Moi je suis en bonne santé et je pars demain matin. Je ne sais pas où. Je ne sais quand je pourrai vous revoir. Je termine ma carte en vous embrassant bien fort.

Ma chère Simone, sois courageuse et gentille. J'espère que l'on se verra. Ça me fait de la peine de me séparer de toi mais c'est arrivé comme ça. Sois gentille. Pas de mauvais sang. Et je t'embrasse bien fort. Ta maman Ida Miliband.

Le 24 juillet, elle sera déportée vers Auschwitz par le convoi n° 10.

À Niort, Simone se réhabitue à une vie plus sereine. Les pénuries de la province n'ont rien de commun avec celles de Paris. Sa tante et son oncle, qui ont une fille de dix-huit ans, Denise, vendent des bijoux et des colifichets sur le marché de la ville. Ils ont pour amis un couple d'agriculteurs, Georges et Marcelle Roy, du village de Granzay, à dix kilomètres de là. « Des gens extraordinaires, ouverts et intelligents. » La tranquillité ne dure pas. L'oncle est interpellé dans la rue et interné au camp de Poitiers. Le 20 juillet 1942, sur un quai de la gare d'Angers, il est poussé dans un wagon du convoi n° 8 qui part pour Auschwitz. En octobre, c'est au tour de sa femme d'être arrêtée chez elle. Le 6 novembre, elle quittera Drancy par le convoi n° 42.

Simone a assisté à la descente de police. « Ma tante a rassemblé quelques affaires, a enfilé son manteau et a suivi les policiers. Un immense vide m'a soudain envahie. Sans mon oncle, sans ma tante, je me sentais perdue. Je n'avais jamais été aussi seule. » Tandis que sa cousine se réfugie chez les parents de son fiancé, un non-juif qui appartient à un mouvement de résistance, elle est prise en charge par Georges et Marcelle Roy. Ils l'emmènent dans leur ferme, à Granzay. « Ils m'ont fait passer pour une petite réfugiée parisienne affaiblie par les privations de la capitale. Ils m'adoraient. Auprès d'eux et de leurs deux filles, plus âgées que moi, j'ai découvert la vie à la campagne. Je gardais les vaches, assistais aux moissons, aux battages, on tuait le cochon. Je mangeais normalement. J'allais à l'école du village, où j'étais une bonne élève, à la messe, au catéchisme. Le curé du Cormenier m'a baptisée et m'a donné deux nouveaux prénoms, Marie et Denise. Il n'agissait nullement par prosélytisme. Mais pour me sauver. En cas d'urgence, il avait d'ailleurs prévu de m'évacuer chez sa sœur, à Poitiers. »

Les parents de Simone lui manquent terriblement. Elle ne le montre pas, persuadée qu'il lui suffit d'attendre et qu'elle les retrouvera. « Je n'en parlais jamais à monsieur et madame Roy. Je craignais qu'aborder le sujet n'augmente le danger auquel ma présence sous leur toit les exposait. De plus, ils m'entouraient de tant d'attention que j'en oubliais ma peine. Grâce à eux, dans mes moments difficiles, mon insouciance et ma joie de vivre reprenaient le dessus. J'ai eu une chance inouïe de les avoir. »

Les Roy tiennent un café attenant à la ferme, fréquenté notamment par les soldats allemands d'un cantonnement voisin. « L'un d'eux s'exclamait parfois : “Hein ! Monsieur Roy, guerre finie demain midi !” Et il nous montrait les photos de ses enfants. »

Le 31 janvier 1944, une grande rafle piège les juifs de Niort. Ayant eu vent de l'opération, le fiancé de la cousine de Simone avait alerté les Roy. Le 29, ils cachent provisoirement la gamine chez des amis du village avant de la récupérer. Mais le 2 février au petit matin, trois gendarmes à bicyclette pénètrent dans la cour de la ferme. Ils tendent à Georges Roy un mandat d'arrêt au nom de Simone

Miliband. Il répond qu'elle a quitté Granzay. N'en croyant pas un mot, ils décident de l'emmener à sa place. Simone qui, à l'étage, a tout entendu, descend : « Non ! Non ! crie-t-elle. Je suis là. N'arrêtez pas monsieur Roy. » Un problème se pose alors aux gendarmes qui ne savent pas comment transporter cette prévenue de onze ans qu'ils viennent d'appréhender. Soucieux d'obéir à l'ordre de leur hiérarchie et de remplir consciencieusement leur mission, bien que déshonorante, ils réquisitionnent une charrette où ils assoient la fillette, coupable du seul délit d'être née de parents juifs. Georges et Marcelle Roy tiennent à monter avec elle, de même que le fiancé de sa cousine. Les gendarmes les escortent à vélo. Simone souffre d'une angine. Durant le trajet, les Roy conviennent d'un stratagème : au centre de regroupement de la rafle, rue des Trois-Coigneaux, près de la gare de Niort, ils vont affirmer qu'elle a contracté la diphtérie auprès d'un autre gosse malade du village avec qui elle jouait. « La police savait qui j'étais. Mon nom figurait sur une liste posée sur une grande table. Comment avaient-ils pu me repérer à Granzay ? Avais-je été dénoncée ? Mon nom, que j'avais gardé, avait-il permis d'effectuer un recoupement ? Craignant une contamination de la diphtérie, les Allemands présents ont exigé le diagnostic d'un médecin. Nous sommes partis, accompagnés d'un soldat allemand, chez un ami médecin qui, résistant, a évidemment confirmé la maladie et sa dangerosité. » Dirigée sur l'hôpital de Niort, Simone est enfermée dans une chambre du service des enfants contagieux tenu par des religieuses, les sœurs de la Sagesse. Son isolement durera plusieurs mois, jusqu'à la libération de la ville en août 1944. « Heureusement, une religieuse, sœur Renée de la Sainte-Famille, s'occupait de moi. Elle m'a notamment appris à faire des pansements. Toutefois, malgré ses attentions, le temps me semblait vraiment long. »

Dès la Libération, Marcelle Roy s'empresse de ramener Simone à Granzay. À la rentrée scolaire de 1944, les Roy souhaitent qu'elle suive des études. Grâce à une bourse, ils l'inscrivent dans un collège religieux de Saint-Maixent. Bien que tout risque de déportation soit écarté, ils continuent à veiller sur elle. Ils comptent la rendre à ses parents. À personne d'autre. Ils refusent donc de la confier à son oncle Boris qui, l'ayant localisée, multiplie les démarches pour la récupérer. Après plusieurs mois de discussions, ils consentent à ce qu'elle parte avec lui pour un court séjour, contre la promesse qu'elle rentrera à Granzay. Elle ne reviendra pas. Le 7 juin 1946, sur les feuilles quadrillées d'un cahier d'écolier, elle écrit à madame Roy :

Vous devez attendre ma lettre avec impatience. Mais rassurez-vous, je ne vous oublie pas. Au contraire. Je pense toujours à ma madame Roy. Au moment de partir pour Granzay, oncle a décidé de me garder. Cela m'a fait beaucoup de peine de me séparer de vous, mais j'ai retrouvé de la famille et toutes les affaires que j'avais quand j'étais petite. J'ai vu aussi notre maison et elle m'a paru petite. Je vous assure, quand oncle m'a demandé si j'aimerais mieux partir ou rester à Paris, je me suis mise à pleurer car cela m'a fait de la peine de penser que je me séparais de vous, mais d'un autre côté cela me faisait plaisir de rester parmi ma vraie famille car j'ai retrouvé encore des oncles et des tantes qui veulent tous me garder chez eux.

Chère madame Roy, je sais que vous avez tout le temps été très gentille pour moi. J'espère que vous voudrez bien l'être encore une fois car il ne faut pas que vous m'en voulez si je reste à Paris car d'un côté j'ai du chagrin de vous avoir quittés et d'un autre côté quelque chose m'attire vers ma famille. Si vous vouliez m'envoyer mes affaires car oncle m'a inscrite dans un lycée et il me faut d'abord mon linge, mes vêtements et mon carton avec tous mes cahiers et livres. Vous devez avoir reçu il y a quelque temps mon bulletin trimestriel avec toutes mes notes.

Vous seriez bien gentils de me l'envoyer car il me faut mon bulletin trimestriel et mes bulletins mensuels qui sont dans mon carton. Je voudrais savoir si ma bourse est nationale ou départementale, vous le savez certainement. Je vais écrire à la directrice du collège pour lui demander des certificats. Si vous avez la carte d'alimentation à Granzay, envoyez-moi-la en même temps que les autres affaires.

J'espère que vous avez reçu ma carte de bonne année et le petit colis que j'ai envoyé à Yolande et j'espère qu'elle sera contente.

J'espère qu'à la maison tout le monde va bien.

Si vous le vouliez bien, j'irais passer mes vacances de Pâques à Granzay, ça me fera bien plaisir.

Chère madame Roy, envoyez-moi ce que je vous demande le plus tôt possible S.V.P. J'attends votre réponse avec impatience. Je vous quitte en vous embrassant bien bien fort et en continuant à vous être reconnaissante toute ma vie. Mille baisers à Yolande et monsieur Roy.

Je vous demande encore une fois de m'envoyer mes affaires le plus tôt possible surtout les bulletins car autrement je ne peux pas entrer au lycée et écrivez-moi dès réception de ma lettre.

Dimanche matin je dois avoir un manteau de fourrure. Je vous enverrai une photo. Je vous remercie beaucoup de votre carte de bonne année.

Je vous embrasse encore une fois.

Votre petite Simone.

Atteinte d'un début de primo-infection, Simone doit changer d'air. Le médecin recommande la Savoie. Elle passe alors un an à Aix-les-Bains dans un foyer de la Commission centrale de l'enfance (CCE), émanation de l'Union des juifs pour la résistance et l'entraide (UJRF). Guérie, elle rentre à Paris et intègre un foyer de jeunes filles géré par la CCE à Arcueil. Elle rêve de décorer des vitrines de magasins. La directrice lui obtient un emploi d'étalagiste aux Galeries

Lafayette. Elle y restera de 1951 à 1959. Elle poursuivra ensuite une carrière de déléguée médicale pour un laboratoire pharmaceutique pendant trente-deux ans. Mariée, elle aura trois enfants et cinq petits-enfants.

Ses parents ? « Très vite, j'ai su qu'ils ne reviendraient pas des camps. Toutefois, je n'ai pu accepter l'idée que je ne les reverrais plus. Longtemps, j'ai cru les croiser dans la rue. Soixante après, je n'ai toujours pas fait leur deuil. »

Les Roy ? « Pendant neuf ans, je me suis sentie coupable de les avoir quittés si brutalement. Je ne leur avais pas vraiment exprimé ma reconnaissance. J'ai eu, pendant toutes ces années, peu de contacts avec eux, excepté quelques lettres. Je ne suis retournée à Granzay qu'à l'été 1953. Vous n'imaginez pas la joie des retrouvailles. J'ai acquis une maisonnette à cinquante mètres de chez eux. Je l'ai aménagée et y suis allée en famille à chaque vacances. Nos liens ne se sont plus jamais distendus. »

Marcelle Roy est morte en 1981. Georges en 1991. Le 17 octobre 2001, Simone a obtenu que le mémorial Yad Vashem les honore, à titre posthume, du titre de Juste des nations (dossier 9 234).

Sami Dassa
3 ans en 1940

Sami Dassa s'est longtemps comporté comme s'il n'avait jamais eu de parents. « Comme si la douleur d'avoir été arraché à eux n'avait, en apparence, jamais existé. Mes sœurs et mon frère croyaient que ce passé qui avait broyé notre enfance ne m'intéressait pas. Pourtant, je les ai attendus, mes parents, tout en sachant qu'ils étaient morts. Ils m'ont tant manqué. Soixante ans après, leur absence me fait toujours pleurer. » Longtemps, il n'a confié sa déchirure secrète qu'à une seule personne, Josette, sa femme, une « catholique athée », qui ne cherchait pas à provoquer ses confidences mais savait patiemment les recevoir. « Ce sont mes deux filles, Michèle, née en 1961, et Claire, née en 1963, qui, à l'adolescence, ont commencé à m'interroger. Pas directement. Elles posaient leurs questions à ma femme qui me les transmettait. Mes réponses passaient par sa médiation et suscitaient d'autres questions. Jamais, quand je parlais de mon père ou de ma mère, je n'utilisais les mots "papa" ou "maman", qu'il m'était impossible de prononcer. Et mes propres enfants ne m'ont jamais appelé papa. Ma femme n'a jamais eu droit non plus au doux nom de maman. Sans doute, inconsciemment, mes enfants voulaient me protéger. Il ne s'agissait pas d'une injonction. Mais c'était ainsi. Ces mots étaient bannis. Je les avais effacés. Même le cadre dans lequel ma femme avait disposé une photo de mon père, une de ma mère, et une troisième, prise en 1938, de mes deux sœurs, de mon frère et de moi, je n'ai pas pu le supporter. Je l'ai enlevé. Je n'accepte la photo de ma mère posée sur une étagère que depuis quelques jours. Or, j'ai soixante-sept ans et trois petits-enfants, Étienne, quinze ans, François, neuf ans, et Pauline, six ans. »

Sadi et Marie, les parents de Sami, appartenaient à la vieille communauté juive de Salonique, dont la présence dans l'antique cité macédonienne, conquise par les Turcs en 1430 et réintégrée à la Grèce en 1912 lors de la première guerre balkanique, remontait au IVe siècle avant Jésus-Christ. Séfarades, descendants de juifs que l'Inquisition avait chassés d'Espagne au XVe siècle, les Dassa parlaient le judéo-espagnol.

Le premier à avoir fui Salonique, la misère et l'antisémitisme, fut Daniel, le frère aîné de Sadi qui, en 1920, signa un engagement de cinq ans dans la Légion étrangère. Grièvement blessé au Maroc en 1923 lors de la guerre du Rif, il mourut des fièvres cinq ans plus tard à l'hôpital militaire Maillot à Alger. À son tour, sa sœur Pauline émigra. Employée de maison chez un médecin militaire français en poste dans la ville macédonienne, elle suivit son patron lorsqu'il rentra à Paris, en 1923. Elle s'y maria un an plus tard avec un autre Salonicien, son cousin Léon Molho, également légionnaire. En 1929, le jeune couple, qui vivait alors dans les Alpes-Maritimes, à Sospel, où Léon était en garnison, accueillit la mère de Pauline, Sarah, veuve depuis 1911, et, en 1930, son frère, Sadi. En 1934, le plus jeune des frères Dassa, Mentech, s'installa en France avec sa femme, Estrea.

D'abord manœuvre dans une scierie, Sadi monte à Paris et devient laveur de voitures dans un garage du VIIIe arrondissement, avenue de Messine. Le 26 janvier 1932, il épouse Marie, une Salonicienne. Selon la tradition, les deux familles avaient arrangé leur mariage à Salonique. Le couple part habiter dans le XIe, au 47, rue de Basfroi, déménage au 51, puis au 65, rue Sedaine, un quartier où se sont installés de nombreux juifs des Balkans. Ils auront quatre enfants : Daniel, né en 1932, qui recevra le prénom des aînés de la famille Dassa, Renée, née en 1933, Lucienne, surnommée Loulou, née en 1935, tandis que le petit dernier, Sami, naît le 3 juin 1937.

En janvier 1940, Marie Dassa et ses quatre enfants se réfugient avec d'autres Parisiens à Sancerre, dans le Cher, où Sadi, alors employé chez Dunlop à Montluçon, vient leur dire au revoir. Engagé dans la Légion étrangère, il s'apprête à rejoindre la base de Sidi Bel Abbes, en Algérie. Mais, après l'armistice, le gouvernement de Vichy ayant écarté les juifs de l'armée française, il est incorporé dans un GTE (Groupement de travailleurs étrangers), véritable camp de travail forcé. Atteint de paludisme, une intervention de la direction de Dunlop réussit à le libérer en avril 1941. Le 20 août, il est pris dans une rafle qui frappe le XIe arrondissement. Bien qu'alité, terrassé par la fièvre et intransportable, les policiers l'embarquent. Le lendemain, *Le Matin* publie un court article : « Au cours d'une vaste opération de police, un grand nombre de juifs ont été arrêtés dans le XIe arrondissement. Pour effectuer ces arrestations, il a été nécessaire de barrer pendant plusieurs heures les accès du XIe arrondissement. Ces mesures ont été prises à la suite des manifestations communistes qui s'étaient produites ces derniers temps dans le XIe arrondissement, et auxquelles avaient pris part, comme on le sait, de très nombreux éléments juifs. »

Après treize mois d'internement à Drancy, Sadi Dassa est déporté à Auschwitz, le 23 septembre 1942, par le convoi n° 36 qui transporte vers l'enfer 1 000 juifs, dont 211 ont moins de dix-huit ans. Son voisin de palier, Mordo Pinto, arrêté le même jour que lui, avait quitté la gare du Bourget pour une « destination inconnue » le 22 juin précédent, dans le convoi n° 3. Quant au jeune frère de Sadi, Mentech, victime de la rafle du 20 août 1941, il sera libéré en novembre comme grand malade et mourra d'un cancer le 27 juillet 1943. Marie, elle, est arrêtée la nuit du 5 novembre 1942 au cours de la « rafle des juifs grecs ». Son convoi, le n° 44, part le 9 novembre 1942. Quelques mois plus tard, entre le 15 mars et le 4 août 1943, quatorze convois emporteront vers la mort la totalité des 44 000 juifs de Salonique. Parmi eux, 12 000 enfants. Les quelques membres de la famille Dassa qui n'avaient pas émigré, dont la grand-mère maternelle de Sami, Hania, sa tante Gentille et ses deux enfants, ont tous péri.

Aujourd'hui, Sami se définit comme un « enfant de la Shoah », façonné, trituré, malaxé, déformé par ce « passé éternellement présent », par ce nom, Auschwitz, qui plombe la moindre de ses pensées. Émergeant d'un gouffre amnésique qui, pendant près de soixante ans, a englouti dans son inconscient un enfer impossible à supporter, il s'attache maintenant à reconstituer les noms, les dates, les événements d'une période maudite effacée de sa mémoire, fouillant dans les vieux papiers, les lettres et les archives, retissant patiemment la trame de sa famille, renouant les fils de cette part de vie disparue avec l'enfance. Il a pris appui sur l'Histoire pour raccommoder les trous dus à l'oubli et surmonter sa douleur incrustée, enkystée au plus profond de son être. Car, pour lui, sa vie est amputée depuis la nuit du 5 novembre 1942. « Aux policiers qui venaient la chercher, ma mère a demandé l'autorisation de confier ses quatre enfants à sa voisine, Rachel Pinto, dont le mari, Mordo, avait été arrêté quinze mois auparavant en même temps que mon père. »

Rachel Pinto les conduit, ainsi que ses trois filles, chez des connaissances à Gien, dans le Loiret. Elle les y laisse deux mois et demi avant de les ramener à Paris et de les remettre, confiante, à la très officielle, et très contrôlée par l'occupant, Union générale des israélites de France (UGIF). Sami Dassa, son frère Daniel et ses deux sœurs, Renée et Lucienne, vont être ballottés d'un hébergement à l'autre. Ils intègrent d'abord la maison d'enfants de l'UGIF du 9, rue Guy-Patin, dans le Xe. Lorsque, un mois plus tard, le 10 février 1943, dix gamines de l'établissement sont emmenées dans une rafle, Sami et Daniel sont orientés vers le centre du 16, rue Lamarck où, le même jour, vingt-deux gosses sont pris, tandis que Renée et Lucienne sont confiées à des religieuses, les sœurs franciscaines de Jésus, à Amiens, dans la Somme.

Bientôt, Sami et Daniel sont placés à Sartrouville chez un couple d'ignobles antisémites qui accueillent ces « sales petits juifs » uniquement pour bénéficier de la pension que leur verse l'UGIF. Après deux mois d'humiliations, ils reviennent au centre de la rue Lamarck. Ensuite, Sami, que l'on sépare de son frère pour la première fois, est envoyé à Neuilly-sur-Seine dans une pouponnière, un meublé de la rue Édouard-Nortier qui abrite quarante-cinq bébés et de très jeunes enfants.

C'est à cette époque que le réseau clandestin de l'Entraide temporaire extrait les enfants Dassa du circuit de l'UGIF, devenu un piège au service de la solution finale, une véritable antichambre d'Auschwitz. On les retrouve à Jouy, en Eure-et-Loir, chez une veuve d'où, le 1er mars 1944, ils partent en voiture à cheval pour Brétigny, sur la commune de Sours. Là les attend un jeune couple de paysans pauvres, Jean et Simone, qui voient dans l'accueil d'enfants juifs le moyen de gagner un peu d'argent grâce aux compensations financières qu'ils reçoivent de l'Entraide temporaire. D'ailleurs, ils hébergent déjà une autre adolescente. « Évidemment, note Sami Dassa, ils nous ont cachés plus par intérêt matériel que par refus éthique ou politique du nazisme et de Vichy. Néanmoins, je leur suis reconnaissant de nous avoir acceptés tous les quatre. Et puis nous pouvions manger à notre faim, ce qui n'avait pas été le cas dans les établissements de l'UGIF. Simone faisait elle-même le pain. Une femme très autoritaire, capable de m'obliger à rester des heures devant une assiette de tripes que je n'aimais pas et de me la resservir au repas suivant si je ne l'avais pas terminée. Parfois, quand Jean rentrait des champs, il me hissait sur un de ses chevaux de labour. Un jour, je me suis enfoncé un vieux clou dans un pied. Simone m'a aussitôt conduit chez le médecin qui m'a fait une piqûre contre le tétanos. Je dois préciser qu'ils ne se sont jamais montrés agressifs envers notre judaïsme, nous qui n'avions pas changé de nom. Pour ma part, je n'avais aucune idée de ce que signifiait être juif. En revanche, je me souviens très bien des Allemands qui manœuvraient dans le voisinage et s'exerçaient au tir antiaérien. Parfois, ils venaient à la ferme réclamer des œufs. Je me souviens aussi de la grande tranchée que Jean avait creusée au fond du jardin et où nous courions nous protéger en cas d'alerte de bombardement allié. »

Août 1944. Des Jeep américaines traversent Brétigny, très vite recouvertes de fleurs des champs lancées sous les acclamations. Les libérateurs distribuent à la population des boîtes de *corned-beef* et de crème anglaise. Les enfants Dassa, dont tous les proches ont été massacrés à Auschwitz, sont maintenus dans leur famille d'accueil qui déménage pour Sours, où ils sont inscrits à l'école. « Deux classes uniques. Mon frère et moi allions dans celle des garçons. Mes deux sœurs dans celle des filles. Simone appliquait sa méthode autoritaire pour m'apprendre à lire, m'interdisant de me lever de ma chaise tant que je n'avais pas fini de déchiffrer les quelques lignes qu'elle me soumettait. »

En novembre 1945, nouveau déménagement. Jean, qui s'est engagé dans la gendarmerie, est affecté à Chaumes-en-Brie, près de Melun. Les enfants Dassa suivent. Et deviennent de « bons petits catholiques ». « J'allais au catéchisme, je servais la messe le dimanche et devais me confesser régulièrement. En 1947, j'ai fait ma communion et, en 1948, ma confirmation. » Mais la situation se dégrade. Le couple se met à maltraiter les enfants. « Ne supportant plus les brimades et les humiliations qui sanctionnaient son incontinence nocturne, ma sœur Lucienne a menacé de se suicider. Mon autre sœur, Renée, âgée alors de douze ans et demi, a subi des violences sexuelles de la part de Jean. Elle a mis cinquante ans pour nous l'avouer. Quant à moi, je recevais régulièrement des coups ou on me privait de repas. Un jour, l'instituteur, voyant mes joues tuméfiées, l'a signalé à la gendarmerie. La veille, j'avais sali mes vêtements du dimanche et Simone m'avait tabassé. Plusieurs fois, pour me punir d'avoir fait pipi au lit, elle m'a obligé à dormir sur la litière de la chèvre, dans une petite étable attenant à la maison. Il lui est même arrivé de me renverser sur la tête le contenu du pot de chambre. »

En octobre 1946, après avoir passé son certificat d'études, Daniel, le fils aîné des Dassa, quitte Chaumes-en-Brie pour la maison familiale des pupilles de la nation gérée par le ministère des Anciens combattants à Boulogne-Billancourt. En 1947, Renée est mise en pension à Melun. En 1949, c'est au tour de Lucienne de tourner la page. Sami reste seul jusqu'en 1951, année de son placement à Boulogne, où un copain juif communiste l'aide à récupérer « son identité juive ».

En 1958, à sa majorité, Sami obtient une chambre à la résidence universitaire d'Antony où il rencontre Josette, une étudiante en médecine qu'il épousera. Par la suite, il deviendra chercheur en sociologie au CNRS, spécialisé dans les rapports sociaux du travail et les relations travail/santé. À la fin des années 1990, outré par la montée des idées révisionnistes, il souhaitera apporter son témoignage dans un livre [1]. « Je n'ai pas connu mes parents, écrit-il dans la préface, et malgré cela, je crois qu'aucun père et surtout aucune mère n'ont été et ne sont aimés de leur dernier enfant autant que je peux aimer ceux-là. Tout au long de ma vie, j'ai dressé un barrage, j'ai obstrué le chemin à ceux qui croyaient pouvoir ou devoir remplacer, prendre et occuper la place de Marie et Sadi. Cette place n'a jamais été vide, elle est pleine d'eux. Mes parents, je les ai aimés en secret, c'est mon secret, ils sont là dans mon silence et dans ma solitude, leur disparition m'obsède. Je n'ai honte ni d'eux ni de moi, bien au contraire, mais cet amour ne peut pas, tant il est puissant et dévastateur, être dit, partagé et exposé, il ne peut pas être supporté par mes proches et il ne peut pas être reconnu par autrui. C'est folie d'aimer des morts car c'est les faire vivre, mais c'est aussi désirer la mort pour les y retrouver. Aujourd'hui, j'ai compris le message de ma mère, elle est partie et elle est morte seule et abandonnée, mais elle a voulu que la vie qu'elle avait donnée aille à son terme ; c'est dans l'accomplissement de ce vœu que je la célèbre et que je donne un sens à sa vie écourtée par un crime de droit public, œuvre de la violence conjuguée de deux États criminels. C'est aussi cet accomplissement qui donne sens à ma propre vie. Ma vie est littéralement déterminée par ce drame initial, je ne pense et je ne suis que cela : l'enfant qu'on a arraché à sa mère, la mère qu'on a arrachée à ses enfants pour la conduire à la mort par le gaz. Cette pensée me fait devenir honte et haine : les juifs traités comme vermine, assassinés avec le gaz pour tuer les poux, et les jeux de

1. *Vivre, aimer avec Auschwitz au cœur,* L'Harmattan, 2002.

mots honteux et obscènes des assassins et des négateurs : “On a tué des poux.” Ma mère, la belle dame brune de Salonique, avec ses yeux d’Orient, devenue pou dans le regard du médecin SS sélectionneur en service à la rampe d’Auschwitz, la deuxième décade du mois de novembre 1942 (sûrement le vendredi 13 novembre 1942, le plus horrible jour de ma vie). »

Liliane Goldberg-Lancry
2 ans en 1940

Liliane Goldberg ne se rappelle pas les larmes du départ, l'appartement de la rue de la Folie-Méricourt à Paris, dans le XIe arrondissement, qu'il a fallu quitter précipitamment avec ses parents et son frère, l'étoile jaune que sa mère a décousue des vêtements, à moins que la famille n'ait fui avant que son port soit imposé aux juifs. Elle ne se rappelle pas leur voyage vers l'inconnu, certainement éprouvant, le délicat passage en zone libre, la peur de l'arrestation. Rien, elle ne se souvient de rien. La comptable retraitée d'aujourd'hui, hier petite fille de quatre ans brutalement arrachée à ses premiers repères, soupire : « Les enfants cachés sont des enfants cassés. » Elle ajoute : « De cette période, je n'ai pas de souvenirs, mais des impressions, des douleurs, des angoisses qui ne cessent de m'enserrer. Peut-on imaginer que je ne me sois pas senti abandonnée lorsque mes parents m'ont confiée à des inconnus ? Et comment aurais-je pu comprendre que cet abandon était un acte d'amour ? Adulte, j'ai passé ma vie à éviter les ruptures, toujours vécues comme des abandons. »

La scène de la séparation d'avec ses parents s'est effacée de sa mémoire. Elle ne conserve de ce qui a précédé cette première déchirure qu'une photo prise en avril 1942 dans un studio du XIe arrondissement : une fillette de quatre ans, un gros nœud blanc dans les cheveux, qui pose devant son père tandis que son frère, Léon, a pris place devant sa mère.

« Je pense que, dans l'esprit de mes parents, cette photo devait nous permettre, face aux incertitudes de l'avenir, de nous retrouver plus tard. » Peu de temps après, la famille Goldberg fuit Paris, échappant à la grande rafle du Vel'd'Hiv, et descend dans la région lyonnaise. Liliane Goldberg-Lancry n'a reconstitué que récemment le périple des uns et des autres, rapiéçant méticuleusement des noms de lieux, de personnes : « Mon père s'est caché de son côté. Il a travaillé un certain temps dans une tannerie. Ma mère, mon frère et moi avons d'abord habité un petit appartement à Couzon-au-Mont-d'Or. Puis ma mère a été hébergée à Genay chez un représentant de commerce, Jean-Stéphane Lefrançois, qui avait onze enfants. C'est probablement une de ses filles, Mélanie, assistante sociale, qui lui avait trouvé ce refuge. C'est encore elle qui a demandé à une de ses collègues de la préfecture du Rhône, Juliette Canalis, si elle connaissait des gens pouvant se charger de deux enfants en danger de mort. Cette dernière s'est adressée à sa sœur, Marguerite, épouse de Pierre Page, un bijoutier lyonnais. Mon frère et moi avons ainsi été confiés au couple Page, 35, rue Coignet. Mon frère, qui avait deux ans de plus que moi, n'est pas resté. Bientôt, on est venu le chercher et j'ai subi une deuxième rupture. On m'avait enlevé l'ultime lien avec les miens. On l'a conduit dans une ferme à Chozeau, près de Cremieu, en Isère, où il est devenu un petit paysan chaussé de sabots de bois. Il fréquentait l'école de Panossas. Enfant de chœur, il servait la messe. Comme moi, il considère qu'il a eu beaucoup de chance de survivre et d'être aujourd'hui père d'une fille, Stéphanie, qui est enseignante. Mais il préfère penser à ceux qui ont péri. D'ailleurs, les livres et les films sur la Shoah le font plus souffrir que sa propre histoire. »

Pierre Page et sa femme, Marguerite, n'ont pas d'enfants. Ils gardent Liliane et vont la choyer, devenant « Tonton Pierre » et « Tatan-tout-court » de leur « petite princesse ».

« Comment t'appelles-tu ? a demandé la fillette à la dame souriante qu'elle rencontrait pour la première fois.

— Tatan ! Appelle-moi Tatan !

— Tatan comment ?

— Tatan ! Tout court ! »

Tonton Pierre et Tatan-tout-court offrent à Liliane la protection d'un père et la douceur d'une mère, créant autour d'elle un climat sécurisant face aux dangers qui la menacent. Petite juive cachée, elle s'est lovée au sein d'une vraie famille, douillette et chaleureuse, qui va lui acheter un vélo, une poupée, des jouets, et lui aménager une jolie chambre. Une famille avec une « Tatan Yette », une « Tatan Mette », un « Tonton Mignon », une grand-mère et son caniche blanc, Bobby. Parfois, quand Lili se rend chez la grand-mère, 24, rue de Montchat, devenue depuis rue du Professeur-Florence, l'approche d'un visiteur, voisin ou inconnu provoque une curieuse agitation. « Fébrilement, on m'emmenait dans une pièce en sous-sol où on m'imposait le silence jusqu'au départ de l'intrus. Pourquoi ? Je l'ignorais. Je devais avoir peur... ou honte. »

Cette époque, ponctuée de trois sapins de Noël, lui a laissé « des sensations de bonheur, de tendresse et de sérénité ». « Un jour, je m'étais allongée sur deux chaises que j'avais disposées côte à côte. Elles se sont écartées, je suis tombée. On m'a consolée. Un autre jour, j'avais une petite boursouflure sur le majeur droit. On me l'a pressée. Il en est sorti un petit ver blanc. C'était du pus. On m'a soignée. Regardez ! J'ai encore la cicatrice. Et cette punition parce que j'avais griffonné sur un mur des petits coups de crayon. On m'a grondée et envoyée me coucher. Mais je n'ai pas compris pourquoi on m'a réveillée avec des bisous. Je n'avais fait que dormir et on ne me reprochait plus rien. Comme par magie, mon dodo avait tout arrangé. Peut-être est-ce à cause de cette sieste qu'encore maintenant je me réfugie dans le sommeil lorsque j'ai un problème. »

Pour ses cinq ans, les Page l'inscrivent à l'école du quartier. « La veille de la rentrée des classes, Tonton Pierre et Tatan-tout-court m'ont fait d'étranges recommandations. "Désormais, m'ont-ils dit, tu ne t'appelles plus Lili Goldberg, mais Lili Page. N'oublie pas. Demain, à l'école, tu seras Lili Page, non Lili Goldberg !" Ils ont insisté sur l'importance de cette fausse identité qui devait maintenir la vraie dans un secret absolu. Seulement, le lendemain, lors de l'appel que, petite fille rêveuse, je percevais comme une douce musique scandée de noms auxquels répondaient des "présent" ou "présente", le rythme s'est soudain rompu. L'instituteur répétait : "Page ! Page !", sans l'écho attendu. Alors j'ai réalisé qu'il s'agissait de moi et que mon inattention avait créé le trouble. J'ai levé le doigt en criant : "C'est moi !" au lieu de "présente", persuadée d'avoir échappé à quelque chose d'horrible. » De cet appel, Liliane a écrit un poème il y a quelques années :

Qui donc est cette enfant
Cette enfant qui se cache
Tout au fond de la classe
Sans répondre : « Présente ! »

Qui donc est cette enfant
Tout au fond de la classe
Qui, entendant son nom,
Reste sans réaction ?

Cette enfant bien présente
Et pourtant si absente
Est une clandestine
Coupée de ses racines.

Liliane montre la pochette servant à ranger sa serviette de table que lui avait brodée Tatan-tout-court. Deux oiseaux rouges posés sur deux branches bleues à fleurs jaunes, et son nom, Lily, avec un « y ». Ayant perdu la petite bague en or ornée d'un rubis que lui avait offerte Tonton Pierre, c'est le seul objet qui lui reste de ses « années heureuses » à Lyon. Ainsi que quelques photos, dont celle prise lors de vacances à Annecy en août 1943, une autre où elle joue à la dînette près d'une adolescente, ou encore celle où on la voit assise sur le perron chez la grand-mère, à côté de Claudius Chapuis, le beau-frère de Pierre Page. Charcutier, « Tonton Mignon » apportait chaque semaine de la nourriture pour la fillette, sans exiger les tickets de rationnement correspondants auxquels elle n'avait évidemment pas droit. Elle n'a pu mettre des noms sur ces visages que bien des années plus tard. En 1945, en effet, une dame est venue la chercher. « Je nous revois tous dans la maison de grand-mère. Les volets étaient fermés. Inquiets, nous nous tenions derrière. Sur le trottoir d'en face : un homme armé. J'avais peur. Pourtant, on ne m'a pas cachée au sous-sol. Pourquoi ? La dame est entrée, a discuté avec Tonton Pierre et Tatan-tout-court. Elle avait un léger accent. Intimidée, j'ai murmuré : "Bonjour, madame." J'ai su plus tard que ce "madame" l'avait fait beaucoup pleurer. Elle m'a prise par la main. Nous sommes sorties. Elle s'est adressée au soldat. Puis nous avons couru. Et sommes montées dans un tramway. Je crois que là, j'ai compris, ou alors c'est elle qui me l'a dit, qu'elle était ma mère. » Moment de silence. Liliane Goldberg-Lancry poursuit : « Ainsi, j'ai quitté ma famille d'accueil. Une rupture terrible. La troisième. J'avais six ans et demi. J'ai perdu tout contact avec les Page. La tuberculose a emporté Tatan-tout-court en 1948. Moi, je pense qu'elle est morte de chagrin. J'ai appris récemment que Tonton Pierre était décédé en 1987. »

Lili retrouve donc ses vrais parents à la fin de la guerre. Cependant, elle ne les reconnaît pas en ce couple traumatisé par la chasse aux juifs, les séparations, les caches et la crainte de tomber, eux ou leurs enfants, entre les mains des Allemands ou des Français au service des nazis. Le père de Lili, Chil-Majer, est un homme amer. Né à Gostynin, en Pologne, au sein d'une famille nombreuse, pauvre et religieuse, il avait, à l'adolescence, émigré seul en Allemagne. Travailleur acharné, très cultivé, passionné de philosophie, il avait fini par maîtriser parfaitement six langues. À Berlin, il enseignait l'allemand à des diplomates en poste. Jusqu'au jour de 1933 où, sortant de chez lui, il a croisé dans l'escalier des policiers qui lui ont demandé l'appartement de « Herr Goldberg ». Gardant son sang froid, il leur a indiqué sa porte, qu'il n'a jamais plus franchie, laissant derrière lui ses livres, ses amis, son statut social, ses projets et ses illusions. Réfugié à Paris, il a épousé au début de 1936 Estera Igelberg, également polonaise, originaire de Varsovie. Ne pouvant produire ses diplômes, toute profession intellectuelle lui est refusée. Brisé, il a tourné le dos à son érudition devenue à ses yeux inutile. Il a alors ouvert, au 138, rue du Faubourg-Saint-Antoine, un petit atelier de traitement de paraffine, transformant des blocs de matière première en rondelles de différentes tailles destinées à lubrifier les fils sur les machines à tricoter. Léon, le fils aîné d'Estera et Chil-Majer, est né le 14 mai 1936, Liliane, le 27 décembre 1938.

Dans ce foyer rescapé de la Shoah, Lili se sent étrangère. « Malgré ma joie de revoir mon frère j'étais perdue, et ce sentiment d'exclusion ne m'a plus guère quittée. Démolis par les années noires, mes parents se disputaient en permanence. Notre petit appartement tremblait de leurs terribles affrontements. Blottis dans les bras l'un de l'autre mon frère et moi, nous pleurions. C'était l'enfer. Je suis passée de l'état de petite princesse protégée à une situation d'insécurité et de tension constante. Forcée de me taire, j'ai étouffé mes cris en mangeant et suis devenue boulimique. À huit ans, j'étais déjà obèse. Soumise à des régimes draconiens que les médecins et ma mère m'imposaient, je faisais n'importe quoi pour m'empiffrer. Je volais dans le porte-monnaie de ma mère afin de m'acheter de la nourriture, je finissais les restes dans les assiettes en débarrassant la table. Il m'arrivait même de récupérer des déchets dans la poubelle. Le plus dur était de me cacher pour manger. Une malédiction. J'étais toujours obligée de me soustraire à la vue des autres. Humiliante également cette rentrée scolaire où l'enseignante, entendant mon nom, a déclaré, hilare, devant toute la classe : "Goldberg ? Ce nom allemand signifie bien montagne d'or ? — Oui madame. — Ce n'est pas montagne d'or qu'on aurait dû t'appeler, mais montagne de graisse." On aimerait détruire des jours pareils. »

Pour ses treize ans, sa mère, qui s'interdit de parler de l'Occupation et de la traque des juifs à laquelle elle a échappé, l'envoie voir le film *Nuit et brouillard* d'Alain Resnais. « J'ai découvert l'horreur de la Shoah et j'ai su, enfin, d'où je venais. J'ai compris la souffrance et le silence de ce peuple dont je faisais partie. J'ai su qui j'étais. Cela m'a plongée dans la culpabilité. J'avais été heureuse, choyée, dorlotée, bercée, tandis que d'autres avaient été pourchassés, humiliés, arrêtés, déportés, gazés. Avais-je le droit de me plaindre, moi qui avais été épargnée, ainsi que ma famille ? J'ai fait mienne l'histoire du peuple juif. Ce qui m'autorisait à avoir mal. En effet, il est plus facile de se vivre en victime de la barbarie nazie, donc de la grande Histoire, qu'en victime de sa propre petite histoire. Cela ne m'a pas empêchée de continuer à m'abriter derrière mes kilos. Il m'est même arrivé de disjoncter, de flirter avec la folie. Un psychiatre m'a retenue au bord de l'abîme. Un autre, d'une rare humanité, m'a restitué mon histoire, me permettant de découvrir que je réagissais comme quelqu'un qui a été abandonné, et m'a aidée a recomposer le puzzle de ma vie. »

Pourquoi Lili n'a-t-elle pas tenté de rechercher sa famille d'accueil ? « Ma mère, très possessive, nous adorait mon frère et moi. Elle avait eu si peur pour nous, pour notre survie. Pendant trois ans, des étrangers nous avaient happés, loin d'elle. Elle a refermé ses bras sur nous, provoquant une véritable amnésie familiale. Il fallait qu'elle oublie et que nous oubliions cette période atroce. On a oublié. » Jusqu'à ce qu'un témoignage publié en 2002 dans un livre ramène Lili à la photo d'elle jouant à la dînette en août 1943, et permette de donner un nom à l'adolescente qui figure également sur le cliché : Yvonne, la nièce de « Tonton Mignon », Claudius Chapuis, le charcutier de Lyon. Âgé d'une trentaine d'années, Alain Chapuis, comédien, le fils d'Yvonne, avait reconnu Lili dans le livre. Car la fillette avait marqué la famille. La sœur d'Alain Chapuis, Michèle, habite aujourd'hui la maison à deux étages de la grand-mère entourée d'un petit jardin. « Dans mon enfance, souligne Alain Chapuis, cette maison m'apparaissait comme un havre intemporel. Des meubles anciens, des objets et des cadres d'une autre époque. On se déguisait avec les vieux vêtements et les vieux chapeaux dont les armoires étaient pleines. Depuis le décès de ma tante Marguerite, mon oncle Pierre, qui ne s'était jamais remarié, y vivait avec sa sœur Adrienne, qui était également ma marraine. Une femme très patriote. Dès qu'elle entendait à la radio ou à la télé *La Marseillaise* jouée lors d'une cérémonie ou d'une rencontre sportive, elle se levait dans un silence respectueux. » L'oncle, lui, semblait avoir bloqué la pendule de sa vie à 1945, année du départ de Lili : « Il nous parlait essentiellement de l'Occupation, de la Résistance, de de Gaulle qui avait sauvé l'honneur de la France, mais surtout de Lili. Il n'estimait pas s'être comporté en héros en sauvant cette petite juive. D'ailleurs, il n'utilisait jamais à son propos le terme "sauver". Sa femme et lui avaient simplement recueilli une fillette. Elle leur avait apporté beaucoup de bonheur, illuminé leur maison. Il aimait montrer les photos qu'il conservait précieusement dans des albums. Combien de fois, lors de repas de famille, l'ai-je entendu raconter l'anecdote de la leçon d'identité précédant la première rentrée des classes de Lili ? Répétant la recommandation : “Tu ne t'appelles plus Lili Goldberg, mais Lili Page.” À sa mort, quarante-deux ans après le départ de Lili, l'un de ses héritiers était persuadé qu'il avait rédigé un testament en sa faveur. Pourquoi n'a-t-il pas essayé de la revoir ? Il avait conscience que Lili avait des parents vers qui elle était naturellement retournée une fois tout danger écarté. Et que la vie avait repris son cours. »

Le passé a aujourd'hui rattrapé la famille lyonnaise. Soixante ans après les années tragiques de l'Occupation, elle a retrouvé Lili, une dame d'âge mûr qui, le 26 août 1977, a perdu son fils unique, Ariel, tué à dix-neuf ans et demi dans un accident de voiture. Alain Chapuis a trois filles : Victorine, dix ans, Pénélope, cinq ans, et Justine, quatre ans. Récemment, la plus jeune lui a demandé : « Lili est juive. Qu'est-ce que ça veut dire ? » « Je ne savais pas quoi répondre. Je lui ai simplement dit que les nazis avaient voulu tuer tous les juifs. Elle m'a rétorqué : “Lili n'est pas morte. Les nazis ont donc perdu la guerre.” »

Edmond Benaderette
8 ans en 1940

Edmond Benaderette habite toujours la banlieue ouest de Paris. À sa naissance, le 2 décembre 1932, ses parents logeaient dans un petit pavillon de la rue Franklin à Courbevoie, près de la gare de Bécon-les-Bruyères. Ils ont ensuite déménagé deux fois dans le même quartier, d'abord rue Pasteur, puis au 43, rue du 22-Septembre. C'est à cette adresse que se rattachent ses premiers souvenirs. Après la maternelle, rue du Cayla, Edmond a fréquenté l'école primaire de garçons qui la jouxtait. « À la maison, on parlait le judéo-espagnol, auquel se mêlaient des mots arabes et turcs. Ma grand-mère maternelle, Rebecca, vivait avec nous. Une très vieille dame qui, toujours plongée dans des livres de prières, s'exprimait péniblement en français et nous préparait d'excellentes confitures. J'aimais surtout sa gelée de coings et sa confiture d'oranges. Sans oublier ses *borekas,* de petits gâteaux turcs qu'elle réussissait merveilleusement bien. »

Juifs séfarades, les parents d'Edmond sont originaires de Turquie. Sa mère, Ermoza, est née en 1899 à Constantinople. Elle s'installe en France avec toute sa famille avant la Première Guerre mondiale. Un de ses cousins sera d'ailleurs tué à Verdun sous l'uniforme français. Son père Joseph, né en 1905 à Smyrne, immigrera plus tard. Deux ans après la naissance d'Edmond, Joseph et Ermoza auront un deuxième fils, Sylvain, le 17 mars 1934.

Forains, ils vendent des vêtements sur les marchés. L'été, ils partent faire la saison à Berck-Plage, dans le Pas-de-Calais, et placent leurs fils dans des pensions. Edmond y subit ses premières piques antisémites. À un animateur qui lui demande la profession de ses parents, il répond qu'ils font les marchés. L'autre réplique, le rire gras : « Ah oui ! Ils vendent certainement des cacahuètes ! » Et cette surveillante qui, un soir, lui balance d'un air pincé en lui montrant le crucifix accroché au-dessus de son lit : « Tu vois, ce sont tes parents qui ont tué Jésus ! »

Printemps 1940. La famille Benaderette s'engage sur les routes de l'exode. « Nous avons roulé jusqu'à la frontière espagnole. Mais des gendarmes français nous ont refoulés. Finalement, nous avons rebroussé chemin. De retour à Courbevoie, nous avons appris un drame : la file de véhicules dans laquelle s'était insérée la voiture d'une cousine germaine de ma mère avec toute sa famille avait été mitraillée par un avion aux environs d'Orléans. Ils habitaient Bois-Colombes. Seuls son mari et leur fille Rachel ont échappé au carnage. Cette tragédie nous a beaucoup peinés, car nous étions très liés. »

Août 1941. Les postes de TSF appartenant aux juifs de la zone nord sont confisqués. Les Benaderette échangent le leur contre celui de leurs voisins, non juifs, au son de moins bonne qualité, qu'ils remettent aux autorités. « Ensuite, nous allions chez eux écouter Radio-Londres. Mes parents étaient très estimés. Ils avaient beaucoup d'amis dans le quartier. Personne ne les aurait dénoncés. D'ailleurs, les policiers en civil qui sont venus les chercher ont trouvé porte close et n'ont obtenu aucun renseignement. Je les ai vus. Je jouais dans la cour de l'immeuble. L'un d'eux s'est même avancé vers moi et m'a demandé où se trouvaient monsieur et madame Benaderette, ignorant que j'étais leur fils. » L'obligation faite à son père d'apposer un calicot sur son étal signalant « commerçant juif » heurte le jeune Edmond : « C'était écrit en lettres gothiques qui ne me plaisaient pas du tout. Bientôt, il fut interdit à mes parents d'exercer leur métier, et un administrateur provisoire liquida leur affaire. Ils ont tout perdu. Après, je ne sais pas comment ils se sont débrouillés pour nous nourrir. » En juin 1942, sa mère est contrainte de coudre l'étoile jaune sur leurs vêtements. Elle essaie de la rendre la plus discrète possible. « Il fallait la placer sur le côté gauche. Ma mère l'a disposée très à gauche, précisant qu'ainsi nous pourrions la cacher facilement avec le bras. »

Bien qu'assurés de ne pas être trahis par le voisinage, les parents vivent dans une inquiétude croissante. Leur citoyenneté turque, qu'ils ont conservée tout en ayant obtenu la nationalité française pour leurs deux fils, ne les protège plus. En effet, malgré leurs démarches, le consulat d'Istanbul à Paris ne la leur reconnaît plus. « Alors, après l'évasion de mon père d'un camp de travaux forcés situé en Côte-d'Or, où les pouvoirs publics l'avaient envoyé comme bûcheron, ils ont décidé de nous mettre, mon frère et moi, à l'abri. »

Pensionnaires dans un internat à Enghien-les-Bains, Edmond et Sylvain, qui ne portent plus l'étoile jaune, retrouvent parmi d'autres enfants juifs deux de leurs cousines, Nicole, dont la mère a déjà été déportée, et Jeannine, dont le père mourra à Auschwitz. « On m'a raconté son arrestation. Alors qu'il passait devant un café, son étoile jaune bien apparente, deux policiers en civil l'ont bousculé et poussé à l'intérieur de l'établissement. Là, ils l'ont accusé d'être entré dans un lieu interdit aux juifs et l'ont emmené... » À Enghien-les-Bains, Edmond se lie avec un garçon de son âge, Félix. « C'était mon copain. Je ne l'ai jamais oublié. Toujours souriant, studieux, son intelligence m'impressionnait. Il lisait beaucoup. Il se concentrait tellement sur ses livres qu'il fallait l'appeler plusieurs fois avant qu'il ne lève la tête. Un jour, tandis que nous chahutions, j'ai senti sous ma main un corset de cuir qui lui enserrait le buste. Je n'ai pu maîtriser un mouvement de recul, mais nous n'avons rien dit. » En janvier 1945, Edmond a appris que son copain avait été déporté avec ses parents, sa sœur et son petit frère. « Plus tard, je suis allé en pèlerinage à Auschwitz. Est-ce sa carapace que j'ai aperçue sur un tas de chaussures usagées, dans une vitrine pleine d'objets ayant appartenu aux malheureux exterminés dans ce camp ? »

En 1942, les propriétaires de l'internat refusent de courir davantage de risques en abritant des enfants juifs, auxquels d'ailleurs ils imposent la messe dominicale. Ils prient leurs parents de les retirer dans les plus brefs délais. Joseph et Ermoza Benaderette cachent alors leurs deux fils « chez des laïcs », rue de l'Asile, devenue depuis rue de Verdun, à Saint-Maurice, dans la banlieue est de Paris. L'institution Jacquignon accueille des garçons pupilles de la nation. À l'entrée figure une plaque : « Maison de correction et de redressement ». « Y avait-il d'autres juifs dans l'établissement ? Je l'ignore. C'est possible. Mais nos parents nous avaient impérativement recommandé de nous taire à ce sujet. Madame Jacquignon, la directrice, leur avait confié qu'elle était gaulliste. Cela les avait rassurés. Ils lui avaient remis une petite avance sur le prix de la pension au cas où ils seraient arrêtés. "Ne vous inquiétez pas, avait-elle déclaré. Nous les garderions. Comme les autres orphelins de l'Assistance publique, ils passeraient le certificat d'études et ils apprendraient un métier." Cette femme ne manquait pas de cran. Elle cachait des enfants juifs au nez et à la barbe des Allemands. La kommandantur avait réquisitionné pour ses bureaux l'asile qui, à deux pas de l'institution, avait donné son nom à la rue. »

Il n'empêche que le séjour n'est pas des plus agréables.

Des murs gris et froids, un dortoir immense où le règlement impose aux pensionnaires de faire chaque matin leur lit au carré, et une cantine dont les mauvaises odeurs accompagnent une pitance plus que maigre, servie dans des écuelles cabossées en fer-blanc, à la propreté douteuse. Quant à la discipline, très stricte, elle se traduit quotidiennement par la propension des maîtres et des surveillants à distribuer gifles et coups de règle sur les doigts à la moindre incartade. « Notre seule parade pour éviter les sanctions était le fayotage, notamment en nous tenant bien droit à table. Ce qui nous valait des bons de sortie pour le cinéma du quartier. Au grand dam de mon frère, j'excellais dans ce domaine et allais donc régulièrement au cinéma, bravant l'interdiction qui frappait les juifs de fréquenter les salles de spectacles. » Ermoza se démène pour améliorer l'ordinaire de ses fils qu'elle sait insuffisant. Le jeudi, elle n'hésite pas à traverser Paris pour leur apporter victuailles et friandises, malgré une infirmité aux jambes et les risques d'arrestation que représente le trajet entre Courbevoie, où son mari et elle habitent toujours, et Saint-Maurice.

Edmond Benaderette évoque sa vie à l'institution Jacquignon comme le ferait un adulte revenant sur ses souvenirs de pensionnat en temps de paix, sans occupation, sans nazis, sans collabos et sans propagande antisémite. Les surveillants ont tous un surnom. « Tapette devait le sien à son habitude de taper dans ses mains pour rassembler les élèves. Maigre ressemblait à un haricot. En permanence, il perdait son pantalon et le relevait d'un mouvement qui déclenchait nos rires : une main sur le ventre, l'autre sur le bas du dos. C'était à qui l'imitait le mieux. Cannette, lui, était appelé ainsi à cause de son goût pour la bibine. La nuit, il urinait dans des bouteilles qu'il plaçait près de son lit. On s'amusait à les lui dérober et cela le mettait dans des rages folles. On guettait le moment où, hurlant, pieds nus en chemise et pressant sa vessie à deux mains il traversait le dortoir en courant jusqu'aux toilettes. Il y avait également le fils de la directrice, très sévère, qui se disait médecin, le pion ex-champion de boxe dont il valait mieux éviter les gifles, le prof de gym qui nous faisait tourner en bourrique, la maîtresse qui vantait les mérites de la race allemande et avait pris mon frère en grippe car il avait imprudemment manifesté sa désapprobation. Le personnel masculin changeait souvent. Je suppose que madame Jacquignon cachait, outre des enfants juifs, des réfractaires au STO. Ils ne nous aimaient pas et n'avaient pas la fibre pédagogique. Excepté l'un d'eux qui nous écoutait et nous parlait de l'avenir. Hélas ! Il n'est resté que quelques jours parmi nous. »

Parfois, le dimanche après-midi, les pensionnaires ont droit à une sortie à la Cipale, le vélodrome du bois de Vincennes dont l'entrée est gratuite. « Le lendemain, pendant les récréations, nous imitions les coureurs qui, à l'arrêt, se tortillaient en équilibre sur leur vélo. Et nous rêvions, non pas de posséder une bicyclette, ce qui à l'époque était impensable, mais un vrai maillot de coureur. » En revanche, les dimanches sans sortie s'étirent, longs et tristes. Les enfants inventent des jeux pour lutter contre l'ennui. « Alors que certains se débrouillaient à l'harmonica, les autres les accompagnaient au mirliton. Un instrument que nous fabriquions avec des tiges de sureau évidées, percées sur le dessus et bouchées à une extrémité par une feuille de papier Job. Nous jouions et chantions *Douce France, cher pays de mon enfance, Il y a des zazous dans mon quartier,* ou encore *Maréchal nous voilà* que nous transformions en *Maréchal tête de cheval.* » Souvent, Edmond se laisse gagner par la nostalgie du passé auprès de ses parents, se rappelant l'appartement à Courbevoie, la chambre aux murs bleus qu'il partageait avec son frère. Le matin, au réveil, il reste un moment allongé, paupières closes, imagine que tout cela n'est qu'un cauchemar dont il va sortir en ouvrant les yeux au milieu de son environnement familier.

Joseph et Ermoza Benaderette se sentent en sécurité à Courbevoie, confiants en la discrétion de leurs voisins. Tellement confiants qu'Edmond ne s'explique toujours pas comment, imprudence ou inconscience face au danger des rafles, ils ont pu prendre pour les vacances de Noël 1943 leurs deux fils à la maison. « Ce furent nos derniers moments ensemble. » Le 31 décembre, un bombardement allié souffle les vitres de l'appartement. « Sur le trottoir d'en face, un passant a été tué. Les alliés avaient déjà attaqué plusieurs fois le quartier de la gare de Bécon-les-Bruyères. Et ils rataient régulièrement leur cible, une usine, la Licorne, qui fabriquait du matériel militaire. » Néanmoins, après ce dernier raid, Joseph, Ermoza et la grand-mère Rebecca décident d'abandonner Courbevoie, trop exposé aux bombes, pour une pension à Saint-Maur qui reçoit d'autres juifs.

La famille semble renouer avec une vie presque normale, malgré la peur au ventre qui la tenaille. Chacun leur tour, Edmond ou Sylvain vont passer le week-end avec leurs parents. Le lundi matin, il leur faut se lever très tôt pour rentrer avant l'heure de l'école. Ermoza, elle, reprend ses trajets du jeudi, toujours aussi pénibles et périlleux. « Cependant, un jour, nous n'avons plus eu l'autorisation de sortir et n'avons plus reçu de visites de nos parents. Je me souviens de la dernière fois que j'ai vu ma mère. Elle se tenait appuyée sur sa canne, près du portail gris de l'institution. J'ai couru vers elle, j'ai pris les victuailles et les friandises et me suis empressé de rejoindre mes camarades. Je regrette mon indifférence. J'aurais dû la serrer dans mes bras, longtemps, très longtemps. » Un cousin germain d'Ermoza, Henri Montias, qui ne s'est jamais déclaré juif auprès des autorités et a rejoint la Résistance sous l'alias

Montier, prend le relais, invitant le dimanche les deux frères chez lui.

Edmond et Sylvain n'ont toujours aucune nouvelle de leur mère. Jusqu'à ce que, au début de l'été 1944, madame Jacquignon lève maladroitement le voile sur ce mystère. « Très remontée contre ses pensionnaires qui s'abaissaient à quémander du pain aux Allemands cantonnés dans le bois de Vincennes, elle lança : "Vous n'avez pas honte ! Et surtout vous, les Benaderette, avec ce que les Allemands vous ont fait !" Sylvain et moi avons compris qu'il était arrivé quelque chose de grave. Nous n'avons pas pu retenir nos larmes. »

Enfin, Paris est libéré. Joseph, qui a échappé à l'arrestation, ramène ses enfants à Courbevoie. « Nous avons quitté l'institution sans regret. L'idée de remercier madame Jacquignon qui nous avait sauvé la vie en nous hébergeant ne nous a pas effleurés. Nous étions tellement pressés de rentrer chez nous ! Il faisait beau. Le métro ne fonctionnait pas. Nous avons traversé Paris à pied. Une foule joyeuse envahissait les rues qui portaient encore les traces des combats de la Libération. Nous ne ressentions aucune fatigue. Nous étions heureux. »

Leur père leur révèle les conditions d'arrestation, dans la matinée du 24 mars 1944, de leur mère et de leur grand-mère. La veille, un dimanche, Ermoza, comme si elle pressentait un malheur, avait convaincu Sylvain dont c'était le tour de passer le week-end à Saint-Maur de ne pas attendre le lundi pour rentrer à l'institution. Autre comportement prémonitoire : le lundi matin, Joseph s'était par erreur levé une heure plus tôt que prévu. Et quand on a frappé à la porte, il a sauté par la fenêtre du premier étage, pieds nus et en pyjama, alors qu'il neigeait. « C'était convenu entre mes parents. Dès que la police se présenterait, l'un des deux devait se sauver. Une attitude qu'allait lui reprocher la famille. Lorsque nous sommes allés récupérer les affaires de ma mère à la pension, la femme de ménage, en pleurs, nous a raconté que les policiers avaient voulu l'emmener en chemise de nuit parce qu'elle avait tardé à leur ouvrir. Finalement, ils l'ont laissée s'habiller. En partant avec ma grand-mère, elle lui a demandé de s'occuper de nous.

Désormais, Paris étant libéré, nous ne craignions plus les nazis et notre père, qui avait trouvé un emploi de coursier à bicyclette, était là. Nous avons connu des moments de grand bonheur et d'espoir, réunis tous les trois dans la cuisine de l'appartement, attendant le retour de ma mère et de ma grand-mère. Nous ignorions le sort réservé aux déportés juifs. Le soir, après nos devoirs, Sylvain et moi nous rendions à la gare de Bécon-les-Bruyères, espérant les apercevoir sur le quai. Nous guettions les voyageurs jusqu'à la nuit. Mon père avait même prévu d'aller les chercher en voiture en Allemagne si elles ne disposaient pas de moyen de locomotion. On était loin d'imaginer que, parties de Drancy le 27 mars 1944 par le convoi n° 70, elles avaient été gazées à Auschwitz. »

Seul pour élever ses fils, Joseph les confie à l'Œuvre de secours aux enfants (OSE), dont ils fréquenteront plusieurs établissements jusqu'en 1951. La joie des retrouvailles s'est vite effacée. Joseph s'est remarié avec une rescapée des camps qui interdit l'accès de l'appartement de Courbevoie aux deux enfants. Edmond, atteint d'un cancer à l'âge de quinze ans, sera amputé de la jambe gauche. « Finalement, soupire-t-il, j'ai connu la guerre et l'Occupation. Mais l'après-guerre a aussi été difficile. » Après avoir été maroquinier, fraiseur, agent technique, directeur d'un atelier protégé pour handicapés, puis directeur d'un foyer de jeunes travailleurs, il a réussi, à soixante ans, une licence d'histoire contemporaine. Aujourd'hui, il a un fils de cinquante-deux ans, éducateur, ainsi que quatre petits-enfants dont l'aîné a déjà vingt-sept ans !

Jeannette Swita-Wolgust
11 ans en 1940

Lorsqu'elle découvre Paris avec sa mère, Jeannette Swita, née le 8 décembre 1929 à Varsovie, a trois ans. Fille d'un ébéniste issu d'une famille de rabbins polonais, sa mère, Fridl, a une passion : la littérature française que des traductions en yiddish lui ont permis de cultiver. En 1932, elle réalise son rêve de vivre en France, « pays de culture et de liberté ». Le père de Jeannette, Meylech, que tout le monde appelle Max, a immigré un an auparavant, suivant l'exemple de son frère Henri qui, installé depuis longtemps dans l'Yonne, a combattu en 1914-1918 sous le drapeau français, tout comme ses trois beaux-frères, David, Marcel et Max, qui habitent Paris. Bien que formé au travail du cuir, en Pologne, par un oncle qui l'a élevé après la mort de son père, Meylech commence par vendre sur les marchés de cette ville inconnue des caleçons que sa femme coud dans leur minuscule logement du XIe arrondissement. Ne parlant pas un mot de français, il ne sait qu'annoncer leur prix : « 9,95. » Et quand un client lui demande une précision, notamment sur la taille, il répond invariablement : « 9,95. » Tandis qu'il accomplit de nets progrès dans sa langue d'adoption, l'affaire familiale prospère. Le couple Swita emménage alors dans un vaste appartement, au 113 de la rue Saint-Martin, dans le IVe. En 1936 naît un second enfant, Jean.

En 1939, Meylech et ses trois beaux-frères s'engagent dans l'armée française. Ils veulent défendre la terre où ils ont posé leurs valises, cette patrie des droits de l'homme au sein de laquelle ils ont entrepris de s'assimiler, adhérant à sa devise républicaine : « liberté, égalité, fraternité ». « Devant mon père et mes oncles en uniforme, raconte Jeannette, je me rendais bien compte que quelque chose d'anormal se tramait. Sans plus. Mes parents nous tenaient, Jean et moi, à l'écart de leurs préoccupations d'adultes. Soucieux de ne pas nous inquiéter, ils évitaient de commenter les événements politiques en notre présence. Dans ce cocon protecteur, même le port de l'étoile jaune ne m'a pas heurtée. À l'école, rue Saint-Merri, mon institutrice s'est montrée extrêmement gentille quand elle a vu mon insigne, tout comme les élèves. Personne ne m'a lancé la moindre réflexion désobligeante. Je ne percevais dans cette étoile ni humiliation ni signe de danger. Une scène avait ravi la petite fille ignorante que j'étais. Nous remontions ma mère et moi le boulevard Saint-Michel. Ma mère portait un très beau tailleur noir, moi un ravissant ensemble rose. Des couleurs qui s'accordaient joliment avec le jaune de nos étoiles. Un chantier bloquait en partie le trottoir. Il faisait beau. Nous nous promenions tranquillement. Marchant en sens inverse, un monsieur élégant s'est écarté pour nous laisser passer et a soulevé son chapeau devant ma mère. Son geste m'a remplie de fierté. Mon univers baignait dans l'inconscience. Je n'avais aucune idée de la guerre, des interdits qui frappaient les juifs, des périls qui les menaçaient. J'étais tellement gâtée que rien ne paraissait pouvoir m'agresser. Ainsi, je ne sortais jamais seule, même pour me rendre à l'école, pourtant située à deux pas de la maison. »

À l'automne 1940, Jeannette accompagne au commissariat sa mère qui doit faire apposer le tampon « juive » sur sa carte d'identité. « Elle n'imaginait pas que cette France qui l'avait accueillie, la France des Lumières, tenterait bientôt, pour la seule raison qu'elle était juive, de l'arrêter et de l'envoyer à la mort. » Le 15 juillet 1942 dans l'après-midi, un inspecteur de police se présente chez les Swita. Ami de Meylech, il demande à le voir. Ce dernier a déjà quitté Paris. Il a rejoint en zone sud son frère Henri, réfugié dans l'Aveyron, à Villefranche-de-Rouergue. L'inspecteur prévient alors Fridl qu'une rafle massive est prévue pour le lendemain et que les hommes doivent se cacher. Il ignore que les femmes et les enfants sont également visés par cette opération meurtrière d'une ampleur sans précédent. « Ma mère a couru alerter voisins, amis et connaissances. Le lendemain matin, à six heures, on a entendu frapper à la porte. Un gardien de la paix et un policier en civil ont réclamé mon père. Ma mère a répondu qu'il était absent. Ils ne l'ont pas crue et ont fouillé l'appartement, ouvrant toutes les armoires, toutes les penderies, tous les placards. Bredouille, l'un des deux a lancé : "Embarquons la femme et les gosses. On ne sera pas venu pour rien." L'autre lui a rétorqué : "Pas la peine. On ne va pas s'encombrer avec eux !" Discrètement, ma mère m'a glissé : "Essaie de te sauver avec ton frère !" J'ai refusé de l'abandonner. Je crois qu'à cet instant j'ai subitement vieilli. J'ai senti l'insouciance de mon enfance s'éloigner d'un coup. Maintenant, c'était à moi de protéger ma mère. »

Les deux policiers à peine repartis, on frappe de nouveau. La boulangère, madame Morvilliers, vient proposer son aide. Sans perdre de temps, elle cache les deux enfants dans le fournil de son mari. Fridl préfère rester dans l'appartement. Puis, c'est un autre ami de Meylech, Gustave Debruyne, communiste et membre d'un mouvement de résistance, qui la convainc de le suivre chez lui, rue d'Alésia, dans le XIVe. Il lui a apporté un manteau appartenant à sa femme afin qu'elle dissimule son étoile. Il revient ensuite chercher Jeannette et son petit frère. « Quatre ou cinq jours après la rafle du Vel'd'Hiv, il a confié ma mère à des cheminots afin qu'ils l'éloignent de Paris. Une filière l'a prise en charge jusqu'en Aveyron. Elle a franchi la ligne de démarcation, camouflée dans le tender d'une locomotive. Notre oncle David, qui habitait Brunoy, en région parisienne, nous a hébergés mon frère et moi, le temps de nous évacuer nous aussi. »

Gustave Debruyne contacte un homme qui trafique dans le monde du marché noir et, moyennant une importante somme d'argent, achète ses services pour conduire les deux enfants à Villefranche-de-Rouergue. Mais l'homme comprend Villefranche-sur-Saône, dans le Rhône. Jeannette ne prend conscience de la confusion que vers Dijon. Les paysages traversés, les villes longées ne correspondent pas à ce qu'elle attendait. Elle s'en inquiète auprès de l'homme qui ne s'émeut pas outre mesure de son erreur. Connaissant bien le secteur, il entre dans un bistrot bondé de soldats allemands, où il conseille aux gosses de l'attendre. Au bout d'une absence interminable, il revient avec la solution : un passeur de la Résistance va gratuitement guider le trio jusqu'en zone libre. « On a parcouru près de six kilomètres à pied. Les maïs étaient hauts. D'une main, je portais notre valise, de l'autre, je tenais mon frère qui marchait gentiment à côté de moi. Il était sage, ne bronchait pas, ne se plaignait pas. Impressionné par son courage, un soldat français évadé d'un camp de prisonniers et qui, comme nous, faisait route vers le sud, l'a pris sur ses épaules. Une petite rivière matérialisait la ligne de démarcation. Nous l'avons traversée de nuit, sans difficulté, à bord de barques. Ensuite, nous nous sommes couchés dans une grange pleine de rats. » Finalement, le passeur accompagne Jeannette et son frère jusqu'à Lyon et les met dans un train pour Toulouse, où ils prennent la correspondance pour Villefranche-de-Rouergue. « Nous sommes arrivés avec deux jours de retard et au prix de beaucoup d'angoisse. Imaginez ! Je n'avais que douze ans et mon frère six. Jusqu'alors, nous avions vécu dans un environnement très protégé, à l'écart des drames du monde. Or, subitement, nous devions nous débrouiller par nous-mêmes, perdus, si loin de nos parents. Un cauchemar ! »

Les Swita louent un logement près de Villefranche, à Villeneuve, un village où il n'y a pas de collège. Afin de ne pas interrompre sa scolarité, Jeannette est mise en pension à Villefranche. Jean fréquente l'école communale du village. Un jour du printemps 1943, le chef des gendarmes du canton informe Fridl qu'il a reçu l'ordre d'arrêter son mari le lendemain. Celui-ci devra donc s'éloigner. Meylech se rend chez Henri, le bourrelier du village avec qui il a sympathisé. Il lui confie la menace qui pèse sur lui. Pas de problème, Henri l'invite à prendre l'apéritif, non sans avoir souligné, incrédule : « Mais pourquoi t'arrêterait-on ? Tu ne fais même pas de marché noir. » Quand le chef de gendarmerie se présente officiellement chez les Swita, il constate évidemment l'absence de Meylech. Pour donner le change devant son collègue, il lui suggère une ultime tentative du côté de la maison du bourrelier. Tout le monde au village sait que les deux hommes sont amis. Le chef est persuadé que Meylech aura évité une planque aussi exposée. Pas de chance. Il y est attablé devant un verre. Les gendarmes sont obligés de l'interpeller. Toutefois, ils l'autorisent à passer chez lui récupérer quelques affaires et là ferment les yeux lorsqu'il s'éclipse par la fenêtre d'une pièce voisine.

Meylech se réfugie d'abord chez le maire de Villeneuve, puis dans une ferme isolée au sommet d'une colline. Pendant trois semaines, il garde les vaches tout en faisant réciter le catéchisme à la fillette des paysans. Jusqu'à ce que Jeannette s'étonne de l'exceptionnelle autorisation de sortie que lui accorde la directrice du pensionnat pour rendre visite à son père. Celui-ci la charge d'acheter deux billets de chemin de fer pour Grenoble, où il a décidé d'emmener sa famille. Ce qu'elle fait. Et voilà le père et sa fille en route pour l'Isère. Après une nuit de repos, l'adolescente, qui a repéré le trajet, retourne à Villeneuve chercher sa mère et son frère et repart pour Grenoble avec eux. Une quinzaine de jours passent. Les Swita entament un nouveau voyage, direction Nice. En ce mois de mai 1943, la ville émerveille Jeannette : « Le soleil, la mer, la plage, plus de pensionnat. Je me sentais en vacances. Henri, le fils de mon oncle David, y était également. Nous logions tous dans un petit hôtel meublé. »

Le répit est de courte durée. L'Italie ayant capitulé le 8 septembre, ses troupes d'occupation se retirent de la baie des Anges, bientôt remplacées par des Allemands nettement moins détendus. « Autant les Italiens étaient gais et souriants, autant les Allemands se sont d'emblée montrés arrogants, rigides et brutaux. » L'atmosphère s'est alourdie. Signe de ce changement, le 10 septembre, Aloïs Brunner, l'adjoint d'Adolf Eichmann en France, descend sur la Côte d'Azur diriger personnellement les opérations liées à « la solution finale », multipliant arrestations, rafles et séquestrations à l'hôtel Excelsior. Pour les 25 000 juifs ayant afflué dans le secteur, notamment en raison de la bienveillance des Italiens qui n'appliquaient pas les lois raciales de Vichy, le havre niçois se transforme en traquenard.

Peu de temps auparavant, les Swita ont fait la connaissance, dans un dispensaire, d'Odette Rosenstock. Médecin, cette jeune Parisienne vit à Nice avec son compagnon, Moussa Abadi qui, étudiant en lettres à la Sorbonne, vient de terminer une thèse de doctorat sur les contes et fabliaux du Moyen Âge. Un matin, sur la Promenade des Anglais, un attroupement a attiré l'attention de Moussa. Il s'est approché. Un milicien s'acharnait sur une femme qu'il avait jetée à terre, la rouant de coups. La brute donnait une correction à une juive. Près de la malheureuse, son petit garçon pleurait. La scène a convaincu Moussa, déjà révolté par l'accumulation d'événements tragiques, de « faire quelque chose pour sauver les enfants ». Il va créer, en liaison avec l'évêque de Nice, monseigneur Paul Rémond, ancien aumônier des armées en 1914-1918, le réseau « Marcel », une organisation clandestine dont l'objectif est d'arracher le maximum de gosses aux griffes des nazis et de leurs supplétifs français. Ils en sauveront 527. Malgré son admiration pour le maréchal Pétain, le prélat déteste les Allemands qui ont envahi son pays et n'admet pas la politique antijuive de Vichy. D'ailleurs, avant guerre, il a soutenu des manifestations dénonçant l'antisémitisme. Le 2 décembre 1991, le mémorial Yad Vashem lui décernera le titre de Juste des nations (dossier 5 061).

Moussa et Odette ont changé d'identité. Disposant d'un bureau au rez-de-chaussée de l'évêché, Moussa est devenu « monsieur Marcel », inspecteur de l'enseignement catholique du diocèse de Nice. Odette s'est muée en « mademoiselle Sylvie Delattre », assistante sociale. Mobilisant institutions religieuses catholiques, communautés protestantes et paysans de l'arrière-pays, le couple va prospecter des lieux d'accueil à Nice, Cannes, Grasse, Thorenc, Villefranche, et dans les villages alentour. Il fabrique des faux papiers, des fausses cartes d'alimentation, obtient et gère des aides financières, notamment de l'American Joint Committee. Arrêtée par la Gestapo le 25 avril 1944, Odette ne livrera aucun nom du réseau malgré les tortures. Elle sera déportée à Auschwitz-Birkenau, puis à Bergen-Belsen.

Lorsque les Swita l'ont rencontrée au dispensaire, elle leur a donné une adresse, les incitant à y conduire leurs enfants dès que le danger se ferait trop pressant. Il s'agit d'une pharmacie où Meylech et Fridel vont se résoudre à laisser Jeannette et son frère. « Lors de la séparation, j'étais comme anesthésiée. Je n'ai ni pleuré ni crié. J'ai entendu quelqu'un dire à mes parents qu'ils ne pourraient pas nous revoir tant que la situation ne s'améliorerait pas. Puis ils sont partis. Par l'intermédiaire de Moussa Abadi, ils m'ont fait savoir par la suite qu'ils avaient repassé la ligne de démarcation, étaient remontés en région parisienne et louaient une maisonnette près de chez mon oncle David, à Brunoy. Ils y ont vécu jusqu'à la fin de la guerre. »

Après un court séjour, à Nice dans un pensionnat religieux où, bien que réservé et obéissant, il s'obstine à refuser de se plier à la génuflexion et au signe de croix, Jean est envoyé à Magagnosc, près de Grasse, dans une famille qui cache plusieurs enfants juifs. Jeannette est placée chez les sœurs de Saint-Vincent-de-Paul, d'abord à Nice, puis à Thorenc. Au bout de quinze jours, elle sait réciter sans la moindre erreur le *Notre-Père* et le *Je vous salue Marie*. En octobre, Moussa l'inscrit sous le nom de Jeanne Moreau, née à Marrakech, au pensionnat Jeanne-d'Arc, rue Tracastel à Grasse, que dirigent les sœurs de Saint-Thomas-de-Villeneuve. « Elles n'avaient pas les mêmes cornettes que les précédentes. Dans une très jolie chapelle, nous assistions chaque matin à la messe. Je crois que je suis allée à la messe plus souvent que beaucoup de catholiques. Seuls la supérieure, mère Marie-Thérèse, la responsable de l'enseignement, sœur Marie-Adèle, et le prêtre de l'établissement, l'abbé Émile Chonavez, savaient que j'étais juive. Trois autres élèves partageaient cette clandestinité : Marthe, qui avait huit ans et demi, Denise, onze ans, et Françoise, quinze ans et demi, mon amie. »

Une époque dont Jeannette a gardé des souvenirs pleins de gratitude : « Le jour de la rentrée, on nous a donné une fiche de présentation à remplir. Mais à la ligne correspondant au lieu de naissance, j'ai paniqué. Je ne connaissais pas l'orthographe de la cité censée être ma ville natale. J'étais pétrifiée. Remarquant mon embarras, sœur Marie-Adèle a pris ma feuille et a écrit Marrakech sans le moindre commentaire. De son côté, l'abbé Chonavez a eu un geste magnifique. Mes vêtements n'étant pas encore arrivés, la mère supérieure m'avait prêté une pèlerine verte et de lourds sabots qui m'esquintaient les pieds. Il m'a acheté une paire de souliers. Cette attention m'a beaucoup touchée. Deux jours plus tard, alors que je sanglotais ne sachant pas ce que voulaient dire les filles quand elles déclaraient "devoir aller à confesse", il m'a expliqué ce que cela signifiait. Pour me rassurer, il a ajouté : "Tes parents t'ont confiée à moi juive, je te rendrai à eux juive." C'était un homme très bon. Parfois, le dimanche, avant les vêpres, il nous emmenait Françoise et moi au cinéma. Et ce sermon au cours duquel il engagea à prier pour les enfants séparés de leurs parents. Les quatre pensionnaires juives, nous nous sommes mises à pleurer. Il nous a également fait jouer deux pièces au théâtre municipal de Grasse. Dans l'une, il m'avait attribué le rôle de Jeanne d'Arc, dans l'autre, celui de la sorcière de Blanche Neige. Odette Rosenstock, que nous appelions « mademoiselle », m'avait donné un numéro de téléphone où la joindre en cas d'urgence. Or nous, les petites juives, étions tristes à l'idée de ne pas avoir de famille dans la salle pour nous applaudir. J'ai téléphoné. Malgré ses journées de travail surchargées, « mademoiselle » est venue, un samedi soir, assister à une représentation. Je la revois encore, assise au premier rang. Bien que fatiguée, elle s'était déplacée pour que, nous aussi, nous ayons un visage connu dans le public. Une femme extraordinaire. Elle nous rendait visite toutes les trois semaines. Pendant l'heure et demie qu'elle nous consacrait, elle savait nous écouter et répondre ce que chacune de nous quatre souhaitait entendre. Vous ne pouvez pas savoir ce que sa présence représentait pour nous. Notre vie tournait autour d'elle car elle maintenait le lien avec nos parents. Une fois, elle a payé le coiffeur aux deux plus grandes, Françoise et moi, et après, elle nous a invitées dans un salon de thé. Ce fut un moment fabuleux. À Noël 1943, chacun des enfants dont elle s'occupait a reçu un cadeau. Elle avait su choisir en fonction de nos goûts. J'aimais lire, elle m'a offert un livre. Mon frère aimait la musique, il a eu un petit violon. »

Le 7 juin 1944, lendemain du débarquement en Normandie, Jeannette demande à la mère supérieure l'autorisation de rejoindre ses parents à Brunoy. Informé de la requête, Moussa Abadi donne son accord. Deux éclaireurs israélites de la Sixième [1] vont accompagner Jeannette, munie d'un papier signé de la mère supérieure du pensionnat, et son frère, jusqu'à Paris. Le voyage en train se déroule sans problème, bien que la fin de la guerre soit encore loin. À leur descente du train, Paris est toujours occupé. Néanmoins, les deux enfants tiennent à achever seuls leur périple jusqu'aux bras de leurs parents à Brunoy. Ils se séparent des deux éclaireurs.

Après la Libération, les Swita récupéreront leur appartement du 113, rue Saint-Martin, qui, sous l'Occupation, a été attribué à un fonctionnaire. Puis, pendant sept ans, Jeannette va seconder ses parents au magasin. En 1955, elle épousera Laurent Wolgust, un médecin juif qui, de 1942 à 1944, a vécu avec ses parents tranquillement, sans changer d'identité, à Salviac, près de Cahors, où il a passé ses deux bacs.

Aujourd'hui, Jeannette Swita-Wolgust a deux fils, une fille et quatre petits-enfants. « La Shoah, souligne-t-elle, a

1. Dissous en novembre 1941 par le commissaire aux questions juives, Xavier Vallat, les Éclaireurs israélites de France se sont fondus au sein de l'une des sept directions, la quatrième, chargée de la jeunesse, de l'Union générale des israélites de France (UGIF). En août 1942, dans ce cadre officiel contrôlé par l'occupant, ils se sont mués secrètement en sixième section, appelée « la Sixième ».

emporté en juillet 1944 le grand-père et la grand-mère maternels de mon mari, ainsi qu'une de mes cousines, Fanny, fille d'un frère de ma mère, déportée à la fin de 1942. Excepté un oncle, Samuel, héros du soulèvement du ghetto de Varsovie, la totalité de ma famille maternelle qui n'avait pas émigré de Pologne a péri dans les camps. » Elle poursuit : « Pour ma part, j'ai eu une chance extraordinaire. J'aurais pu être arrêtée dix fois. Mais tellement de mains se sont tendues pour m'aider que j'ai été épargnée. Et puis j'ai retrouvé mes parents. Après la guerre, d'ailleurs, je me suis sentie coupable auprès des autres petites filles qui n'avaient pas eu ce bonheur et avaient tout perdu. À mon amie Françoise, par exemple, il ne restait plus qu'une petite sœur. J'avais tellement reçu. Il fallait que je rende. J'ai cessé de me culpabiliser quand je me suis mise à donner à mon tour, dans le cadre d'associations caritatives. Agir pour les autres m'a pacifiée. »

Julien Engel
7 ans en 1940

30 janvier 1933 : Adolf Hitler accède à la présidence de la chancellerie du Reich. Originaires de Lodz, en Pologne, les parents de Julien, David et Rose Engel, sont alors étudiants en Allemagne, à Breslau, près de Dortmund. Ils suivent avec angoisse la « normalisation » nazie qui gangrène la patrie de Goethe. À la radio, dans les journaux ou lors de meetings déments, l'auteur de *Mein Kampf*, qui se fait désormais appeler Führer, subjugue un peuple tétanisé qui s'apprête à basculer dans la plus criminelle des crises de folie collective. En août, David et Rose, qui pressentent de graves dangers, s'exilent en Belgique où, le 6 septembre, naît Julien. Ils s'installent à Anvers, y ouvrent un magasin de meubles. Un deuxième fils, Georges, vient agrandir le foyer en 1938. En mai 1940, la capitulation de l'armée belge devant l'invasion allemande les pousse à gagner Bruxelles qu'ils estiment plus sûr. Pendant un an, perdus au milieu d'une Europe plongée dans le chaos nazi, ils attendent de mieux cerner l'avenir et ses incertitudes.

Les mesures antisémites assombrissent l'horizon. En mai 1941, les Engel décident de descendre sur la Côte d'Azur. « Des policiers français nous ont bloqués au passage de la ligne de démarcation, se souvient Julien. Compréhensifs, ils nous ont relâchés au bout de quelques heures. » À Nice, qui bénéficie de la réputation de demeurer un refuge pour les juifs, habitent depuis longtemps deux cousines du couple

Engel, dont l'une, Anna, a épousé un Français catholique, un ingénieur qui a travaillé sur le chantier de construction du chemin de fer en Indochine. « C'est dans cette ville que j'ai commencé à apprendre le français, sur les bancs de l'école primaire de la rue Vernier. Auparavant, je parlais l'allemand à la maison et le flamand dans la rue. Dans les premiers temps, nous menions une vie, sinon agréable, du moins tranquille. Mes parents, qui étaient sans emploi, voyaient certes leurs économies fondre et devaient surveiller leurs dépenses, mais ils se sentaient en sécurité. Hélas, en septembre 1942, les premières rafles ont commencé à frapper la population juive de Nice. Certains policiers prévenaient heureusement les responsables de la communauté qui, ensuite, veillaient à diffuser l'information. Nous louions à cette époque un appartement au 136, boulevard Gambetta. À la moindre alerte, nous montions nous réfugier dans un logement inoccupé, au-dessus du nôtre. »

Pour les Engel, dont la peur ne cesse d'augmenter, la vie au quotidien devient insupportable. Ils décident de rallier la Suisse au plus vite par la Haute-Savoie. À Annemasse, ils paient très cher un passeur savoyard censé les guider de l'autre côté de la frontière. En fait, le voyage de David et de Rose se terminera à Auschwitz. « Je soupçonne le passeur de nous avoir vendus à la police. En effet, comment expliquer qu'il nous ait conseillé de marcher au beau milieu de la route alors que nous étions à une centaine de mètres à peine du poste-frontière d'où on nous apercevait inévitablement ? N'aurait-il pas été plus prudent de couper à travers la campagne à l'écart de cette route très surveillée ? »

Conduits à Annecy, les Engel et leurs deux enfants, alors âgés de neuf et quatre ans, sont enfermés « pendant deux ou trois jours » dans un bureau du commissariat sommairement transformé en cellule. Le peu de paille qui recouvre le sol et les conditions d'hygiène traduisent un humiliant mépris pour cette famille meurtrie, privée de liberté au seul motif qu'elle est juive. « Mon père a supplié un policier de nous permettre de repartir. En échange, il lui a proposé de lui donner tout ce qu'il possédait. Le policier a accepté, il a tout pris. Mais il ne nous a pas laissés sortir. On nous a alors envoyés au camp de Rivesaltes, dans les Pyrénées-Orientales. Dans le train, mes parents ont dû voyager menottes aux poignets. À Rivesaltes, Georges et moi avons été parqués dans une partie du camp, mes parents dans une autre. Au début, ils avaient le droit de venir nous voir à travers les grillages. Mais comme nous avions moins de seize ans, on nous a finalement séparés d'eux. Sur intervention de la Croix-Rouge, ou de l'OSE, je ne sais pas, mon frère et moi avons été dirigés vers une maison d'enfants improvisée à Vendine, à l'est de Toulouse. Nous ignorions que nos parents allaient être déportés à Auschwitz. »

Julien réussit à faire parvenir une lettre à ses cousines de Nice, dans laquelle il raconte leur périple, leur arrestation, leur enfermement au commissariat d'Annecy, leur transfert au camp de Rivesaltes, la séparation d'avec ses parents, et il leur demande de l'aide. À l'issue de longues et tortueuses démarches, celles-ci parviennent, en janvier 1943, à récupérer les deux gamins. « Elles habitaient une magnifique villa, rue Château-de-la-Tour, dont le jardin jouxtait celui du consulat de Suède. Elles comptaient nous héberger le temps que la pression retombe et que le gouvernement français autorise le retour de nos parents. D'autant que la récente occupation italienne, qui avait adouci le sort des juifs, nous donnait des raisons d'espérer. »

Tout bascule en septembre 1943 avec le départ des Italiens, l'arrivée des Allemands et d'Aloïs Brunner, mais, surtout, avec l'arrestation des deux cousines. « Accompagnées d'une amie française, elles étaient sorties faire quelques emplettes et n'ont pu éviter une rafle. Rapidement relâchée parce que non juive, leur amie a couru nous prévenir. Nous jouions dans le jardin. Nos cousines nous avaient expliqué qu'en pareille circonstance, nous devions nous rendre au plus vite au consulat de Suède. Sans perdre de temps, nous avons enjambé le mur au fond du jardin. Le consul honoraire, monsieur Neyborg, qui était un ami de nos cousines, connaissait notre isolement. Il savait que, hormis elles, nous ne connaissions que lui et qu'il aurait à nous héberger en catastrophe. Il nous a accueillis. Le conseil avisé de nos cousines nous a certainement sauvé la vie car dans les heures qui ont suivi notre fuite, des policiers français, des miliciens ou des gestapistes sont venus perquisitionner la maison, subtilisant discrètement plusieurs objets précieux avant de poser des scellés sur la porte. Nous n'avions plus de parents, plus de cousines, plus de logement. Nous étions seuls. »

Le diplomate va confier les deux frères à Sylvie Delattre. « Une employée de l'évêché », leur précise-t-il avant la rencontre. « Le transfert a eu lieu sur un trottoir. Elle nous a aussitôt emmenés en bordure de Cannes, rue d'Oxford, dans une très belle villa nommée Clémentine, entourée d'un vaste parc de quatre hectares. À l'armistice, les propriétaires, des Américains, soucieux d'éviter que la bâtisse ne tombe sous la coupe des nazis, l'avaient mise à la disposition d'une association laïque créée en 1935, Le Rayon de Soleil, qui prenait en charge des enfants en difficulté, orphelins ou sans foyer. »

Un couple dirige cette association, Alban et Germaine Fort. Lui est catholique, originaire de Béziers, elle, protestante et parisienne. Prisonnier de guerre évadé, Alban Fort écoute régulièrement la BBC et informe les plus âgés de ses pensionnaires de l'évolution de la guerre. Un temps, il abritera un opérateur radio d'un mouvement de résistance. Dans les registres du Rayon de Soleil, qui accueille en moyenne une cinquantaine de jeunes pensionnaires, les Fort vont inscrire, sous de fausses identités, trente-trois petits juifs placés par Moussa Abadi et Odette Rosenstock, alias « monsieur Marcel » et « mademoiselle Sylvie Delattre », les fondateurs du réseau « Marcel ». Julien et Georges Engel seront enregistrés sous le nom d'Engele, de sonorité moins juive qu'Engel, l'ajout du « e » permettant de franciser leur patronyme. « Dans cette propriété magnifique, j'ai vécu paradoxalement des jours très heureux. Deux ou trois fois, Sylvie Delattre nous a rendu visite. Elle voulait s'assurer que nous ne manquions de rien. Et nous ne manquions de rien. L'étendue du parc permettait toutes sortes d'activités sportives. Notre scolarité n'était pas pour autant négligée. Des enseignants venaient nous donner des cours. Grâce à eux, j'ai obtenu mon certificat d'études primaires. Nous ne nous sentions nullement menacés, ni même enfermés. Nous vivions en dehors du monde. Parfois, nous sortions en groupe nous promener dans les rues de la ville. »

Dès la libération de Cannes, en août 1944, Julien entre en sixième au lycée Carnot. Toujours logés à la villa Clémentine, les deux frères n'imaginent pas qu'ils ne reverront jamais leurs parents. Ils ne prendront que progressivement conscience de leur mort. « Nous pensions que notre séparation, bien que brutale, ne serait que temporaire. Et puis monsieur et madame Fort avaient su nous entourer d'une ambiance si chaleureuse, si familiale, qu'ils avaient rendu leur absence supportable. Il y avait bien des rumeurs sur l'extermination des juifs, mais elles évoquaient des exécutions tellement massives, tellement impensables, que nous les prenions pour de la propagande alliée. C'est seulement après la libération des camps en 1945 que nous avons mesuré l'énormité du drame qui s'était abattu sur les juifs d'Europe. Néanmoins, certains déportés ayant survécu, nous continuions à croire que nos parents n'avaient pas été assassinés. Nous les attendions. Comme ils n'étaient ni français, ni belges, ni allemands, nous pensions que leur retour prendrait du temps. Un espoir renforcé par leur nationalité polonaise qu'ils avaient conservée. En effet, bon nombre de déportés originaires d'Europe de l'Est avaient été déplacés en URSS contre leur gré. Nos parents pouvaient être retenus par les communistes qui les empêchaient de rentrer en France. Nous avons abandonné tout espoir au début de 1946. » Cette année-là, des cousins émigrés aux États-Unis adoptent Julien et Georges qui partent vivre à Paterson, dans le New Jersey.

Après des études universitaires, Julien Engel se tournera vers la coopération, notamment au sein d'une ONG américaine, l'African American Institute. Tout au long de sa carrière, ses missions humanitaires le confronteront aux problèmes de l'Afrique, de l'Inde et du Brésil. Il siègera aussi en tant qu'expert à l'Académie des sciences. Jusqu'à la fin de leur vie, il maintiendra des liens étroits avec Alban et Germaine Fort, leur rendant de régulières visites lors de ses escales en France et en les invitant chez lui à Washington. Le 28 février 1985, le mémorial Yad Vashem leur décernera le titre de Juste des nations (dossier 3 133). Quant à Moussa Abadi et Odette Rosenstock, ils se marieront tardivement. Julien n'apprendra qu'en 1990, au mémorial Yad Vashem à Jérusalem, le rôle éminent qu'ils ont joué dans le sauvetage des enfants juifs à travers le réseau « Marcel ». « S'ils sont toujours restés très discrets sur leur activité de résistants face à la barbarie nazie, grâce à eux, pourtant, nous sommes plus de cinq cents à avoir échappé à la traque hitlérienne. » Une longue maladie emportera Moussa le 15 septembre 1997. Odette choisira de le suivre le 20 juin 1999.

Salomon Galdbart
6 ans en 1940

Originaire de Lututov, près de Lodz, où elle était maroquinière, la mère de Salomon Galdbart, Sura Anklewicz, aînée d'une fratrie de dix enfants, a quitté sa Pologne natale en 1927. Militante sioniste, elle souhaitait émigrer en Palestine et avait été admise dans un centre de formation de pionniers en Belgique. Elle y a appris à cultiver la terre. En 1928, elle a épousé un Polonais, David Galdbart, également candidat à la reconstruction d'un foyer juif dans l'ancien royaume biblique. Jugé physiquement inapte aux dures conditions de vie des implantations juives sur cette bande côtière marécageuse et infestée de moustiques qui allait devenir l'État d'Israël, le jeune mari est retourné en Pologne peu après la naissance d'un fils, Isidore, le 4 juin 1928. Sura a refusé de le suivre. « Elle ne l'a jamais revu, souligne Salomon, et a perdu toute trace de lui. Je suppose qu'il a disparu avec sa famille dans la Shoah. » Puis, Sura a rencontré Jacob Josefowski qui, lui aussi, venait de Lodz. Elle s'est mise en ménage avec lui et a entamé une procédure de divorce d'avec David, « démarche plutôt rare à l'époque, surtout de la part d'une femme ».

Très vite, Sura et Jacob abandonnent le projet d'émigrer en Israël et s'installent à Paris, dans le Xe arrondissement, où ils ouvrent un atelier de maroquinerie. Salomon naît le 22 avril 1934 à l'hôpital Saint-Louis. Mais Sura ne possède que le livret de famille de son mariage avec David Galdbart.

L'employé de la mairie inscrit donc le bébé sous le nom de Galdbart, ne tenant pas compte de celui du vrai père : Josefowski.

Le 3 septembre 1939, jour de la déclaration de guerre de la Grande-Bretagne et de la France à l'Allemagne, Jacob, qui a francisé son prénom en Jacques, s'engage dans les troupes polonaises combattant en France. Le 30 mars 1940, lors d'une permission, il épouse Sura qui, après bien des péripéties bureaucratiques compliquées par les bouleversements internationaux, a enfin obtenu le divorce.

L'exode emporte à Beaugency, dans le Loiret, Salomon, surnommé Simon, et ses petits camarades de la maternelle du 155, avenue Parmentier, tandis que l'école de son demi-frère, Isidore, est déplacée vers la Mayenne. Les souvenirs de Salomon s'interrompent alors. Ils semblent effacés sur une période d'un an et demi. Il ignore la raison d'un tel blocage. « Je me rappelle seulement que notre directeur, qui avait été mobilisé, nous a dit au revoir et que j'ai séjourné dans un pensionnat. » Sa mère se réfugie chez un cousin dans la région de Toulouse. Après l'armistice elle rejoint son père, démobilisé, à Belvès, en Dordogne. Le couple reprend Isidore avec eux. Mais récupérer Salomon s'avère plus difficile. « Imaginez la pagaille dans cette France déboussolée par la défaite et coupée en deux ! Allez localiser un enfant qui ne porte pas le nom du livret de famille de ses parents ! Finalement, ils y sont parvenus. Et ma mère est montée me chercher à Paris. » Soucieux de protéger les traces de la tragique histoire familiale, Salomon Galdbart conserve, glissés dans des poches de plastique, la moindre note, le moindre formulaire, la moindre feuille écrite. Ainsi le bout de papier où sa mère avait noté, de manière phonétique car elle ne parlait pas bien le français, les renseignements nécessaires à son voyage à Paris :

Paris le 22 juin 1942
Cherch Simon A la Assistance Publique
Dijon 20 juin 42
Atandre Monsieur Paule à Dijon rue St Paul.

« Je pense qu'un certain monsieur Paul devait l'aider et qu'elle avait rendez-vous avec lui le 20 juin à Dijon pour être à Paris le 22. » Salomon ne reconnaît pas sa mère. « Une infirmière m'a dit : "C'est ta maman !" Un détail m'a intrigué : la dame devant moi qui me souriait avait des dents en or. L'infirmière refusait de me laisser sortir. Ma mère insistait. Il m'a fallu du temps pour comprendre l'attitude de l'infirmière. Me sachant juif, elle estimait que je courais moins de risques à l'intérieur de l'établissement qu'à l'extérieur. »

Sura ramène Salomon à Dijon où, sur un trottoir, un soldat allemand lui tapote affectueusement la tête alors qu'il regarde, émerveillé, deux glaces déformantes, l'une grossissante, l'autre amincissante. Sa mère n'a ni argent ni contact pour gagner la zone libre. Ils errent plusieurs jours dans la ville à la recherche d'une solution. « Soudain, elle a eu une idée géniale. Elle a acheté un flacon de mercurochrome, du coton, et m'a badigeonné de rouge une partie du visage. Dans le train en route vers le sud, nous nous sommes assis près de la vitre, dans le sens contraire de la marche. Au passage de la ligne de démarcation, deux soldats allemands sont entrés dans le compartiment et ont demandé aux voyageurs leurs papiers. Ma mère, qui m'avait posé une compresse de coton sur le visage, m'avait pris sur ses genoux et faisait semblant de dormir. En nous voyant, l'un des deux a dit à l'autre : "Laisse-les tranquilles. Ils sont malades." Nous avons eu une chance incroyable. »

Sura et son fils arrivent enfin à Belvès. Souffrant d'un début de rachitisme, « conséquence probable de deux années de malnutrition », Salomon est hospitalisé au préventorium

Les Fougères à Brantôme. Après quatre mois de soins, il rentre requinqué auprès des siens qui louent, rue de l'Oiseau-Qui-Chante, un petit appartement au premier étage d'une maison dont les propriétaires occupent le rez-de-chaussée. Grâce au salaire du père, embauché à la mine de Siorac-en-Périgord, près de Belvès, et à l'hospitalité des habitants du village, la famille connaît une certaine sérénité. Les mesures antijuives, les rafles paraissent loin. Les atrocités de la barbarie semblent s'estomper. Pourtant, cette quiétude est sournoisement interrompue par une contrainte administrative apparemment banale.

Très tôt, le matin du 24 février 1943, les gendarmes de Belvès se présentent sur le lieu de travail de Jacob et lui demandent de les suivre. « Simple vérification d'identité », lui précisent-ils. D'ailleurs, ils le ramènent chez lui pour qu'il prenne quelques affaires, car la formalité doit s'effectuer à Périgueux. « J'étais à la maison, se souvient Salomon. Tout s'est déroulé dans une ambiance bon enfant. Mon père a tranquillement préparé une petite valise. Ni cri, ni tension, ni peur de quoi que ce soit. Aucune raison de paniquer. Je revois encore la Juva 4 bleue des gendarmes garée devant la maison. Souvent, je me suis posé la question : Et si mon père avait tenté de s'enfuir ? Je ne crois pas que les gendarmes auraient tenté de le rattraper. Nous étions tellement confiants. Et eux si peu agressifs. » Pourtant, cette « vérification d'identité » constitue la première étape du voyage de Jacob-Jacques Josefowski vers l'enfer. La deuxième sera le camp de Nexon, en Haute-Vienne, la troisième celui de Gurs, dans les Pyrénées-Atlantiques, et la quatrième... Drancy. Le jour même de son départ entre les gendarmes, le directeur de la mine écrit au préfet de la Dordogne à Périgueux :

Au titre de directeur des Charbonnages de la Chapelle à SIORAC-en-PERIGORD et comme employeur du nommé JOSEFOWSKI qui a été arrêté ce matin 24 courant sur notre chantier de la gare de SIORAC par les gendarmes de Belvès, je me permets de venir vous donner les renseignements que je possède sur cet ouvrier.

JOSEFOWSKI Jack, né le 10-2-1910 à Lodz (Pologne), est entré à la société le 1-7-1942 et, depuis cette époque, il nous a donné toute satisfaction pour son travail et sa conduite. Travailleur au-dessus de la moyenne, il habite Belvès où il est marié, père de deux enfants, honorablement connu et estimé de la population.

Ses enfants, Isidore, 15 ans, et Simone, 9 ans, sont de bons écoliers, travailleurs.

Nous ne connaissons pas les motifs de l'arrestation de JOSEFOWSKI mais nous ne pouvons nous empêcher de témoigner en sa faveur étant donné le bon exemple de travail et de bonne conduite qu'il a toujours donné, ce qui est assez rare parmi le personnel étranger à la région que nous pouvons recruter.

Veuillez agréer, monsieur le Préfet, l'assurance de notre très haute considération.

La lettre ne va pas empêcher la déportation de Jacob Josefowski. Quatre jours plus tard, alors qu'il est interné à Gurs [1], il envoie aux siens une carte de réconfort où ne transparaît aucun signe d'inquiétude. Depuis, cette carte gardée précieusement par Salomon a jauni. Et malgré une feuille de plastique protectrice, le temps efface lentement les mots griffonnés au crayon :

Gurs, le 28, II, 43.
Ma chère femme,
Nous sommes arrivés hier et nous sommes installés. Mon cas a été examiné, en attendant voudrais-tu m'envoyer un colis par

1. De ce camp, construit au printemps 1939 pour les républicains espagnols et les volontaires des Brigades internationales réfugiés en France, partirent entre août 1942 et mars 1943 six convois pour Drancy, antichambre d'Auschwitz. Ils ont transporté 3 907 juifs, dont Jacob.

la poste (3 kg maximum) avec des choses pouvant se conserver un peu.

Ne te fais pas de mauvais sang, je vais très bien et je reviendrai bientôt. As-tu été chez le directeur de la mine ? Que t'a-t-il dit ? Je t'embrasse ainsi que les gosses et à bientôt. Réponds de suite. Jacques.

Cette carte vaudra aux trois poules que Salomon et Isidore ont apprivoisées de crever : « Mon père avait déjà été transféré à Drancy quand le colis préparé par ma mère, qui contenait notamment une boîte de sel, est arrivé à Gurs. L'administration du camp nous l'a renvoyé. Il était dans un tel état que ma mère a cru bien faire en donnant le tout aux poules. Elles se sont jetées dessus. Je pense qu'elles n'ont pas supporté l'excès de sel. Elles étaient si gentilles, ces poules. Elles se laissaient caresser. De vrais animaux de compagnie. »

Le dernier signe de vie de Jacob est la seconde carte qu'il écrit à sa famille. Elle est expédiée de Drancy :

Drancy, le vendredi 3/43 [date incomplète].

Ma chère famille,

Je me trouve actuellement à Drancy et demain on part. Je suis en bonne santé, le moral est bon. Tâche de bien soigner les gosses. J'espère que chez vous tout le monde va bien et [passage effacé] *bientôt.*

Je vous embrasse tous de loin en espérant le faire bientôt de près. Jacques.

Le 6 mars 1943, Jacob-Jacques Josefowski montera dans le convoi n° 51. Destination : le camp d'extermination de Maidanek, en Pologne.

Grâce à l'intervention d'un médecin de Belvès, le docteur Mathet, Salomon retourne au préventorium de Brantôme où il n'est plus un enfant malade, mais un enfant caché.

Afin d'éviter tout risque d'indiscrétion, le docteur hospitalise le « petit Simon » au pavillon de quarantaine. « Alors qu'habituellement les jeunes patients ne séjournaient que quelques jours dans cette annexe située à l'écart du bâtiment principal, moi j'y suis resté seize mois. Seize mois de solitude. Un ennui tel que j'ai oublié comment je meublais mes journées. Certes, personne ne m'a jamais traité de sale juif, on ne me battait pas, je mangeais correctement. Ma mère, qui était restée à Belvès, me rendait parfois visite. Elle a même servi d'interprète à un soldat allemand déserteur qui avait rejoint le maquis et, blessé à la cuisse, avait été soigné aux Fougères. Cependant seize mois, c'est vraiment très long. D'autant que j'ai connu d'interminables périodes, jusqu'à quinze jours, où j'étais le seul pensionnaire du pavillon. »

Salomon se rappelle la rumeur qui a couru dans le préventorium : une colonne nazie progressait vers Brantôme. Affolement aux Fougères. « Les infirmiers se sont empressés de déployer de grands drapeaux de la Croix-Rouge à l'entrée et sur le toit de l'établissement. Heureusement, on n'a pas vu d'Allemands. »

Sura déménage pour une maisonnette du quartier du Bout-Du-Monde, non loin de la rue de l'Oiseau-Qui-Chante. Isidore, qu'elle a gardé avec elle, fréquente l'école du village. Pour compenser la paye de son mari absent, elle achète du tabac à Belvès qu'elle écoule en douce à Périgueux, d'où elle revient avec des tissus qu'elle revend à Belvès. Un commerce qui, à la Libération, lui attirera des ennuis. À Périgueux, des maquisards avaient remarqué qu'elle discutait avec des soldats allemands. En fait, elle leur fournissait du tabac. Les maquisards l'ont prise pour une espionne et ont voulu la fusiller. Ils se sont vite aperçus de leur erreur. De 1944 à 1946, Sura, qui se plaît à Belvès où elle se sent bien intégrée, envisage de s'y installer définitivement. Pour cela, elle attend le retour de son mari. Régulièrement, elle se rend à Périgueux consulter les listes des rescapés des camps. Salomon qui, aux Fougères, n'a pas été scolarisé, est inscrit à l'école de Belvès.

Lorsque Sura perdra tout espoir de revoir Jacob, elle remontera à Paris et rouvrira son atelier de maroquinerie. Salomon, lui, sera placé, entre 1946 et 1949, dans des maisons de l'OSE, d'abord à Lyon, dans le quartier de La Mulatière, puis au Vésinet, en région parisienne. Après avoir reçu une formation d'ajusteur et de mécanicien de machine à coudre industrielle, il rejoindra sa mère dans son atelier de maroquinerie, avant de reprendre l'affaire à son compte, qu'il étendra notamment à la fabrication de boutonnières. Il aura un fils, Jacques, « le prénom qu'avait adopté son grand-père en France ». Médecin biologiste, Jacques a aujourd'hui trente-neuf ans.

En 1999, Salomon a voulu revoir Les Fougères à Brantôme. « L'établissement, transformé en maison de repos, me paraissait beaucoup moins imposant que dans mon enfance. J'ai appris que d'autres petits juifs y avaient été cachés. » Ce voyage dans son passé le conduisit aussi à Belvès et à la maison de la rue de l'Oiseau-Qui-Chante où, un matin de février 1943, son père était venu préparer sa valise. Les propriétaires habitaient toujours l'appartement du rez-de-chaussée. Salomon a frappé à leur porte. « On entrait directement dans la cuisine. Un couple âgé déjeunait. L'homme s'est levé pour ouvrir. La femme était assise à table, en face de moi. J'ai dit : “Vous savez qui je suis ?” Elle a répondu : “Tu es Simon.” Près de soixante ans plus tard elle m'avait reconnu. » Salomon se tait. Son menton se plisse. Il essuie une larme. « Excusez-moi. Ma femme et mon fils ont pris l'habitude de me voir pleurer. Parfois, ça fait du bien. Parfois non. C'est surprenant pour quelqu'un de mon âge. Mais mon père me manque tous les jours.

Comment a-t-on pu réduire à un tas de cendres un homme aussi bien ? Comment a-t-on pu anéantir tant d'hommes, de femmes, d'enfants, simplement parce qu'ils étaient juifs ?

Après le divorce de ma mère, mon grand-père, qui était rabbin, choqué par son comportement, avait interdit à ses autres enfants de quitter la Pologne. Tous, excepté une de ses filles qui vit aujourd'hui en Israël, ont été pris dans la rafle du ghetto de Lututov. Je ne suis pas croyant, pas du tout. Pour faire plaisir à ma femme, je pratique un peu, je respecte les grandes fêtes. Mais être juif pose tellement de problèmes. On le paie très cher. Je comprends que certains se convertissent. Moi, je revendique ma judaïté, tout en aimant la vie. Ce qui m'étonne le plus, c'est que, depuis des millénaires, malgré les pogroms, les massacres, les persécutions, on est restés juifs de génération en génération. »

Nelly Scharapan
4 ans en 1940

Nelly Scharapan a peu connu ses grands-parents paternels. Ébéniste rue de la Forge-Royale à Paris, dans le XIe arrondissement, son grand-père venait de Moldavie. Il avait fui l'antisémitisme virulent de l'est de l'Europe et militait au Parti communiste. Un engagement poussé à l'extrême auprès des damnés de la terre : il distribuait l'essentiel de sa paye aux pauvres de son quartier, négligeant ses propres enfants. Pour compenser cette absence de responsabilité paternelle, sa femme, originaire de Pologne, s'épuisait à coudre jour et nuit. Elle est morte deux ans après que Félix, le père de Nelly, a commencé à gagner sa vie chez un fourreur. Il avait seize ans.

Les grands-parents maternels de Nelly, eux aussi victimes de l'antisémitisme des plaines de l'Est, s'étaient réfugiés au « pays de la liberté et des droits de l'homme » : la France. « En fait, soupire Nelly, ils y ont trouvé le nazisme et Vichy. » Né à Odessa en Russie, son grand-père, Moïse Natanson, était un intellectuel. Peintre, il s'était spécialisé, après les Beaux-Arts, dans l'étude du portrait, ce qui lui avait valu une certaine notoriété. À Paris, il avait rencontré une Polonaise, Rajzla Witman, qu'il avait épousée. Le couple a eu une fille unique, Aline, la mère de Nelly.

Juifs non pratiquants et sympathisants communistes, Félix, ouvrier fourreur, et Aline, sténodactylo, ne désiraient

Nelly Schaparan
4 ans en 1940

Nelly Scharapan et sa mère, Aline, en 1941. Celle-ci sera arrêtée en 1943, puis déportée le 24 juillet 1944 au camp de Bergen-Belsen. Elle s'évadera en avril 1945, avec quatre autres déportées, d'un train qui les emmenaient en Tchécoslovaquie.

Fusain réalisé à Drancy par le grand-père de Nelly, Moïse Natanson, arrêté lors de la rafle du Vel'd'Hiv en 1942. Il réussira à jeter le fusain par une fenêtre avec l'adresse de sa fille Aline au dos. Un inconnu trouvera le document qu'il fera suivre. En bas, à droite, figure une dédicace : « À ma Nelly adorée. Natanson, Drancy, le 27/7/42. » Le 3 septembre de la même année, Moïse Natanson sera déporté à Auschwitz par le convoi n° 12.

Sarah Tieder
14 ans

Osias Tieder, le père de Sarah, en 1942. Déporté vers Auschwitz le 9 septembre 1942 par le convoi n° 30.

Brucha Salpeter-Tieder, la mère de Sarah, en 1942. Déportée vers Auschwitz le 16 septembre 1942 par le convoi n° 33.

Les trois enfants Tieder, en mai-juin 1940. De gauche à droite : Ida, Martin et Sarah. Chassée de Belgique par l'invasion allemande, la famille Tieder, qui avait fui l'Allemagne en 1938, vient d'arriver à Paris.

-Kaminsky
en 1940

Les cheftaines de La Verrière, la maison des Éclaireurs israélites de France à Beaulieu-sur-Dordogne, en Corrèze, où sera cachée Sarah.
De gauche à droite : Paulette Benroubi (Sultane), Rachel Gordin (chef Roseau), qui anime l'établissement avec son mari Jacob, Germaine Rousso (Maki), et Hélène Stern (Chèvrefeuille).

Le temps de la lessive, dans la cour de La Verrière.

Sami
3 ans

Sadi Dassa, le père de Sami, posant en uniforme de la Légion étrangère en Algérie, 1940. Il sera écarté de l'armée française juste après l'Armistice parce que né juif. Pris le 20 août 1941 dans une rafle à Paris, il passera treize mois à Drancy avant d'être déporté à Auschwitz le 23 septembre 1942, par le convoi n° 36.

Marie Dassa, en 1941. Prise dans la rafle de la nuit du 5 novembre 1942, dite « rafle des Juifs grecs », la mère de Sami sera déportée quatre jours plus tard, par le convoi n° 44.

Dassa
en 1940

Les enfants Dassa, en 1942. De gauche à droite : Sami, Renée, Lucienne et Daniel.

Renée et Lucienne, chez les sœurs franciscaines de Jésus où elles resteront cachées de février 1943 à février 1944.

Jeannette Swita-Wolgust
11 ans en 1940

1937. Meylech et Fridl Swita avec leurs deux enfants : Jeannette, née en 1929 à Varsovie, et Jean, né en 1936. Ils échapperont de justesse à la déportation.

20 avril 1944 : Jeannette est cachée au pensionnat Jeanne-d'Arc des sœurs Saint-Thomas-de-Villeneuve, à Grasse. Les élèves posent devant le théâtre municipal où ils viennent de donner une représentation de *Blanche Neige et les sept nains,* une pièce écrite par l'abbé Chonavez, le prêtre du pensionnat (premier plan à droite).

Jeannette joue la sorcière, et son amie de pension, Françoise Knopp, Blanche Neige.

Salomon Galdbart

2 ans en 1940

Salomon entre son père, Jacob Josefowski, et sa mère, Sura. Photo prise le 2 septembre 1939. Le lendemain, Jacob s'engagera dans les troupes polonaises qui combattent en France.

Été 1942. Salomon (le plus petit), pose avec ses parents et son frère Isidore à Belvès, en Dordogne, où la famille s'est réfugiée. Arrêté sur son lieu de travail le 24 février 1943, Jacob sera déporté le 6 mars par le convoi n° 51, pour le camp d'extermination de Maïdanek.

Liliane Goldberg-Lancry

2 ans en 1940

Liliane et son frère avec leurs parents, Chil-Majer et Estéra Goldberg. Comme beaucoup de parents juifs, qui craignaient que leur famille ne soit disséminée, ils sont allés se faire photographier, en avril 1942, dans un studio du XIe arrondissement afin de pouvoir se retrouver plus tard grâce au cliché. Séparée peu de temps après, la famille sera à nouveau réunie après la guerre.

Lilianne Goldberg, « la petite Lili », en 1943, posant avec « Tonton Mignon », le beau-frère de Pierre Page, « Tonton Pierre », qui l'a recueillie à Lyon avec son épouse « Tatan Tout-Court ».

Liliane, en vacances à Annecy avec Tatan Tout-Court et Tonton Pierre. Août 1943.

Wolf-Sam Jakubowitz-Jacquet

12 ans en 1940

Jankiel et Chana Jakubowitz, les parents de Wolf-Sam, en vacances à Dabo, près de Sarrebourg, en 1936.

Les enfants Jakubowitz (de gauche à droite : Hélène, Daniel et Wolf-Sam) avec leur mère Chana en 1937, à Fey, un petit village de Moselle. Arrêtée dans la nuit du 1er août 1942 alors qu'elle s'apprêtait à passer en zone non occupée, puis internée à Poitiers, Chana sera déportée de Drancy le 19 août par le convoi n° 21.

Les enfants de Marianne Cohn, agent de liaison des Éclaireurs israélites de France chargée de les convoyer en Suisse, sur les marches de l'Hôtel de ville d'Annemasse le 18 août 1944, jour de la libération de la ville.

David Fuchs et

6 ans en 1940

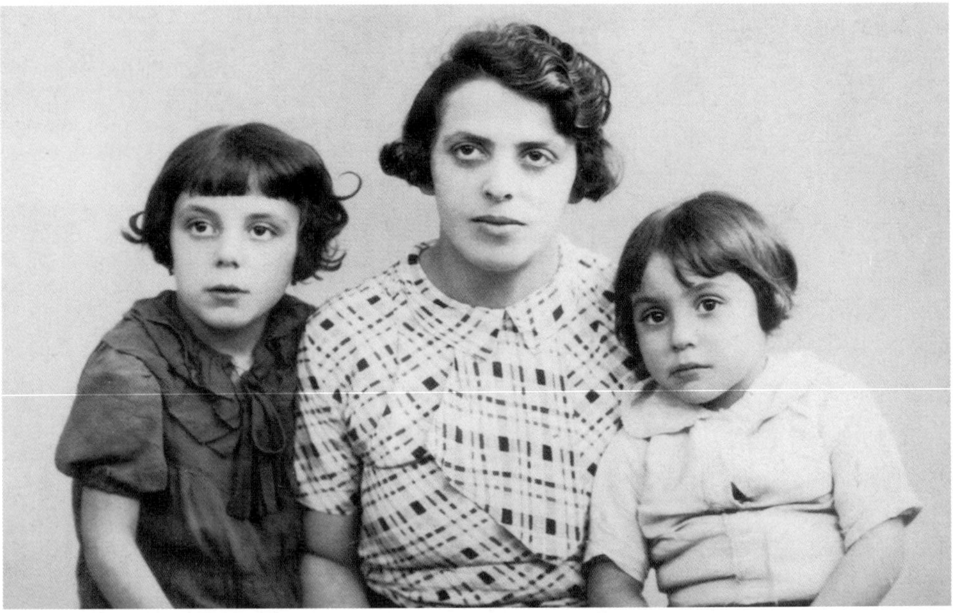

1936, Déborah Fuchs avec ses deux enfants, Estéra, à gauche, et David, à droite. Déborah sera déportée à Auschwitz le 3 août 1942 par le convoi n° 14. Estéra et David seront cachés à Chavagnes-en-Paillers, en Vendée.

1936, Avram Fuchs, le père de David et Estéra, charcutier à Etrépagny, dans l'Eure. Il sera déporté à Auschwitz le 31 juillet 1942 par le convoi n° 13.

Estéra Fuchs-Gireau

8 ans en 1940

David en 1944 (à gauche), réfugié en Vendée chez Marie-Élise Roger. Bernadette, la fille de Marie-Élise, est à droite de la photo, à côté d'un autre enfant caché.

Émile et Eulalie Drouin, « papa Émile » et « maman Lalie », avec leur fille Annick, qui cacheront Estéra pendant la guerre. Chavagnes-en-Paillers, 1944.

Les Âmes vaillantes de Chavagnes-en-Paillers. Annick, la fille des Drouin, et Estéra sont au premier rang (première et septième en partant de la gauche).

Léon Wodowski-Vermont
11 ans en 1940

La famille Wodowski à la Foire du Trône à Paris, en 1939. À l'avant Yenkel, le père, et Cywje, la mère. Trois de leurs enfants, Régine, Félix et Léon sont à l'arrière. Yenkel sera déporté le 22 juin 1942 par le convoi n° 3.

La famille Wodowski en juin 1942, sans Yenkel qui a été déporté. Cywje (premier rang à droite), entourée de ses trois filles, Esther, Marie et Régine, et de ses deux fils, Félix et Léon. Arrêtée en novembre 1943, Cywje sera déportée à Auschwitz avec ses deux plus jeunes enfants, Régine (11 ans), et Félix (6 ans).

Félix, le petit frère. En 1943, son instituteur écrira : « Excellent élève, très éveillé, intelligence vive. A obtenu de très bons résultats. Emmené avec ses parents israélites par les troupes allemandes. »

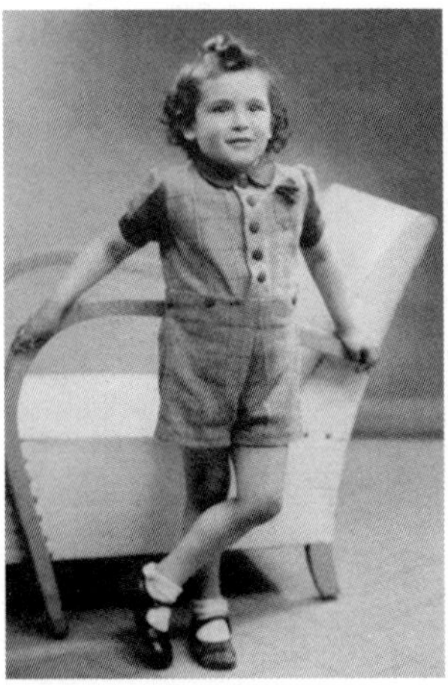

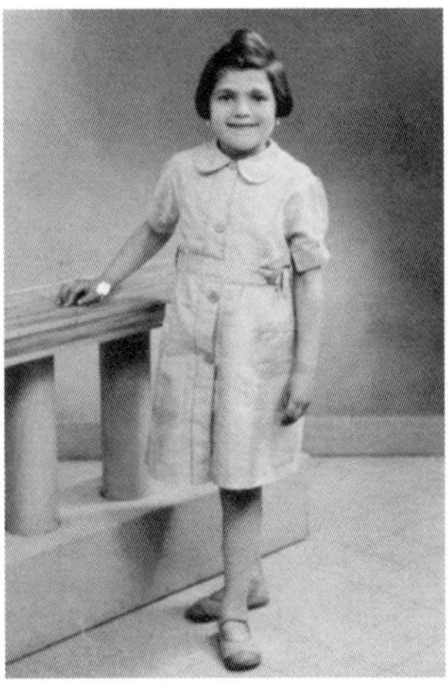

Régine, la petite sœur de Léon, en juin 1942. Elle sera déportée l'année suivante.

Simon Liwerant
12 ans en 1940

Été 1936 aux Buttes-Chaumont à Paris. Simon Liwerant, entouré de son père Aaron, sa mère Sara, et sa sœur Berthe. Partie de Drancy par le convoi n° 26 le 31 août 1942, Sara n'atteindra jamais Auschwitz ; elle mourra dans le train. Aaron sera déporté le 6 mars 1943 par le convoi n° 51 et ne reviendra jamais d'Auschwitz.

Juin 1941. Aaron Liwerant (à gauche) et son cousin Racimov, au camp de Beaune-la-Rolande. Tous les deux mourront en déportation.

Fernand Fikman
5 ans en 1940

1943. Fernand (premier à gauche), avec (de gauche à droite) sa cousine Cécile Lis, sa sœur Isabelle, son autre cousine Isabelle Lis, son frère Maurice, et ses trois autres sœurs, Denise, Monique, qui est sur les genoux de sa mère Perla, et Mireille. Le père de Fernand, sa tante Hélène Lis, et son oncle Nathan Jurkiewicz seront déportés le 16 septembre 1942 par le convoi n° 33, cinq jours après Simon Lis, un autre oncle de Fernand, parti avec le convoi n° 31.

En 1943, Fernand fréquente le patronage installé dans les locaux de l'École de Travail, 4, rue des Rosiers à Paris. Ici, une des monitrices, Frida Wattenberg, emmène un groupe en promenade dans la vallée de Chevreuse. À la fin de l'été, traquée par la Gestapo, elle devra s'enfuir de Paris.

Marcel Apeloig et Ida Rozenberg-Apeloig

6 ans en 1940 — 3 ans en 1940

La famille Rozenberg à Paris, en 1939, peu de temps avant leur départ comme réfugiés à Châteaumeillant, dans le Cher. Ida est sur les genoux de sa mère.

Marcel avec ses parents, Nathan et Hélène Apeloig, probablement en 1937.

1940-1941. Marcel, à l'école primaire de Saint-Mandé, près de Paris, entre deux séjours chez des nourrices.

Jean-Michel Rosenfeld
6 ans en 1940

Été 1939, les dernières vacances de la famille Rosenfeld à Berck-Plage, dans le Pas-de-Calais. Jacqueline, la mère de Jean-Michel.

Jean-Michel et sa grand-mère paternelle. Pour la photo, elle cache son étoile jaune avec son sac à main, et Jean-Michel avec son écharpe.

Jean-Michel, à la Libération de Paris. Il porte un calot de la 2e DB.

pas d'enfant trop tôt. Pourtant, Nelly est née le 17 mars 1936 dans le Xe arrondissement, alors qu'ils étaient jeunes mariés. « D'emblée, ils m'ont placée dans une pouponnière, puis chez une nourrice. » Une vie qui débute sous le double signe de la séparation et de la solitude. Elle est encore très jeune lorsque son père part faire son service militaire qui dure alors deux ans. Mais l'imminence de la guerre compromet sa libération et le maintient sous les drapeaux. Fait prisonnier avec son unité dès les premiers jours du conflit, il restera dans un stalag allemand jusqu'en 1945. À la fin de l'été 1941, Aline est embauchée à l'UGIF. « On lui avait dit qu'un emploi dans cet organisme assurerait à sa famille une certaine sécurité. Les faits allaient démentir cette promesse. »

Nelly aime se rendre chez ses grands-parents maternels, rue de la Roquette dans le XIe arrondissement. Malgré la guerre et l'Occupation, son grand-père Moïse continue à peindre dans l'appartement. Il la dessine, assise sur une chaise, une poupée dans les bras. « Pour m'empêcher de bouger, il me racontait de merveilleuses histoires de fées qu'il inventait. » Grand-mère Rajzla, que tout le monde appelle Rosa, déborde d'énergie. Outre les délicieux gâteaux yiddish qu'elle cuisine, elle vend de la bonneterie sur les marchés de banlieue. « Elle se levait très tôt le matin, chargeait sa marchandise dans une petite carriole et allait prendre le train. » Quand, en avril 1941, le gouvernement de Vichy interdit aux juifs d'exercer une activité économique, elle doit se séparer de son stock.

16 et 17 Juillet 1942 : c'est la sinistre rafle du Vel'd'Hiv'. Des policiers frappent à la porte de Moïse. « Il était en train de peindre le portrait d'un vieux monsieur. Il les a suivis. Sa petite valise était déjà prête. Il n'avait même pas essayé de se cacher. Il était las, désabusé. Il avait cinquante-neuf ans. Dans sa jeunesse, il avait vécu des moments tellement diffi-

ciles. Il avait cru pouvoir mener en France une existence tranquille, et voilà que l'antisémitisme le rattrapait, plus massif et plus meurtrier que jamais. À Drancy, où il a emporté quelques crayons et du papier à dessin, il a réalisé ses deux derniers fusains, des portraits de ma mère et de moi qu'il a enroulés, attachés avec un élastique et jetés dans la rue par une fenêtre après y avoir inscrit notre adresse. Quelqu'un les a ramassés et nous les a apportés. Longtemps, la douleur m'a empêchée de les regarder. Je ne les ai que récemment accrochés dans ma chambre. » Sur l'un des deux, il a inscrit ces mots : « À ma Nelly adorée, Natanson, Drancy, le 27/7/42. » Le 3 septembre 1942, il sera déporté vers Auschwitz dans le convoi n° 12.

Grand-mère Rajzla, qui était absente lors de la descente de police, part habiter chez Nelly et sa mère, au 33, rue Ordener, dans le XVIIIe arrondissement. La directrice d'un dispensaire du quartier, mademoiselle Le Clezio, lui procure un modeste revenu en lui confiant des enfants à garder.

Nelly, à qui personne n'a jamais enseigné ce que signifie être juive, subit sa première humiliation antisémite au cours préparatoire. « J'étais une bonne élève. À la fin de l'année scolaire, lors de la remise des prix, je m'attendais à être appelée sur l'estrade, à être félicitée par l'institutrice et la directrice sous les applaudissements des parents dans la salle. Ma mère était là. Quand vint le tour de ma classe, j'ai entendu des noms, des prix. Prix d'honneur, premier prix, deuxième prix... Mais pas mon nom. Et, curieusement, le prix d'excellence n'a pas été décerné. J'étais mortifiée, blessée. De retour à la maison, ma mère a sorti de son sac un gros livre rouge et or. Je crois qu'il s'agissait des *Fables* de La Fontaine, joliment illustrées. Je n'ai jamais pu les lire. Le prix d'excellence, le plus important ! Je n'ai pas compris. Pourquoi ne me l'avait-on pas remis devant tout le monde ? Pourquoi n'avais-je pas eu droit aux félicitations de l'institutrice et de la directrice ? Pourquoi n'avais-je pas eu droit aux applaudissements ? Ma mère n'a pas su répondre à mes questions. Comment dire à une petite fille qu'elle n'a pas été félicitée parce qu'elle est juive ? Comment lui expliquer qu'un Hitler et un maréchal Pétain en avaient décidé ainsi parce qu'ils persécutaient les juifs ? Élevée dans un milieu très laïc, je ne me voyais vraiment pas différente des autres élèves. »

Le monde des adultes lui est étranger. Elle se sent exclue. Alors elle se tait, s'enferme dans le silence, tandis que l'atmosphère s'alourdit autour d'elle. Un soir de 1943, sa mère ne rentre pas rue Ordener. La Gestapo a fait irruption dans son bureau de l'UGIF et l'a emmenée dans un camp aménagé dans la gare d'Austerlitz, où transitent les objets précieux volés aux juifs. Les visites étant autorisées une fois par semaine, Nelly se souvient qu'un homme l'y a conduite : « Ma mère travaillait parmi d'autres femmes dans une vaste salle, traversée de temps en temps par une sentinelle. Elles portaient toutes une blouse. Sur de grandes tables, elles triaient des vases en cristal, de la vaisselle richement décorée qu'elles manipulaient sans ménagement, brisant, ébréchant, fendant un maximum d'objets. Elles ne voulaient pas que les Allemands profitent de ce butin. À un moment, la sentinelle s'étant absentée, ma mère m'a dit : “Casse tout ce que tu peux ! Vas-y !” Et j'ai cassé, même si, à ce moment-là, j'aurais préféré des paroles plus douces, plus de tendresse. Elle qui avait disparu sans que je puisse lui dire au revoir, voilà qu'elle ne s'occupait pas de moi. Interloquée, je me suis tue. »

Aline Scharapan sera internée à Drancy puis, environ un an après son arrestation, déportée le 24 juillet 1944 au camp de Bergen-Belsen, en Allemagne. À Drancy, alors qu'elle attendait dans une file du bureau d'enregistrement, un gendarme qui montait la garde s'est approché d'elle. Discrètement, il lui a demandé : « As-tu des enfants ? —

Oui, a-t-elle répondu. Une petite fille. — Tu diras que tu n'en as pas », lui a-t-il murmuré avant de s'éloigner. Aline n'a pas compris le sens de ces quelques mots glissés par un inconnu en uniforme. Elle s'est interrogée, a hésité. Elle a pourtant suivi son conseil. Aujourd'hui, Nelly est persuadée que cet homme lui a sauvé la vie. « Les nouveaux arrivants de Drancy ne voyaient aucune raison de cacher qu'ils étaient parents. D'autant qu'ils espéraient que cela pouvait abréger leur séjour. Ils n'imaginaient pas qu'ensuite la police se lançait à la recherche de leurs enfants. »

Nelly reste seule rue Ordener, avec sa grand-mère. La nuit, elles dorment dans une chambre de bonne que leur prête une voisine non juive. « J'ignorais pourquoi, chaque soir, nous devions abandonner l'appartement en rasant les murs. Je me pliais simplement à ce nouvel impératif qui rendait l'atmosphère de plus en plus pesante. Privée de mon grand-père et de mes parents, je n'avais plus que ma grand-mère. Je n'osais pas l'importuner par mes questions. Un matin, la propriétaire de la chambre, une dame blonde très gentille, nous a apporté un croissant. Il avait un goût extraordinaire. Je croyais n'intéresser personne. Or une inconnue venait de me donner un gâteau ! »

Des policiers ne tardent pas à se présenter chez la concierge. Ils lui demandent si des juifs habitent l'immeuble. « Nous étions la seule famille juive. Elle le savait. Pourtant, elle a répondu par la négative. Elle aussi nous a sauvé la vie. Une brave personne, cette madame Pretet. À l'âge de la retraite, j'ai tenté de la retrouver pour la remercier. En vain. C'était trop tard. Avant, je ne n'aurais pas eu la force d'entreprendre une pareille démarche. J'avais prioritairement eu à affronter les difficultés de la vie. Et je voulais oublier la guerre, le passé où j'avais tant souffert. Il m'a fallu de longues années pour commencer à dominer mes blessures. » Ainsi, Nelly n'est-elle retournée que cinquante-sept ans plus tard dans la Sarthe où un certain Auguste Landeau l'avait conduite à la fin de 1942. Elle avait dû le suivre, apeurée mais silencieuse. « La séparation d'avec ma grand-mère fut une terrible déchirure. Désormais, sans elle, j'étais perdue. De plus, moi qui n'avais jamais vécu hors de Paris, la campagne m'effrayait. »

Agriculteur à Laigné-en-Belin, Auguste Landeau cache déjà une dizaine de juifs, des adultes et des enfants, dans sa grande ferme de La Fredonnière. Le 27 juin 2001, le mémorial Yad Vashem lui décernera, ainsi qu'à sa femme Marie, le titre de Juste des nations (dossier 9 349). Il confie Nelly à sa sœur, madame Pousse, dont le mari est prisonnier. « Elle ne m'a pas frappée, non, elle m'a ignorée, ne s'adressant à moi que pour me demander d'effectuer des tâches diverses. Je n'allais pas à l'école, je ne lisais pas, je n'avais pas de camarades, je n'avais plus de nouvelles des miens, personne ne me rendait visite. J'étais perdue. Récemment, j'ai appris que j'avais été évacuée de Paris par un réseau lié aux religieux des Pères de Sion, rue Notre-Dame-des-Champs dans le VIe arrondissement. Surtout, j'ai découvert qu'on m'avait donné une fausse identité, « Gillier ». Comment aurais-je su ce nom d'emprunt ? Personne ne me parlait. De temps en temps, le fils Pousse venait m'embêter. C'est tout. Je n'ai qu'un souvenir agréable, le petit gâteau que la fille de l'employée de ferme, une pauvre femme, m'a tendu en murmurant : "Tu es bien malheureuse, tiens !" »

Un matin, à son réveil, Nelly s'aperçoit que la maison est déserte. Madame Pousse a fait sa valise pour rejoindre un soldat allemand dont l'unité stationne à proximité. Une grand-mère prend en charge le fils. Mais personne ne se préoccupe de Nelly, abandonnée dans la ferme. « Je ne sais pas comment je me suis débrouillée pour me nourrir, ni combien de temps cette situation a duré avant qu'on ne me place dans une autre ferme, sans eau ni WC, où ce fut encore pire. » Des paysans, de vrais rustres, l'ont recueillie dans l'unique but de l'utiliser. Elle doit les servir à table avec interdiction de manger avec eux, se contenter des restes, balayer, garder les vaches... Elle trime du matin au soir et, la nuit, dort dans la grange, sur un tas de foin. L'homme, alcoolique et violent, bat avec un long fouet ses deux belles-filles issues d'un premier mariage. Nelly n'est pas épargnée. S'étant blessée accidentellement à l'épaule, elle n'ose pas se plaindre. Pendant plusieurs mois, elle supporte la douleur en silence. Comme elle ne se lave jamais, son corps se couvre de crasse, de gale et de poux. « Le vide au fond de moi se creusait chaque jour davantage. Je ne ressentais plus rien, j'étais incapable de réfléchir, de prononcer le moindre mot. Seule exception : quand j'ai confié à une des deux filles, qui était un peu plus âgée que moi, que j'aimerais bien aller à l'école. Celle-ci m'a rétorqué, méprisante : "Toi à l'école ? Mais ça ne va pas !" À ses yeux, je n'étais rien. »

La Libération va sortir Nelly de sa déchéance. Auguste Landeau a prévenu de sa présence dans cette ferme l'OSE qui a entrepris de récupérer les enfants cachés. Lorsque les soldats américains la hissent, parmi d'autres gosses sagement assis, à l'arrière d'un camion garé devant la ferme, elle se recroqueville, n'a pas confiance. Elle confond leur uniforme avec celui des Allemands. Elle redoute une aggravation de son sort. Le sourire d'un militaire qui lui tend un morceau de chocolat la surprend. Elle hésite à le prendre. Il insiste. Elle finit par accepter. « Ma première douceur depuis longtemps. » Le camion la dépose dans la cour d'un hôpital où elle va séjourner plus d'une semaine. Les infirmières, des religieuses au tempérament rugueux, la soignent, la lavent et rétablissent son équilibre alimentaire. « Je dormais enfin dans des draps blancs propres. » Puis, elle est dirigée vers le château de Méhoncourt, au Mans, que l'OSE a transformé en orphelinat. Peu à peu, elle revient à une vie presque normale, ponctuée de vrais repas, de vrais lits et, enfin, elle va à l'école. La nuit, cependant, elle entend des pleurs dans l'obscurité du dortoir des petits. La cruelle absence de leurs parents ne cesse de les torturer. Traumatisés par les privations, certains continuent à cacher de la nourriture sous leur oreiller.

Au bout de plusieurs mois, un brouhaha attire son attention. Des gamins s'exclament : « Une grand-mère vient chercher sa petite-fille ! » C'est la grand-mère de Nelly. Après bien des difficultés, la vieille dame toute menue l'a retrouvée. « J'étais la première du château à revoir un membre de sa famille. Ce qui a redonné espoir à tous les autres. Mais je n'ai pas explosé de joie. J'avais trop souffert. J'ai eu seulement le réflexe de dissimuler sous ma main l'épingle à nourrice fermant le bout de toile qui me servait de jupe. » Avant de rentrer à Paris, grand-mère Rajzla et Nelly doivent attendre plusieurs jours, sur un trottoir du Mans, une place dans un camion militaire qui assure la liaison avec la capitale. Car les trains ne roulent plus.

Rue Ordener, Nelly intègre la deuxième année de l'école primaire. Son exil dans la Sarthe avait interrompu sa scolarité après le cours préparatoire. La maîtresse l'aide à combler ses lacunes. Mais les longs mois passés comme un animal traqué l'ont marquée. « Bien que bonne élève, je me dévalorisais en permanence. Terriblement complexée, je n'osais pas lever le doigt pour répondre aux questions. Dans mon esprit, je demeurais la petite souillonne à qui personne ne prêtait attention. Puis, mademoiselle Le Clezio, la directrice du dispensaire qui avait protégé ma grand-mère lors de rafles, est venue nous annoncer l'incroyable. Elle avait reçu un télégramme de ma mère qui lui demandait si elle avait de nos nouvelles. Elle s'était évadée d'un camp de concentration. »

Un matin de mai 1945, quelqu'un frappe à la porte. C'est Aline Scharapan. Nelly se rappelle avoir sauté de son lit en criant : « J'ai une maman maintenant ! » Elle se rappelle aussi les premiers mots de sa mère : « Que tu as grandi ! » Quelques jours plus tard, les Parisiens fêtent la capitulation de l'Allemagne. Nelly, sa mère et une de ses tantes se promènent au milieu de la foule sur le boulevard Barbès. Des bus rapatriant d'Allemagne les derniers prisonniers roulent au pas. « Soudain, dans l'un des véhicules, ma tante a aperçu mon père. On a fait stopper le bus. Mon père en est descendu. Il s'est précipité vers ma mère et ma tante, ne m'accordant qu'un regard bref et indifférent. Je lui ai dit : "Bonjour monsieur !" Je ne le connaissais pratiquement pas. Des retrouvailles heureuses pour mes parents, mais ils me tenaient à l'écart de leur joie. Quand j'ai tenté de leur raconter le calvaire que j'avais vécu dans la Sarthe, mon père m'a rabrouée : "De quoi tu te plains, tu étais à la campagne." Une réflexion qui m'a rejetée dans mon silence. »

Malgré les années, malgré sa passion pour les études, Nelly ne pourra soigner ses blessures. La vie reprendra autour d'elle, mais la laissera de côté. Sa souffrance continuera à la ronger, l'enfermant davantage dans sa solitude. « Je me sentais laide, inintéressante, toujours coupable de tout et de n'importe quoi. Je croyais que personne ne pouvait m'aimer. Certains enseignants m'aidaient. D'autres faisaient de moi leur tête de Turc. Ainsi ce professeur d'histoire-géographie qui m'a mis un zéro pointé dans mon dossier pour le bac. Heureusement, lors de l'examen, j'ai obtenu une bonne note à l'écrit. En revanche, à l'oral, je n'ai pu sortir un mot. J'étais pétrifiée. Et j'ai raté mon bac. Un échec qui m'a découragée. Mon père, pour qui je n'étais qu'une imbécile, m'a interdit de redoubler. Alors j'ai pris une autre voie, me suis inscrite à l'ORT [1], un organisme de formation juif où j'ai obtenu un diplôme de secrétaire de direction. Mon rêve d'enseigner s'écrasait. »

Nelly se réfugiera dans la lecture, adhérera aux Jeunesses communistes, luttant du mieux qu'elle peut contre son mal-être. Embauchée à l'Inserm [2] après avoir occupé plusieurs emplois, elle y restera jusqu'à l'âge de sa retraite de cadre administratif. Elle se mariera, aura deux enfants et divorcera. Son fils, enseignant, qui a maintenant quarante-deux ans et cinq enfants, vit en Israël. Artiste comme son arrière-grand-père Moïse, sa fille, excessivement sensible et psychiquement malade, s'est suicidée en 1997. Elle avait trente-quatre ans.

Bien qu'elle se soit promis de ne jamais retourner dans la Sarthe, Nelly a puisé, en avril 2001, la force de remettre ses pas dans les traces de son enfance broyée. Nouvelle déception : le long article qu'a consacré *Le Maine libre*, un journal local, à ce pèlerinage dans un passé douloureux. « Le journaliste que j'avais rencontré a transformé mes propos. L'épouvantable séjour de la petite juive apeurée, isolée, ignorée, était devenu une agréable promenade au milieu des champs, parmi des gens charmants et accueillants qui m'avaient aidée, entourée, aimée. J'étais écœurée. Je n'ai même pas osé protester. »

En 2003, elle a écrit pour l'Amicale des anciens déportés de Bergen-Belsen un texte en hommage à sa mère intitulé « Une impensable évasion », dont voici un extrait :

« À son retour, j'ai entendu ma mère parler de son terrible vécu : à Drancy elle a fait la connaissance de Raymonde et Jeannette, elles aussi jeunes mariées au moment de leur

1. Organisation de reconstruction par le travail.
2. Institut national de la santé et de la recherche médicale.

arrestation. Toutes les trois ne se sont pas quittées durant tout le temps de leur internement à Bergen-Belsen, s'entraidant, se soutenant l'une l'autre, ce qui leur a permis de rester en vie.

« Jeannette a retrouvé son mari à Paris, et Raymonde est partie en Bretagne rejoindre sa sœur.

« J'ai écouté ma mère parler de l'épouvantable vie dans ce camp, des appels interminables dans le froid glacial, de la faim obsessionnelle, la dysenterie, le typhus. J'ai entendu par sa voix les hurlements des kapos, les plaintes, les gémissements. Le trio d'amies se tenait soudé. Ma mère a failli mourir de dysenterie, Jeannette l'a sauvée en lui donnant du sucre qu'elle avait réussi à se procurer. Raymonde restait persuadée que ce calvaire prendrait fin ; elle remontait le moral de ses deux amies quand celles-ci n'en pouvaient plus. Dans un froid glacial, elles s'obligeaient chaque jour à se frictionner le corps avec de la neige pour éviter le typhus. Quand l'une flanchait, les deux autres l'obligeaient à le faire.

« Vint la période où les nazis commencèrent à donner des signes d'inquiétude : la Libération arrivait.

« Le 9 avril 1945, les déportés encore vivants à Bergen-Belsen furent entassés dans un train, dit "le train fantôme", en partance pour la Tchécoslovaquie. Ils étaient persuadés qu'ils seraient exterminés.

« Ce train roulait lentement, s'arrêtait souvent. La vigilance des SS baissait car ils paniquaient. À un arrêt, les trois amies descendirent du train et virent, tout près, un bois. Jeannette suggéra de s'y engager et de s'enfuir. Deux autres déportées se joignirent à elles. Raymonde prit peur et refusa de les suivre. "Si tu ne viens pas avec nous, nous remontons dans le train, nous restons ensemble", lui dirent Jeannette et ma mère. Raymonde les suivit. Elles coururent – autant que le permirent leurs faibles forces – vers le bois. Elles retinrent leur souffle... Le bruit de la locomotive se fit entendre, le train se mit en marche, sans elles.

« Le soir tombait. Elles se retrouvaient toutes les cinq à l'air libre, mais qu'allait-il advenir d'elles ? Où se diriger ? Elles étaient en Allemagne, sans eau ni nourriture.

« Soudain, des bruits de pas se rapprochèrent... Un jeune Allemand se planta devant elles. Un instant, elles pensèrent que leur vie allait s'arrêter là. Il leur dit en allemand – Jeannette, d'origine alsacienne, le comprenait parfaitement : “Vous êtes des déportées évadées, n'est-ce pas ?” Comment nier ce qui était plus qu'évident ! L'Allemand montra l'alliance en or que Jeannette avait au doigt. Jeannette comprit et la lui donna. Même chose pour une petite montre que portait l'une d'elles au poignet. Si la situation n'avait pas été effroyablement tragique, on aurait pu trouver d'un comique dérisoire à voir ces femmes dans un dénuement total, qui avaient subi tant de privations, se faire dévaliser dans un bois du seul et infime bien qu'elles avaient.

« L'Allemand dit, après avoir pris le butin : “Restez là. Je reviens dans un moment.” Puis il tourna les talons et s'éloigna.

« Que pouvaient-elles faire ? Où pouvaient-elles aller ? Si cet Allemand avait voulu les tuer, il l'aurait fait de suite.

« Environ vingt minutes plus tard – la nuit était tombée –, les mêmes bruits de botte se firent entendre. Et le jeune Allemand fut à nouveau devant elles avec, cette fois, des victuailles, un peu de jambon, du pain, de l'eau. Il leur expliqua comment elles devaient procéder : “Le jour, vous restez cachées, allongées par terre, vous dormez, et la nuit vous marchez dans cette direction” – il pointa du doigt une constellation précise. Et il s'en alla.

« Ainsi firent-elles, se cachant le jour, marchant la nuit, en suivant inlassablement l'étoile indiquée.

« Les vivres furent vite épuisées, de même que l'eau. Elles

s'alimentèrent d'herbes, de racines. Épuisées, elles marchèrent, s'épaulant l'une l'autre, pendant des nuits et des nuits, sans pouvoir mesurer le temps.

« Jusqu'au jour où, venant de très loin, elles entendirent des bruits de voix. Elles se hâtèrent dans cette direction, un fol espoir décuplant leurs faibles forces. Elles avançaient, les voix devenaient plus nettes, se rapprochaient ; des Russes, leur sembla-t-il. Soudain, surgit devant elles un groupe d'hommes, éberlués de voir ces cinq femmes dans un tel état. Ma mère tomba, évanouie...

« Elles se retrouvèrent dans un hôpital de fortune géré par les Russes. Elles reçurent les premiers soins, réapprirent progressivement à s'alimenter... »

Fernand Fikman
5 ans en 1940

Le premier souvenir d'enfance de Fernand Fikman date de septembre 1939 : « Nous sommes dans une gare, sous des couvertures. Ma mère est à côté de moi. Y a-t-il quelqu'un d'autre ? Je n'en suis pas sûr. Puis nous sommes assis dans un train. Il s'immobilise en rase campagne. Ma mère va demander ce qui se passe. Quelqu'un lui répond : "C'est la guerre ! C'est la guerre !" » Et cette angoisse, quelques mois plus tard, qui revient régulièrement dans son sommeil : « Le soir, après m'être endormi, c'était comme une boule qui me tombait dessus. Je me réveillais en criant : "Les Allemands ! Les Allemands !" »

Troisième d'une famille de six enfants, Fernand est né le 11 septembre 1935, trois ans après sa sœur aînée Isabelle et un an après son frère Maurice. Ses trois autres sœurs, Denise, Mireille et Monique sont nées en 1938, 1940 et 1941. Venu de Grojec, en Pologne, au début des années 1920, leur père Michel, ou Marcel, « les deux traductions de Marrou, son prénom yiddish », est casquettier. Un homme « chaleureux, serviable et débrouillard » qui, en 1931, a épousé Perla Jurkiewicz, une brune aux yeux noirs, « énergique et enjouée », qui avait quitté Varsovie en 1929. Leurs voisins du IVe arrondissement la surnomment « madame Marcel », ou « petite brune ». Le soir, dans un coin de leur modeste trois pièces du 14 de la rue Sainte-

Croix-de-la-Bretonnerie, elle coud, jusque tard dans la nuit, les visières des casquettes que fabrique son mari dans la journée. « Parfois, mon père nous autorisait, Maurice et moi, à monter dans la caisse avant du triporteur qu'il utilisait pour ses livraisons. Nous mettions des visières de toutes les couleurs. Les passants nous regardaient, intrigués. Nous, on s'amusait. Mon père aimait jouer avec nous. Comme faire le tour de l'appartement en nous portant tous les six sur son dos, ou bien nous chanter avec ma mère des chansons yiddish en frappant dans les mains. L'une d'elles disait à peu près ceci :

Tape tape dans tes mains
Le mamé elle achète des chaussures
Le papé il achète des chaussettes
Et tu auras tes joues rouges.

« Nous étions une famille joyeuse. »

En mai 1941, la police convoque par un « billet vert » Michel Fikman au commissariat et l'interne à Pithiviers. En novembre, il obtient une permission de sortie pour la naissance de sa petite dernière, Monique. « À l'époque, une telle faveur était encore possible, comme a été possible sa prolongation. » Toutefois, devant l'injustice de son internement, Michel Fikman ne se représente pas au camp. Pendant des mois, il va se cacher. D'abord dans le IIe arrondissement, chez Hélène, la sœur de Perla, et son mari, Simon Lis. Ce dernier, qui est tailleur, se croit protégé par le certificat d'inaptitude aux travaux pénibles qui lui a valu, en octobre 1941, une libération du camp de Beaune-la-Rolande où l'avait également conduit un « billet vert ». Michel passe ses journées dans leur appartement, 13, rue Greneta, et, la nuit, monte dormir dans la chambre de bonne dont ils disposent au sixième étage. Chaque jour, Perla lui apporte un filet de provisions. Au bout de cinq mois, il retourne chez lui, rue Sainte-Croix-de-la-Bretonnerie. « Ma mère avait emménagé une cache au grenier. On y accédait par une trappe qui s'ouvrait dans le plafond d'un petit placard appelé le "chti bout", où elle rangeait le charbon. Quand nous rentrions à la maison, nous devions sonner trois fois. Sinon, il filait au grenier. »

À cette époque, Fernand voit ce qu'il appelle son « premier sang ». Il marchait, rue Vieille-du-Temple. En longeant Le Fer à cheval, un café que ses clients, surtout des juifs, ont rebaptisé Chez Henri, du prénom du patron, il aperçoit sur le trottoir d'en face des miliciens qui traînent un homme par les cheveux en le tabassant. « Il avait le visage ensanglanté. Aussitôt, j'ai couru vers la maison. En chemin, j'ai rencontré mon père qui prenait l'air. Je lui ai crié : "Ne va pas plus loin ! Ne va pas plus loin !" Il a fait demi-tour. Un détail m'a choqué : la bouchère de l'angle de la rue Sainte-Croix-de-la-Bretonnerie a jeté un seau d'eau sur le trottoir pour enlever le sang. »

16 juillet 1942 : la police quadrille le quartier. Elle entasse dans des autobus tous ceux qui figurent sur les listes établies par la préfecture. En début d'après-midi, Perla croise son voisin Urka Brenner et lui conseille de lui confier ses trois enfants. Mère de deux bambins trop jeunes pour figurer sur les listes, Perla estime ne pas être menacée. Urka lui répond : « Vous êtes gentille, mais je les garde avec moi. » Une heure plus tard, des gardiens de la paix poussaient dans un autobus les deux parents Brenner ainsi qu'Icek, treize ans, Raymonde, onze ans, et Paul, cinq ans. Seul Urka reviendra en 1945. « Nous, nous ne lâchions plus ma mère d'une semelle. Nous la suivions partout, nous nous accrochions en grappe à ses vêtements et à ses bras. »

Le 13 septembre, les policiers font irruption dans l'appartement des Fikman qu'un voisin a dénoncés : « Ils cachent des individus recherchés. » Personne n'a le temps de s'éclipser par la trappe. Les policiers embarquent Michel et sa belle-sœur Hélène qui, depuis la rafle du Vel'd'Hiv', s'est réfugiée chez les Fikman avec leurs deux filles, Isabelle, dix ans, et Cécile, douze ans. Le certificat d'inaptitude au travail de Simon, déporté le 11 septembre par le convoi n° 31, ne les protège plus. « C'était Roch Hachana. Mon frère et moi étions à la synagogue. La nouvelle année juive débutait vraiment mal pour nous. Mes sœurs et mes deux cousines, dont ma mère allait s'occuper comme ses enfants, étaient allées acheter des tomates rue Saint-Antoine. En rentrant, nous avons aperçu une voiture de police garée devant l'immeuble. Ma mère était en pleurs. Surmontant sa douleur, elle nous a envoyés chercher des pains à la boulangerie, munis de tous les tickets de rationnement dont elle disposait. Nous les avons apportés au commissariat de la place Baudoyer. Je me souviens que je riais. Je ne sais pas pourquoi. Je riais. Peut-être par crânerie. Peut-être par réaction nerveuse C'est là, dans une grande salle, que j'ai vu mon père pour la dernière fois. »

Conduits à Drancy, Michel Fikman, la sœur de Perla, Hélène Lis, ainsi que son frère, Nathan Jurkiewicz, seront déportés ensemble le 16 septembre avec mille autres juifs, dans le convoi n° 33.

Au début 1943, Fernand fréquente le patronage du 4 bis, rue des Rosiers, dans les locaux de l'École de travail. Les moniteurs, parmi lesquels « une certaine Frida » dont il a retenu le prénom, proposent aux enfants toutes sortes d'activités : tissage en papier, modelage, dessin, danse, chants, saynètes de théâtre... Afin de compenser les carences alimentaires, ils leur distribuent des biscuits vitaminés. Un médecin du dispensaire de la rue des Francs-Bourgeois tenu par l'OSE suit leur état de santé et, pour les plus affaiblis, prospecte des placements à la campagne. Le port de l'étoile jaune interdit aux enfants de jouer dans les squares et les jardins publics. « Le dimanche, raconte Frida Wattenberg, grâce à un laissez-passer délivré par l'UGIF, nous les emmenions dans la vallée de Chevreuse, aux environs de Paris, où ils pouvaient courir dans les bois et les sablières et se baigner dans l'Yvette. Les seuls à ne pas porter l'étoile jaune étaient les Grecs, qui habitaient surtout rue de la Roquette, rue Sedaine et rue du Commandant-Lamy, et les Turcs, rue Lafayette. » Au sein de l'UGIF, créée en novembre 1941 par le commissaire aux questions juives Xavier Vallat dans le but d'absorber et de contrôler l'ensemble des œuvres juives, l'OSE développe des filières clandestines de sauvetage des enfants. Élève du lycée Victor-Hugo, où elle distribue des tracts gaullistes, Frida Wattenberg a dix-neuf ans. Militante de l'OSE, elle devra, traquée par la Gestapo, passer dans la clandestinité à la fin du mois d'août. Elle rejoindra les rangs du Mouvement de la jeunesse sioniste (MJS) à Grenoble, où elle intégrera un réseau d'évacuation d'enfants vers la Suisse, puis ceux de l'Armée juive (AJ) à Toulouse. En mai 2000, elle reconnaîtra Fernand lors de l'inauguration d'une plaque apposée en la mémoire des cent douze écoliers déportés du groupe scolaire de la rue Ramponneau-Tourtille, dans le XXe arrondissement. « C'est son sourire qui a attiré mon attention. Il n'avait pas changé. »

Pour Fernand vient le temps des « nourrices ». Notamment de l'une d'elles, en Normandie, du côté d'Évreux : « Elle était odieuse. Je venais d'arriver avec mon frère, qui était assez turbulent. Son premier geste consista à lui ficher une grande baffe dans la figure tout en le traitant de sale juif. Ensuite, mes sœurs et mes cousines nous ont rejoints. Elle nous a infligé plusieurs mois épouvantables. Elle nous laissait crever de faim, alors que l'OSE lui donnait de l'argent pour nous nourrir. Nous mangions des glands que nous ramassions dans la forêt. Chaque semaine, nous avions droit à un bout de pain que nous mettions de côté, mais les rats les bouffaient. Elle refusait de nous envoyer à l'école, nous obligeant à garder ses vaches, à préparer des fagots de petit bois, à trimer en permanence. Pour la punir d'une broutille, elle a coupé les beaux cheveux blonds de ma petite sœur Monique qui avait trois ans. Le matin, elle forçait Mireille, qui avait quatre ans, à s'habiller dehors pour que nous ne puissions pas l'aider. Comme je faisais pipi au lit, j'avais droit régulièrement à des coups de trique. Dans mon sommeil, je rêvais que j'allais au pot et me réveillais mouillé. En pleine nuit, elle m'envoyait aussi courir autour de la ferme en criant : "Au renard ! Au renard !" J'avais très peur. Si le vent emportait ma voix et qu'elle ne m'entendait pas, elle me battait à mon retour. Elle nous prenait pour ses esclaves. Nous devions lui gratter le dos et aider son mari à retirer ses sabots qu'il bourrait de papier. Il puait des pieds. »

Heureusement, à la fin de 1943, le patron du bistrot de la rue Vieille-du-Temple, monsieur Henri, envoyé par Perla, vient récupérer les enfants. La mégère qui, avec leur départ, allait perdre le montant de leur pension, ne veut pas les lui rendre, lui offrant des poulets pour s'attirer sa complicité. Il doit insister. Elle finit par céder.

Après une étape de quelques semaines à Paris, les plus jeunes des huit gosses sont conduits dans le Maine-et-Loire, les plus âgés dans le Loir-et-Cher. « Une dame très gentille a hébergé les deux Isabelle, ma sœur et ma cousine, dans une ferme à Troo, près de Vendôme. Mais, au bout de quatre mois, elle est morte d'une crise d'asthme. Elles n'ont pas eu de chance. Maurice et moi avons été confiés à une veuve qui vivait aux Hayes avec son fils d'environ vingt ans. J'ai encore dans la bouche le goût de la soupe au lait qu'elle nous avait préparée le premier jour. Un vrai régal. Ce fut moins agréable de garder ses vaches et ses chèvres. Quand les unes allaient brouter les choux, les autres galopaient dans les vignes, ou le contraire. Et moi je cavalais derrière pour les empêcher de commettre trop de dégâts. Elles m'épuisaient. D'autant que le terrain était en pente. Un jour, alors qu'elles se tenaient tranquilles, je jouais à lancer mon bâton. Il est tombé près d'un nid de guêpes. Elles se sont jetées sur moi et m'ont piqué partout ! Autre moment désagréable : le fils, qui venait d'égorger un chevreau, m'a pris par les pieds et a plongé ma tête dans un seau de sang. Une brute, ce type. Une fois, il m'a badigeonné la figure avec de la graisse de moteur. Ça me brûlait. Ces gens n'étaient pas méchants. Ils étaient plutôt rustres, et ma mère me manquait tellement. »

Une des nourrices du Loir-et-Cher écrit à Perla pour lui demander si elle accepte que ses enfants soient baptisés. Elle répond : « Faites comme vous voulez. L'essentiel est qu'ils soient sauvés. » « Le curé nous a baptisés comme tous les enfants du monde. Un gueuleton a suivi la cérémonie religieuse. J'ai surtout mangé des dragées. »

En février 1944, Perla échappe à une rafle dans son quartier grâce à un gardien de la paix qui, la croisant chez Henri, lui a glissé : « Toi, la petite brune, fais attention, ne reste pas chez toi ce soir. » Emmenant les deux Isabelle, à l'époque en attente d'un nouveau placement, elle se précipite chez son amie madame Lonka, rue Vieille-du-Temple. Effectivement, le soir même, la police débarque et, l'appartement étant vide, pose les scellés sur la porte. Ce qui, le lendemain, n'empêche pas Perla de retourner chez elle avec un balluchon. Elle brise les scellés et récupère quelques affaires. Jusqu'à la fin de la guerre, elle habitera chez les uns ou chez les autres...

Les enfants changent à nouveau de famille d'accueil pour finalement être pris dans des pensionnats catholiques : les filles à Saint-Omer, dans le Pas-de-Calais, les garçons à Tournan-en-Brie, en Seine-et-Marne. « Ma mère connaissait le père Théomir Devaux[1], supérieur des pères de Notre-Dame-de-Sion à Paris qui avaient notamment un patronage dans notre rue. C'est lui qui nous a dirigés vers ces deux établissements. Je suis resté jusqu'en 1947 à Tournan où j'ai fait ma communion privée et ma communion solennelle. J'étais enfant de chœur, tandis que mon frère était sacristain. Toutefois, j'ai passé mon certificat d'études à l'école de la rue de Moussy, dans le IVe. En effet, lorsque monsieur Brenner est rentré de déportation, sans sa femme et sans ses enfants, mais avec le numéro 57 113 tatoué sur l'avant-bras gauche, il s'est mis en ménage avec ma mère et nous a tous fait revenir à Paris. C'était vraiment un brave homme. »

Fernand va interrompre ses études au « certif ». Il sera garçon de course, manutentionnaire, petit presseur, c'est-à-dire repasseur, magasinier... Et, pendant vingt-cinq ans, jusqu'à sa retraite, il prendra les commandes par téléphone chez un grossiste en confection de la rue Dupetit-Thouars, dans le IIIe. En 1960, il épousera Raymonde Koutchouk, dont la mère était turque et le père d'origine russe. Ils auront un fils et quatre petites-filles. Il attendra son père pendant des années. « Au début, j'ai pensé qu'il tardait à revenir parce que, pendant la guerre, je n'avais pas été sage avec ma mère et mes nourrices. Puis j'ai imaginé qu'il était allé vivre en Russie. Je le connaissais. Il était débrouillard, capable de se tirer de n'importe quelle situation difficile. Monsieur Brenner était bien rentré. Pourquoi pas lui ? Dans la rue, à chaque fois qu'un homme me regardait, je croyais le reconnaître. En fait, je n'ai vraiment réalisé sa mort qu'en 1992, lors d'un pèlerinage à Auschwitz-

1. Le 6 août 1996, le mémorial Yad Vashem décernera le titre de Juste des nations au père Devaux (dossier 7 245).

Birkenau. Là, j'ai compris que les nazis ne lui avaient laissé aucune chance. »

Entre 1993 et 1997, le beau-frère de Fernand, Luc Claudel, le mari d'Isabelle, « un catholique vosgien », a recueilli sur un magnétophone les témoignages des huit « enfants de Perla ». Il les a retranscrits dans un « livre familial » photocopié à l'intention des neuf petits-enfants et des dix-neuf arrière-petits-enfants de la « petite brune ». En conclusion, il écrit :

« ... Elle était là. Se battant sur tous les terrains. Contre le chagrin, le découragement. Contre la faim. Contre le froid. Contre la fatigue.

« Il fallait du pain, il fallait des sous, il fallait manger et se protéger. Il fallait protéger ses enfants. Et ses nièces. Il fallait négocier un camembert sans ticket. Il fallait courir tous les dangers. Il fallait dire à sa fille : “Va, tu ne risques rien. Va ma fille. Demande un peu plus de pain, un peu plus de viande. Débrouille-toi.” Il fallait faire confiance à une fille de dix ans et à des garçons de sept et huit ans. Il fallait ne pas dépenser tous ses tickets. Cacher son étoile. Aller le soir sans étoile. Il fallait s'occuper des gamines et du bébé. Et des nièces sans parents. Il fallait donner les tickets du vin à certains voisins pour qu'ils veuillent bien se taire. Il fallait regarder la rue. Il fallait prendre le train. Il fallait prendre le bon train. Il fallait ne pas faire pleurer la petite. Il fallait demander le bon renseignement. Regarder dans les yeux le bon flic, le bon quidam. Il fallait envisager le repli. Il fallait envisager la famille qui aiderait. Il fallait monter les escaliers. Déchirer les scellés. Prendre du tissu. Descendre l'escalier sans se faire remarquer. Ne pas se faire remarquer. Aller au dispensaire. Chercher un passeur. Prendre des nouvelles. Dire il faut qu'on parte. Dire non, il faut rester, le danger est trop grand. Dire oui très vite. Il fallait s'appuyer sur plus faible que soi. Sur éventuellement plus fort. Sur le goy. Il fallait savoir le prix à payer. À ne pas payer. Il fallait penser au pire. À la mort. À la vie aussi. Surtout, il fallait survivre. Il fallait oublier le moins de choses possibles. Il fallait être en éveil toujours. Il fallait le soir aller aux nouvelles. Il fallait donner des tickets de rationnement pour un silence ou pour une cigarette. Il fallait demander et savoir insister. Il fallait décider. Il fallait coûte que coûte protéger ses huit gosses. Il fallait les faire aller à l'école. Il fallait respecter le vœu des parents déportés pour que les nièces aillent dans l'école choisie par eux. Il fallait faire sauter les scellés et les verrous. Il fallait coudre des culottes et des pantalons. Et des rubans pour faire des flots dans les cheveux des filles. Il fallait se mettre en danger tout en se protégeant. Il fallait prendre des risques insensés. Tout ça, et pas simplement tout ça, elle l'a fait. Cette femme au doux nom de Perla, votre arrière-grand-mère. »

Le 16 septembre 2002, à Drancy, lors de la cérémonie de commémoration du soixantième anniversaire du départ du convoi n° 33 qui a emporté vers Auschwitz son père, son oncle Nathan et sa tante Hélène, Fernand a tenu à rendre hommage à Perla en quelques mots : « Il y a soixante ans, la police française est venue arrêter mon père, mon oncle et ma tante. Ce jour-là, ma mère s'est retrouvée sans frère, sans sœur, sans mari. Mais avec huit enfants sur les bras. Merci, maman. Grâce à toi, nous pouvons perpétuer la mémoire de la Shoah. »

Léon Wodowski-Vermont
11 ans en 1940

Aujourd'hui, quand il regarde ses trois petits-enfants, Léon Wodowski-Vermont ne peut s'empêcher de penser au gamin traqué qu'il était à leur âge. « Ils n'ont peur de rien et vivent joyeux et insouciants dans un environnement protégé. Moi, je ne jouais pas. Si je riais, au fond de moi, je demeurais grave. En permanence sur le qui-vive, je me méfiais de tout, je faisais attention à tout, je guettais la présence de gendarmes ou de policiers. Conscient de ce qui se passait autour de moi, les arrestations et les rafles, privé de mes parents, je savais que le danger pouvait surgir à chaque instant. »

Léon Wodowski est né polonais le 1er avril 1929 à Piotrhov, une petite ville au sud de Lodz où son père, Yenkel Wodowski, était ébéniste. Sa mère, Cywje, se consacrait à ses enfants : Léon, mais aussi Esther, née en 1924, et Marie, en 1927. En 1930, la famille émigre à Paris et s'agrandit avec la naissance, en 1932, d'une troisième fille, Régine, et, en 1937, d'un second fils, Félix. D'abord ouvrier, Yenkel, qui a francisé son prénom yiddish en Jacques tandis que Cywje est devenue Sylvia, s'installe à son compte au 5 bis, rue du Dahomey, dans le XIe arrondissement. « C'était notre taudis merveilleux. Un immeuble délabré et misérable où s'entassaient des familles d'ouvriers et d'artisans trop heureux d'avoir un toit sur leur tête. À l'entrée, un panneau indiquait "Gaz à tous les étages". L'atelier de mon père se trouvait au rez-de-chaussée et donnait sur la cour. Notre logement était au troisième. Nous partagions, avec les familles des trois autres appartements de notre palier, un robinet d'eau et un WC à la turque répugnant. Une minuscule cuisine servait à la fois de salle à manger, de salle de devoirs quand nous rentrions de l'école, et de salle de bains. Laïcs, mes parents ne pratiquaient pas la religion. Pourtant, nous mangions kasher, dans la tradition des juifs polonais. Ma mère, accaparée par les tâches ménagères, ne se délassait qu'en faisant ses courses. Elle papotait alors en yiddish avec les mamans juives du quartier. Chaque dimanche, nous allions ensemble aux bains publics. Notre rue était pauvre mais rayonnait de joie, de tendresse et de bonheur. Nous, les gosses, jouions toujours dehors en bande, avec une préférence pour le foot. Une petite balle blanche nous servait de ballon. Nous nous étions cotisés chacun de quelques sous, et nous l'avions achetée au Prisunic de la place Voltaire. Le seul personnage antipathique de la rue, le concierge du 3, un sale type que nous surnommions "bout de merde", nous menaçait régulièrement de la cisailler. Ce qu'il fit d'ailleurs. Mon meilleur copain était Moïshe Lustyk, un vrai titi parisien. Il habitait au 215, rue du Faubourg-Saint-Antoine, un immeuble semblable au nôtre. Il avait une extraordinaire collection d'illustrés que je dévorais. »

À la déclaration de guerre, Yenkel se porte volontaire pour combattre l'Allemagne hitlérienne dans les rangs de l'armée française. Son engagement est refusé : il a plus de quarante ans et cinq enfants. Parallèlement, les commandes d'ébénisterie se raréfient. La récession et les incertitudes de l'avenir freinent les amateurs de beaux meubles. Un de ses amis, mécanicien, l'informe que Caudron-Renault recrute des tourneurs pour ses usines d'armement. Après avoir suivi une brève formation chez un artisan du quartier, il se présente et est embauché.

Paris semble loin du front, et les Parisiens, tellement assurés de la toute-puissance de leur armée, ne soupçonnent pas que la « drôle de guerre » va se transformer en hécatombe. Léon est évacué dans le centre de la France avec les élèves de son école. Un éloignement qui ne dure que quelques semaines. La ville est calme. À la mi-mai cependant, les mauvaises nouvelles pulvérisent les communiqués triomphants des mois précédents, jetant des foules de civils sur les routes de l'exode. « Je ne sais pas pourquoi nous sommes restés. Ma mère, pourtant, redoutait l'entrée dans Paris des Allemands qui, affirmait-elle, se livreraient à des massacres. Cette frayeur n'était pas liée à l'antisémitisme nazi. Elle était partagée par l'ensemble de la population qui, viscéralement, redoutait le Boche, un ennemi cruel et méchant, capable des pires exactions sur les civils. »

Bien que sa mère lui ait interdit de sortir, Léon court voir ses premiers soldats allemands sur le boulevard Diderot : « Ils défilaient impeccablement alignés. Le bruit de leurs bottes sur le sol m'enivrait. Grands, forts et puissants, précédés d'une fanfare jouant des airs martiaux, ils me paraissaient invincibles. Ils m'impressionnaient. Je me surprenais presque à les admirer. D'abord inquiets, les gens du quartier se sont laissé convaincre que les Schleus n'étaient pas aussi barbares qu'on le craignait, qu'ils pouvaient même se montrer sympathiques, humains et chaleureux. Ils donnaient des concerts dans les squares, souvent suivis de distributions de bonbons et de tablettes de chocolat. »

Mai 1941. Yenkel est convoqué au commissariat de police de la rue Saint-Bernard. « Je l'ai accompagné. Je pleurais. Il me consolait, me disait de ne pas avoir de peine, qu'il n'allait pas tarder à revenir. Je ne l'ai plus jamais revu. Une rangée de bus était garée le long de la rue Faidherbe. Il est monté dans l'un d'eux. Il sera déporté à Auschwitz le 22 juin 1942 par le convoi n° 3. » Seule avec ses cinq enfants, Cywje fait face aux difficultés. Disposant de petites économies, elle doit limiter la moindre dépense au strict minimum car elle n'a aucun salaire. Elle ne va au marché que lorsque les commerçants remballent leur marchandise. À bas prix, ils lui cèdent des légumes et des fruits abîmés dont elle découpe méticuleusement les parties les plus touchées une fois rentrée à la maison.

Le 16 juillet 1942, les policiers investissent le 5, rue du Dahomey. Comprenant qu'il s'agit d'une rafle, la concierge se précipite dans la cour et appelle son chien. En fait, elle n'a pas d'animal mais utilise cette ruse afin de prévenir du danger les locataires de l'immeuble. « Dès qu'on a entendu du bruit dans l'escalier, ma mère, dans un réflexe naïf, nous a commandé de nous coucher sous les lits et de ne surtout pas faire de bruit. Des policiers ont frappé à la porte, ordonnant : "Ouvrez, police !" Personne n'a bronché. Pétrifiés, nous avons entendu l'un d'eux demander : "Est-ce que j'ouvre ?" Ce qui signifiait : "Faut-il que j'enfonce la porte ?" Et, miracle !, il a obtenu cette réponse : "Laisse tomber ! Tu vois bien qu'il n'y a personne !" Autrement dit un flic inconnu, certainement horrifié par sa mission, nous a sauvé la vie. »

La quasi-totalité des locataires est dirigée vers le Vel'd'Hiv'. Parmi eux, un copain de Léon, Julien Pollack, qui habite au deuxième. « Au foot, c'était le meilleur d'entre nous. » Un autre de ses copains, Bernard Handkan, du quatrième, a plus de chance. Il avait quitté Paris avec sa famille quelques jours auparavant. « Depuis l'arrestation de mon père, en mai 1941, jusqu'à cette journée terrible, j'ai mûri très vite. Les semaines qui suivirent furent épouvantables. Nous nous sentions pris dans un filet qui se resserrait chaque jour davantage. Nous vivions dans la crainte permanente d'être arrêtés. Ma mère nous conseilla de ne plus sortir avec l'étoile jaune. Il n'y avait aucune raison d'aider les flics à nous repérer. »

Vraisemblablement sur les indications d'amis juifs, Cywje contacte fin août un passeur qui, contre une certaine somme d'argent, doit l'aider à gagner la zone libre. Elle décide de partir avec ses trois aînés et de laisser provisoirement Régine et Félix chez la concierge. Le passage de la ligne de démarcation doit avoir lieu près d'Angoulême. Encore faut-il atteindre la Charente. Il est interdit aux juifs de sortir de Paris. « Le deuxième miracle s'est produit pendant le voyage. Nous étions convenus que ma mère, dont l'accent yiddish se repérait à deux kilomètres à la ronde, ne dirait pas un mot. Gare d'Austerlitz, où la police contrôlait les identités, personne n'a vérifié nos papiers. Pourtant, nous ne devions pas passer inaperçus. Selon moi, des policiers ont tourné la tête en nous voyant. Dans le train, le contrôleur qui, lui aussi, a dû se douter de quelque chose, ne nous demanda rien d'autre que nos tickets. À Angoulême, nous sommes sortis de la gare sans problème. Mais dès que nous avons franchi la ligne de démarcation, des gendarmes nous ont cueillis et nous ont escortés jusqu'au camp de Douadic, dans l'Indre. Des cabanes plantées au beau milieu de la campagne sur une sorte de terrain vague. »

Rapidement, l'OSE retire Léon de ce lieu perdu. Une femme le conduit dans la Creuse. « Où était ma vie d'avant, mes jeux insouciants avec les copains de la rue du Dahomey ? Tout cela paraissait tellement loin. Je quittais ma mère et mes deux sœurs. Ma mère me laissait avec cette dame que nous ne connaissions pas. Il lui fallait de bonnes raisons pour accepter une telle séparation. »

Au château de Chabannes, une maison d'enfants de l'OSE située à Saint-Pierre-de-Fursac, à une dizaine de kilomètres de La Souterraine, Léon doit s'adapter à la vie en communauté : des règles, des corvées, des activités imposées. « J'ai eu quelques difficultés à m'intégrer. » Néanmoins, l'ambiance chaleureuse que parvient à créer le directeur, Félix Chevrier, l'aide à surmonter ses réticences. Journaliste et compositeur, ce militant socialiste franc-maçon n'est pas juif. Mais, profondément humaniste, il tient à préserver l'identité religieuse de ses jeunes pensionnaires, veillant notamment aux célébrations du shabbat et des fêtes. Le 3 mai 1999, le mémorial Yad Vashem lui décernera le titre de Juste des nations (dossier 8 482). Bon nombre d'enfants qu'il héberge sont allemands ou autrichiens. Leurs parents les ont envoyés en France en 1939 pour échapper aux persécutions nazies. Le yiddish, qui a imprégné Léon depuis son plus jeune âge, lui permet de se mêler à leurs conversations. Plusieurs moniteurs, musiciens, donnent des petits concerts improvisés. Chopin, Mozart, Beethoven. Léon découvre la musique classique. Il est également fasciné par les conférences et les longues discussions qui, sans remplacer la scolarité normale assurée dans l'établissement, enrichissent sa culture générale. « Nous avons infiniment plus appris à Chabannes que nous ne l'aurions fait dans un lycée du coin. »

En octobre 1942, sa mère lui écrit de remonter à Paris afin de récupérer sa sœur et son frère que garde, dans sa loge minuscule, la concierge du 5, rue du Dahomey. « Elle voulait les reprendre avec elle. À Douadic, elle se sentait en sécurité. Car même si le camp n'avait rien d'une station de villégiature, les gendarmes ne se montraient pas brutaux, on y mangeait correctement. Et comme elle n'avait plus d'argent... »

Léon a alors treize ans. En accord avec Félix Chevrier, il part seul en zone occupée. Se souvenant du chemin emprunté à travers la campagne quelques semaines auparavant lorsqu'il a franchi la ligne de démarcation, il le reprend dans la nuit en sens inverse. « En gare d'Angoulême, j'ai sauté dans un train au dernier moment, comme on me l'avait conseillé à Chabannes. On m'avait aussi donné un faux nom et aidé à inventer une histoire vraisemblable destinée aux policiers qui pourraient me contrôler et m'interroger sur l'objet de mon déplacement : j'allais voir ma tante à Paris. En fait, ils eurent la gentillesse de ne pas essayer de me coincer avec leurs questions. »

À Paris, il ne reconnaît pas la rue du Dahomey. « Ce n'était plus la même. Elle était morte et sans âme. » Conscient du danger malgré son jeune âge, il observe les recommandations des moniteurs : ne pas perdre de temps et se montrer le moins possible. « Malgré mon envie de revoir mon copain Moïshe, je ne me suis même pas approché de chez lui. » Au retour, il doit à nouveau esquiver les contrôles de police à la gare d'Austerlitz. Flanqué de sa sœur Régine, dix ans, et de son frère Félix, cinq ans, il se faufile jusque dans le train. « Nous avons eu de la chance. Mais outre cette chance pure et simple, je suis persuadé que des policiers, là encore, ont préféré fermer les yeux plutôt que d'avoir à appréhender des gamins. Durant le voyage, nous n'avons pas non plus été inquiétés. Il a duré une journée. Heureusement, la concierge nous avait préparé des casse-croûte. En gare d'Angoulême, un policier, qui avait également compris qui nous étions, nous a simplement lancé : "Allez les gosses, ne traînez pas !" Tard dans la soirée, nous avons traversé la ligne de démarcation. J'étais devenu un vrai passeur professionnel. Enfin, évitant les gendarmes de la zone non occupée, nous sommes arrivés à Douadic en autocar, après plusieurs changements. »

Léon se repose deux jours au camp et repart à Chabannes où il reprend sa vie parmi les autres enfants. Il participe notamment à une initiation au travail du cuir que dispense un moniteur maroquinier. Les repas, composés du minimum, manquent d'attrait et de variété. « Ce n'était pas la faim qui nous tenaillait, mais le désir de nous goinfrer de viande, de poulets, de gâteaux, de pains croustillants, de tartines beurrées, de tout ce qui aurait pu nous donner le plaisir de manger... Le soir, nous nous glissions dans les champs qui entouraient le château et chapardions des pommes de terre qu'ensuite nous grillions sur le poêle de notre dortoir. Nous en profitions pour cueillir quelques pommes en guise de dessert. Toutefois, ce que nous appréciions le plus étaient les grands pains frais que le brave boulanger du village consentait, lors de ses livraisons au château, à nous vendre au prix normal, sans ticket de rationnement. Nous les découpions aussitôt en tranches égales que nous nous partagions. La belle vie ! »

Un jour, un de ses copains, Bernard, reçoit la visite de sa mère qui, devant lui, le prévient en yiddish : « Fais attention ! Ils brûlent les juifs ! » Et d'insister : « Ils brûlent les juifs ! » Après la guerre, ces mots lui sont revenus. « Comment le savait-elle ? Sur le moment, j'ai haussé les épaules : "Elle est complètement dingue !" Vous vous rendez compte ? Nous ne nous doutions de rien ! Malgré notre peur des Allemands et de la police française, nous étions tellement loin de pouvoir imaginer la réalité, l'immensité du crime ! »

Automne 1942. Léon apprend qu'il va être évacué vers les États-Unis. L'OSE, en liaison avec des organisations juives américaines, a inscrit plusieurs pensionnaires de Chabannes sur une liste d'enfants juifs étrangers de moins de quinze ans dont le gouvernement de Vichy consent à « se débarrasser ». Le départ est fixé pour le 8 novembre. Il est prévu de diriger les jeunes émigrants sur Marseille, où ils doivent prendre un bateau pour New York. La veille, les moniteurs organisent une soirée d'adieu. « Je me suis couché un peu triste, mais heureux. »

À son réveil, tandis qu'il boucle sa valise, tout est stoppé.

Le débarquement allié en Afrique du Nord provoque l'annulation du voyage. La Méditerranée est rendue impraticable. « En riposte, les Allemands ont envahi la zone non occupée. À Chabannes, l'atmosphère s'est crispée. Nous savions que la chasse aux juifs allait s'intensifier. Comme la bâtisse dominait la campagne environnante, nous avons instauré des tours de garde destinés à repérer la moindre approche dangereuse. Bien nous en a pris car, un soir, nous avons aperçu un groupe de gendarmes qui se dirigeait vers nous, certainement pour interpeller quelques étrangers. Alerte générale. Coups de sifflet dans les dortoirs : nous avons sauté par les fenêtres et couru vers les bois. Les semaines suivantes, les pandores sont revenus à deux ou trois reprises, dont une fois en force durant la nuit. Même scénario : les individus recherchés, prévenus par les guetteurs, s'étaient évaporés. »

L'échec de la tentative d'interpellation d'un des moniteurs, Ernst Jablonski, un Allemand qui, avant-guerre, avait été professeur de philosophie, relève d'un film comique. Deux gendarmes chargés de la mission se présentent en pleine journée au château. Inquiets, les enfants se précipitent pour voir ce qui se passe. N'opposant aucune résistance, Ernst Jablonski suit les képis. « Tout en avançant vers le portail, encadré par les deux représentants de la force publique, il s'est adressé à nous en allemand, langue que les autres ne comprenaient pas. Sa voix était très calme, comme s'il nous disait simplement au revoir. En fait, il nous expliquait comment l'aider à s'enfuir. Les gendarmes ne se doutaient de rien. À son signal, appliquant ses instructions, nous les avons encerclés et immobilisés. Et lui a pu s'éclipser. Fous de rage, les gendarmes nous ont menacés des foudres de l'enfer. Malgré leur colère, ils n'ont pas dégainé leurs revolvers. »

Bientôt, Chabannes qui, désormais, peut à chaque instant se transformer en piège, se vide de ses pensionnaires.

Tous ne pouvant bénéficier d'un accompagnateur, le directeur et les moniteurs les préparent sommairement à se débrouiller seuls dans un environnement hostile, à se déplacer, se loger, se nourrir sans se faire remarquer. Léon doit se rendre à Grenoble. Un voyage en train interminable qui, ponctué de plusieurs changements, dure trois jours. Le contournement du Massif central par Montpellier et Nîmes allonge considérablement la distance. D'autre part, la priorité des convois militaires allemands entame la ponctualité des trains de civils, les immobilisant le long d'un quai ou en pleine campagne. « Je sursautais à la moindre silhouette, au moindre bruit suspect, je dormais un minimum et me nourrissais de quignons de pain que me vendaient en douce des boulangères compatissantes à l'extérieur des gares, pendant les attentes de correspondances ou lors d'arrêts suffisamment longs. Je n'ai jamais essuyé de refus. Quelle aurait été leur attitude si elles avaient su que j'étais juif ? Je l'ignore. »

À Grenoble, Léon dispose de l'adresse d'un couvent de dominicains, à quelques kilomètres de la ville. Il y reste deux semaines, prenant ses repas avec les religieux, assistant parfois aux offices, dévorant les livres que lui prête l'un d'eux et avec qui il aime discuter. En mai 1943, quelqu'un de l'OSE l'emmène chez des paysans à La Compôte, un village de Savoie non loin de Chambéry. « Je ne posais pas de question, obligé de faire confiance à des inconnus. Il fallait éviter de se montrer trop curieux. On n'interrogeait pas les personnes censées vous secourir. »

La ferme est pauvre : quelques vaches, quelques cochons, quelques lopins de terre, une maison sans confort et des journées harassantes pour le jeune citadin contraint de se plier au quotidien d'un couple sans enfants qui travaille en permanence. Léon garde les vaches, nettoie l'étable et la porcherie, arrache les mauvaises herbes du potager, participe à la fenaison, ramasse les pommes de terre, rince les seaux de lait avant la traite, coupe le petit bois pour la cheminée... Levé à cinq heures du matin, il a à peine la force de lire le soir dans la cuisine. La nourriture est à la hauteur des efforts fournis. Une grande assiette de soupe épaisse et de grosses tranches de pain de campagne constituent, par exemple, le petit déjeuner. Pendant les repas, copieux, Léon a droit à un verre de vin qu'il coupe avec de l'eau. Le dimanche matin, vêtu d'un pantalon et d'une chemise propres, il accompagne le couple à la messe. Mais l'après-midi, après un déjeuner encore plus plantureux qu'en semaine, il doit se remettre au travail. « Les vaches et les cochons ne respectent pas les jours fériés. Il leur faut des soins constants. Trimant sans relâche, ces paysans n'ont jamais fait preuve d'affection ou de tendresse à mon égard. Ils n'avaient pas le temps. Ils ne m'ont pas pour autant maltraité. Ils se comportaient avec moi comme ils l'auraient fait avec un fils. Rudement. » Seul rayon de soleil : les deux jolies jeunes filles dont il a fait la connaissance au village, un dimanche matin avant la messe. Elles ne se dirigeaient pas vers l'église. Il en a conclu qu'elles étaient juives et se cachaient comme lui. « J'avais vu juste. Dès qu'on a commencé à parler, j'ai su qu'elles étaient parisiennes. Je leur ai confié que j'étais juif. Elles m'ont répondu qu'elles aussi et qu'elles venaient d'arriver avec leurs parents. »

Durant son séjour à La Compôte, Léon reçoit, en septembre 1943, la visite d'une dame qui lui apprend que sa mère, sa sœur aînée Esther, son petit frère Félix, et sa petite sœur Régine ont été transférés de Douadic à Annecy dans un autre camp, Les Marquisats, et que sa troisième sœur, Marie, est « quelque part dans le sud de la France ». Elle lui annonce également qu'il va les rejoindre. « Pourquoi, alors que je ne risquais rien chez mes paysans savoyards, m'envoyer dans un camp ? Tout simplement parce que Annecy se trouvait dans la zone occupée par les Italiens et que ceux-ci, hostiles aux persécutions des juifs menées par les Allemands, n'appliquaient pas leurs lois raciales ni celles de Vichy. Quant au camp, il s'agissait d'un vieil hôtel, près du lac, à l'extérieur de la ville, transformé en lieu de résidence surveillée d'où nous pouvions sortir. Nous n'avions plus qu'à attendre, autour de ma mère, la fin de la guerre. »

Admis en classe de troisième au lycée d'Annecy, Léon, qui n'était pas scolarisé à La Compôte, parvient à rattraper son retard. Félix et Régine fréquentent l'école primaire du quai Jules-Philippe. « Nous avons vécu peinards jusqu'au retrait des Italiens. Toutefois, quand les Allemands ont débarqué, notre tranquillité a volé en éclats. »

20 novembre 1943. Une journée ensoleillée. Esther s'est rendue en centre-ville. Léon flâne dans la rue à une cinquantaine de mètres du vieil hôtel. Soudain, un camion plein de soldats armés de fusils-mitrailleurs, suivi d'un véhicule vide, se gare devant Les Marquisats. Les militaires encerclent le bâtiment. « Ne pouvant prévenir personne, j'ai couru me planquer derrière une palissade. Et j'ai assisté à une scène que je n'oublierai jamais. Une horreur. Il n'y a pas de mot pour la qualifier. Les soldats ont fait monter sans ménagement une vingtaine de femmes et d'enfants dans le camion vide. Parmi eux, j'ai aperçu Régine et Félix, puis, derrière, ma douce mère. Je n'ai même pas pu leur faire un signe. L'enfer. Plus tard, j'ai appris qu'ils avaient été immédiatement déportés à Auschwitz. Ce ne sont pas des SS qui les ont embarqués, ni la Gestapo, mais des soi-disant braves gars de la Wehrmacht, qu'on dépeint parfois moins sauvages que les autres. Maintenant, qu'on ne me parle pas du peuple allemand qui ne savait pas. Si, effectivement, la majorité des Allemands n'a pas participé directement à l'Holocauste, les assassins furent nombreux, auxquels s'ajoutent ceux qui les aidèrent de près ou de loin, ceux qui

obéirent consciencieusement à leurs ordres et ceux qui fermèrent les yeux. Comment croire la version selon laquelle les pauvres Allemands ignoraient la destruction des juifs à échelle industrielle ? La moitié d'une nation s'étant engagée dans cette entreprise monstrueuse, l'autre moitié n'aurait rien remarqué ? »

Léon ne peut récupérer ses affaires aux Marquisats. Il possède une adresse à Chambéry. La dame qui l'avait accompagné de La Compôte à Annecy la lui avait donnée dès le départ des Italiens. « En cas de problème », avait-elle précisé. Une cinquantaine de kilomètres séparent Annecy de Chambéry. Désemparé, Léon marche pendant trois jours, empruntant de discrets chemins en évitant les routes, surtout dans la journée. « Je dormais dans les granges où je dénichais toujours des légumes ou des fruits pour me nourrir. » À l'adresse indiquée, on lui présente une jeune femme. « Elle s'appelait Luciole. Très gentille, elle m'a réconforté. J'en avais besoin car j'étais bouleversé. Intelligente, sensible, attentive, elle m'a longuement parlé, m'a conseillé sur ce que je devais faire ou éviter, m'a donné un nouveau nom, bien catholique, et, ensemble, nous avons pris un autocar pour Pont-de-Beauvoisin où elle m'a placé dans un collège. » Éclaireuse israélite de France, Luciole, totem de Liliane Lieber, a dix-neuf ans. Originaire de Strasbourg, elle est assistante sociale au sein de la Sixième et couvre les départements de l'Isère, de la Savoie, de la Haute-Savoie, ainsi que le nord de la Drôme qu'elle parcourt à bicyclette ou en train. Sa mission : prospecter des caches sûres pour les enfants que son réseau tente d'arracher aux trains de la mort, leur procurer de fausses identités et leur rendre visite une fois par mois, leur apportant vêtements, chaussures, savon et affection.

Au collège, seul le directeur connaît la situation de Léon. Lui ne connaît que la solitude qu'il combat en se plongeant dans les études et en lisant. Les élèves évitent cet étranger à l'accent parisien qui, sur la défensive, n'essaie pas de se lier. « Je ne sortais jamais de cette pension austère. Quand les autres internes revenaient des week-ends qu'ils avaient passés dans leurs familles, ils ne me permettaient que très rarement de goûter un bout de jambon, de saucisson ou autres victuailles qu'ils ramenaient. Cela me rendait encore plus triste. Heureusement, Luciole venait me remonter le moral. Un peu de lumière dans la grisaille de ma vie. Une fois, elle m'a même offert un repas dans un petit bistrot. »

Le sachant déprimé par les interminables week-ends de solitude, elle l'intègre dans une troupe des Scouts de France, mouvement catholique où il peut être en sécurité. Presque chaque semaine, il part en patrouille dans les bois ou à la montagne. Parfois, il participe à des camps. Mais l'approche des vacances de Noël est une épreuve pour le pauvre Léon qui redoute la perspective d'errer pendant deux semaines dans un pensionnat déserté par les élèves. « Luciole m'a réservé une immense surprise. Elle m'a emmené aux sports d'hiver au Sapey, un village en Chartreuse au-dessus de Grenoble, où la Sixième avait organisé un séjour pour des enfants juifs placés chez des particuliers ou dans des institutions. On logeait dans un chalet. C'était merveilleux, et tellement invraisemblable. En plein hiver 1943-1944, dans une zone infestée d'Allemands traquant notre race qu'ils avaient décrétée inférieure, une douzaine de jeunes juifs, encadrés par Luciole, Théo Klein et Moussia Rubel-Weissmann, ont pu faire du ski, de la luge, et se lancer des boules de neige. Quasiment sous le nez des nazis. Nous avons même eu droit à des prières et des chants juifs. Inoubliable ! »

Puis il y a ce jour d'avril 1944. Débarquant comme d'habitude à l'improviste à Pont-de-Beauvoisin, Luciole demande à Léon de préparer son balluchon. Il doit quitter immédiatement le collège. Dans un des autocars qu'ils prennent pour Annemasse, via Chambéry et Annecy, elle lui apprend qu'il va passer en Suisse. À ce moment-là, tout s'accélère. À Annemasse, il rejoint une dizaine d'autres garçons et filles, chacun accompagné d'un adulte qui ne tarde pas à disparaître. Luciole dit au revoir à Léon et s'efface dans la nuit. « Au pas, en chantant comme des scouts ou des enfants de colonies de vacances, nous nous sommes éloignés de la ville, guidés d'abord par une femme, puis par un homme. C'était notre passeur. Il nous recommanda le silence absolu. Ne pas parler, ne pas se moucher, ne pas éternuer, ne pas tousser. Nous nous sommes mis en route vers minuit. Nous avancions en tremblant, de peur d'être surpris par une des patrouilles qui grouillaient dans les parages. Régulièrement, le passeur nous faisait signe de ne plus bouger. Et tendait l'oreille. Pas de bruit suspect. On continuait. Aux environs d'une heure trente, nous avons débouché dans une clairière. Le passeur nous a dit de poursuivre sans lui et nous a indiqué la direction à prendre, en précisant que nous aurions à traverser un ruisseau. C'était une rivière. La plupart d'entre nous ne savaient pas nager. Le plus grand s'engagea mais dut revenir sur la berge au bout d'un mètre car il avait de l'eau jusqu'au cou. Après deux ou trois tentatives infructueuses, il repéra un gué et nous l'avons tous suivi. Nous étions tellement tendus qu'un des garçons éclata de rire. Il en pleurait, ce qui déclencha un fou rire général impossible à maîtriser malgré le raffut. Finalement, nous nous sommes calmés. »

Les enfants reprennent leur marche. Subitement, une lumière les éblouit. Une voix crie : *« Halt ! »* « Des soldats allemands ! Catastrophe ! Nous étions fichus ! En fait, il s'agissait de Suisses dont l'uniforme vert-de-gris et le casque ressemblaient à ceux de la Wehrmacht. Ils nous ont montré un passage, dans un coin de la barrière de barbelés qui fermait la frontière. Nous étions sauvés ! »

En 1957, Léon Wodowski épousera une juive hongroise, Clara, vivant aux États-Unis où il s'installera l'année suivante. « Je voulais tourner la page. Je ne me voyais pas un avenir en France. » Grâce à des cours du soir, il décrochera un diplôme d'ingénieur électronicien. Jusqu'à sa retraite, il travaillera à la Silicon Valley, près de San Francisco. En 1963, il prendra la nationalité américaine et changera dans la foulée son patronyme pour devenir Léon Vermont. « J'en avais assez d'entendre mes copains américains s'étonner que je parle anglais avec un accent français, alors que je porte un nom polonais. » Pourquoi Vermont ? « C'est un État américain à consonance française. Maintenant, je me sens à la fois français et américain. D'ailleurs, pour mes amis parisiens, je suis toujours Léon Vodo. »

« Je l'appelais "Petit Léon" », se souvient Liliane-Klein-Lieber, alias Luciole. Ils se sont retrouvés après la guerre et, depuis, n'ont jamais perdu le contact. « Son mariage religieux, ajoute-t-elle, a eu lieu dans mon appartement. C'est un ancien résistant du MJS et de l'AJ, le rabbin Paul Roitman, qui l'a béni. »

En 1975, Léon est retourné à La Compôte avec ses deux fils, Phillip et Patrick. « Là, j'ai compris que les paysans qui m'avaient recueilli étaient vraiment des gens bien. Pauvres, bossant comme des esclaves sur leur bout de terre aride, ils ont néanmoins accepté de m'héberger. » Longtemps, il a gardé le silence sur son passé de gosse traqué. « D'abord, il a fallu que je recommence une vie, ce qui a mobilisé une grande partie de mon énergie. Ensuite, moi qui avais survécu à l'Holocauste alors que tant d'autres avaient péri, je me suis senti obligé de me taire, par pudeur. Le cauchemar qui avait brisé mon enfance et me torturait jour et nuit n'intéressait personne. C'était une affaire privée. Puis, mes enfants ont commencé à me poser des questions. Et je leur ai raconté ces années douloureuses dont les séquelles ne guériront jamais. »

Wolf-Sam Jakubowitz-Jacquet
12 ans en 1940

Dans le salon de son appartement où il a accroché son étoile jaune, Wolf-Sam Jakubowitz-Jacquet montre une photo de Primo Levi et, juste au-dessous, une citation de l'auteur de *Si c'est un homme :* « Auschwitz existe. Dieu ne peut donc pas exister. » « Voilà résumées les raisons de mon athéisme, explique-t-il. Où était Dieu quand on avait tant besoin de lui ? En vacances ? Il tournait le dos ? Il n'entendait pas ? Il ne voyait pas ? Effectivement, les croyants rétorquent qu'il laisse les hommes libres de choisir entre le bien et le mal, qu'il ne veut pas les guider. Et Loth, il ne l'a pas guidé hors de Sodome qu'il allait détruire ? Pourquoi n'est-il pas intervenu pour empêcher la Shoah ? »

Wolf Jakubowitz est né le 18 janvier 1928 à Metz. Son père, Jankiel, qui était tailleur, et sa mère, Chana Prynz, avaient émigré de Pologne en 1923. Dès leur arrivée en France, ils avaient francisé leurs prénoms en Jacques et Anne. Le couple a eu deux autres enfants, Hélène, en mars 1925, et Daniel, en novembre 1930. « Ma mère était religieuse. Mon père suivait sa femme. Résultat : on mangeait kasher à la maison. »

Au début de 1939, les discours d'Hitler qu'il entend à la radio effraient Wolf. « Il avait une voix de fou qui me pétrifiait. Pire : il fascinait les Allemands, nos voisins. Bien que gosse, je pressentais un danger. » À la mi-juillet, Chana emmène ses enfants en vacances à Dabo, près de Sarrebourg. En août, retour précipité à Metz. En effet, inquiet de la tension qui règne à la frontière si proche, Jankiel a demandé à son associé, monsieur Chmir, qui possède une voiture, de rapatrier sa famille. L'Allemagne ayant envahi la Pologne, le conflit devient inévitable. Les Jakubowitz se replient dans les Vosges, à Contrexéville, où ils apprennent que l'Angleterre et la France ont déclaré la guerre à l'Allemagne. Quinze jours plus tard, suivant les conseils de la préfecture de Moselle qui exhorte les civils à évacuer cette traditionnelle zone de combats, ils prennent un train pour Angoulême. En gare de Saint-Dizier, ils assistent au bombardement de la ville. Lors d'une étape à Limoges, ils sont hébergés dans un théâtre, place de la République, transformé en centre d'accueil pour les réfugiés qui affluent. « À l'heure du dîner, on nous a apporté du bouillon de légumes dans lequel nous devions tremper des tranches de pain de campagne. Je n'en avais jamais mangé. Ça m'a plu. Ensuite on a dormi par terre, sur de la paille. »

Des quinze premiers jours à Angoulême, Wolf se souvient des toilettes de leur chambre d'hôtel, près de la gare, où il s'enfermait pendant des heures. « Je grimpais sur la cuvette des WC et, par une lucarne donnant sur les voies de chemin de fer, je regardais les trains. Le spectacle m'émerveillait. » Les Jakubowitz louent une maisonnette boulevard Thiers, puis un appartement rue Froide. Yankiel et son associé, également réfugié à Angoulême, se partagent le stock de costumes et de tissus qu'ils ont ramené de Metz et se séparent. Yankiel travaille à domicile. Wolf va au lycée. Un semblant de vie reprend, bien que les Allemands occupent la ville. En 1941, les Jakubowitz achètent même une maison, rue Saint-Ausone, en contrebas des remparts. De l'autre côté de la rue se trouve un bistrot fréquenté par les soldats allemands. Un oncle de Wolf, Moïshe Prynz, sa femme Rivka et leurs trois filles, Jeannette, huit ans, Hélène, neuf ans, et Sarah, douze ans, logent à l'étage de l'établissement. Ils seront déportés en novembre 1942.

En juin 1942, Wolf sort pour la première fois avec son étoile jaune. « C'était un dimanche matin. Il fallait aller chercher le lait à la crémerie du quartier. Ni mes parents, ni mon frère, ni ma sœur n'osaient, ainsi marqués, affronter le regard des passants. Je me suis dévoué. Il y avait une file d'attente devant la boutique. En me voyant avec mon étoile et mon air honteux, les clients se sont écartés et m'ont fait passer devant. Cette attention m'a touché. Le lendemain matin, sur le chemin du lycée, j'ai craint des réactions agressives ou insultantes d'élèves et d'enseignants. La journée débutait par un cours de latin. Le professeur, monsieur Visenblin, un homme sévère mais juste, m'a appelé. Je me suis levé, redoutant une remontrance. Il m'a simplement dit : “Ce n'est pas parce que vous portez cet ignoble chiffon que vous êtes moins considéré.” J'ai pleuré. »

La rafle du Vel'd'Hiv' à Paris incite les Jakubowitz à quitter Angoulême pour la zone non occupée. Afin de diminuer les risques, ils se séparent. Jankiel franchit la ligne de démarcation dans le réservoir à eau d'une locomotive. Membre d'un mouvement de résistance, le chef de gare de Ruelle-sur-Touvre ne remplit jamais les cuves à ras bord et prend cinq clandestins à chaque voyage. Quand les Allemands découvriront la manœuvre, ils noieront les fugitifs et fusilleront le cheminot. Une assistante sociale, disposant d'un laissez-passer permanent pour couvrir son secteur qui s'étend sur les deux zones, emmène Daniel, le frère de Wolf, à Limoges. Au poste de contrôle, elle le présente comme son neveu. Limoges est aussi la destination de la sœur de Wolf, Hélène, qui y parvient dans un wagon de marchandises, dissimulée avec d'autres juifs derrière un chargement de cartons.

Le 31 juillet 1942, Wolf, quatorze ans, et sa mère prennent l'autocar à gazogène pour La Rochefoucauld où on leur a donné rendez-vous dans la salle des fêtes. Trente-cinq hommes, femmes et enfants y sont regroupés par une filière de passeurs qui développent une activité fort lucrative dans le secours aux juifs. Vers vingt et une heures trente, tous grimpent à bord d'une camionnette à ridelle. Elle n'est pas bâchée. Wolf est assis à l'arrière, à gauche, sa mère est à sa droite. Ils roulent depuis déjà un moment dans la nuit tombante lorsqu'ils entendent une moto se rapprocher à vive allure. Le temps que Wolf, intrigué, se retourne, un side-car allemand rattrape la camionnette. Sa mère saute sur la chaussée. « Tout s'est déroulé très vite. Que devais-je faire ? Sauter et la protéger ou tenter de sauver ma peau ? J'ai choisi la deuxième solution. Un quart de seconde, c'est peu pour décider. Tandis que la camionnette a continué sa route, le side-car a pilé net. Au loin, j'ai vu les deux Allemands s'emparer de ma mère qui essayait de s'enfuir. Et si son seul but avait été de les retarder ? » Internée à Poitiers, elle sera déportée de Drancy le 19 août par le convoi n° 21. « Je n'accepte toujours pas sa mort. Elle n'a pas eu le temps de m'aimer, je n'ai pas eu le temps de l'aimer. En une nuit, j'ai basculé de l'enfance à l'âge adulte. Les Allemands m'ont volé mon enfance, mon adolescence et ma mère. Ça me révolte. »

La camionnette tourne dans un village et s'arrête tous feux éteints à l'entrée d'une ferme. Personne ne parle. Dans l'obscurité, des traînées de lumière balaient la route : les Allemands recherchent les fugitifs. Au bout d'une demi-heure, ils abandonnent. La camionnette peut repartir. Elle roule sur plusieurs kilomètres et se gare le long d'un parapet de chemin de fer. De l'autre côté de la voie s'étale un grand pré. Impossible de le contourner. « Deux par deux, nous avons couru à découvert jusqu'à un sentier en pente qui s'enfonçait dans un bois. Mon cœur battait. Nous nous sommes engagés dans le chemin. Mon cœur a failli exploser quand les passeurs nous ont fait signe de nous baisser. En contrebas, dans le pré que nous venions de traverser, nous distinguions les voix de deux Allemands. Puis nous n'avons plus rien entendu. Alors nous avons encore marché près de deux cents mètres. Débouchant sur une clairière, les passeurs nous ont conseillé de nous reposer un peu. Soudain, il y a eu un coup de feu, suivi par des aboiements. J'en ai encore la chair de poule. Les passeurs avaient disparu. Depuis, je me demande s'ils ne nous ont pas dénoncés. Sauve-qui-peut général ! Mon cœur tambourinait au maximum. Je courais, je courais, je courais. Jamais je n'avais couru aussi vite. Les soldats se rapprochaient. Très distinctement, j'ai entendu l'un d'eux qui venait vers moi : "Bourek ! *Such ! Such !*" Bourek était le nom de son chien, et il lui ordonnait : "Cherche ! Cherche !" Heureusement, juste devant moi, j'ai repéré une excavation pleine de ronces. J'ai plongé. Au fond se terraient un monsieur d'un certain âge, un jeune homme, sa sœur et un nourrisson. Épuisé, je me suis endormi. Seulement une poignée de minutes, car le bébé, en pleurs, m'a réveillé. Il avait faim. Sa mère tentait bien d'étouffer ses vagissements. En vain. Le jeune homme s'est alors glissé hors du trou. Un demi-heure après, il est revenu avec une bouteille d'eau et un quignon de pain. Le pain trempé dans l'eau a calmé le nourrisson. Il nous a aussi donné une information obtenue auprès des paysans qui lui avaient procuré l'eau et le pain. Ils lui avaient indiqué que vers trois heures, lors de la relève des patrouilles, nous pouvions bénéficier de vingt minutes à une demi-heure de répit. J'avais par bonheur dans ma poche un sifflet à roulette qui, sur une face, était agrémenté d'une petite boussole. Nous sommes partis vers le sud-est en progressant lentement, nous immobilisant tous les deux mètres derrière un tronc d'arbre. Parvenus à l'orée du bois, une prairie nous séparait d'un autre bois avec, au milieu, une cabane. Nous avons rampé jusqu'à la porte. C'était une remise à outils. Ayant scruté les alentours, à l'affût du moindre signe suspect, nous avons piqué un sprint jusqu'aux arbres. Finalement, nous avons atteint un village, en zone libre. Et là, surprise ! J'ai reconnu Jacques, un copain de Metz. Il puait le purin. Il m'a raconté son histoire. Un paysan, qui possédait un laissez-passer permanent car la ligne de démarcation coupait ses champs, avait aménagé une sorte de cercueil en bois percé de trous d'aération au fond d'un tombereau tiré par deux chevaux. Transportant régulièrement du fumier, il y camouflait des juifs ou des résistants qui fuyaient la zone occupée. Il fallait évidemment qu'ils supportent l'odeur. »

Wolf parvient à prendre un train pour Limoges. On lui a donné l'adresse d'un couple qu'il a apprise par cœur. Il y retrouve son père, son frère et sa sœur. Mais lui, il a laissé sa mère sur un bord de route. « J'ai commencé à pleurer et j'ai craqué. Hoquetant, je n'ai pas pu maîtriser mes sanglots qui se sont transformés en crise de nerfs épouvantable. »

Soucieux de ne pas abuser de l'hospitalité de la famille qui les accueille, les Jakubowitz s'installent à une dizaine de kilomètres de Limoges, à Chambon, un hameau de la commune de Condat-sur-Vienne. Le statut d'étranger de Jankiel le contraint à rejoindre un GTE implanté à Aixe-sur-Vienne. Afin de lui éviter cette forme d'internement, les propriétaires de leur logement, les Granger, lui délivrent un contrat de travail qui lui permet d'être détaché auprès d'eux. Agriculteurs, ils ont besoin de bras. En fait, il n'est pas assez robuste pour les travaux des champs. Avec leur complicité, Wolf le remplace. « Ces gens, droits et très gentils, savaient que nous étions juifs. Ils n'ont pas hésité à renouveler ce contrat de complaisance de six mois. Ce qui a vraisemblablement sauvé mon père de la déportation. Le soir, ils nous invitaient chez eux pour la veillée. » Wolf ramasse les pommes de terre, laboure les champs, débroussaille, garde les vaches, nettoie l'étable... Sa sœur Hélène, qui a alors dix-sept ans, retourne à Limoges, où elle habitera jusqu'à la fin de la guerre, tandis que son jeune frère Daniel est mis en pension dans un collège. Les mois passent. Au début de 1944, Jankiel, qui se morfond à la campagne, part vivre chez sa fille à Limoges. Wolf reste chez les Granger. Il ne touche pas de salaire, mais est logé et nourri. Adjoint au maire de Condat-sur-Vienne, monsieur Granger lui fournit une nouvelle identité : Maurice Jacquet, né à Mulhouse. Un matin, vers six heures, alors qu'il vient de faire sa toilette, deux gendarmes demandent à parler à « monsieur Jakubowich ». Wolf-Maurice répond qu'il ne connaît personne de ce nom. « Tant pis, rétorque l'un d'eux. Il doit être à Limoges. On le trouvera ». « Je me suis vraiment demandé ce que ça pouvait bien leur faire de le trouver ou pas ? Quant à moi, avec mes sabots de bois et mes vêtements usés, ils m'ont pris pour un garçon de ferme. »

Au cours de la deuxième quinzaine de mai, Hélène, qui appartient à la résistance, lui apprend l'évacuation de Daniel vers la Palestine, via l'Espagne. Et lui propose de l'envoyer en Suisse. Il accepte. « Après, je l'ai regretté. Je n'avais pas de problème à Chambon. J'aurais pu me contenter de cette tranquillité jusqu'à la Libération. Cependant, à cette époque, je me sentais vraiment coupé de tout. Je ne voyais personne. J'avais trop envie de changer d'air. » Hélène le conduit à Limoges et l'installe dans une chambre dont dispose son mouvement de résistance, sous les combles d'un petit immeuble situé près de la gare. Pour ne pas attirer l'attention des voisins du dessous, il ne faut ni marcher, ni bouger, ni faire de bruit. Quatre jours d'immobilité presque complète. Parfois, un inconnu apporte un peu de nourriture.

Le 30 mai 1944, Hélène l'accompagne à la gare où d'autres enfants ont été regroupés. Au total, ils sont trente-deux garçons et filles dont le plus jeune a trois ans et demi. Direction : Lyon. « Nous avons roulé toute la nuit. À notre descente du wagon, la gare des Brotteaux grouillait d'Allemands. Imaginez : trente-deux petits juifs dans un endroit plein d'hommes qui voulaient les exterminer ! Heureusement, ils n'ont pas prêté attention à nous. Et quelqu'un du réseau de résistance nous a pris en charge. » Le soir même, les filles dorment dans un couvent et les garçons dans un monastère. Le lendemain, tous prennent un train pour Annecy. Là-bas, ils attendent près de deux heures sur une rive du lac. « C'était désert. Le paysage était magnifique. Que nous n'ayons pas été repérés est pour moi inimaginable. » Enfin, une jeune fille s'approche. Douce, souriante. Elle porte des lunettes. Elle leur dit s'appeler Marianne Colin. Agent de liaison des Éclaireuses israélites de France, Marianne, de son vrai nom Marianne Cohn, a succédé à Mila Racine, arrêtée le 21 octobre 1943 à Saint-Julien-en-Genevois alors qu'elle convoyait un autre groupe d'enfants vers la Suisse. Elle leur explique que, dans quelques heures, ils seront hors de danger. Elle les prévient aussi que les soldats suisses portent un uniforme vert-de-gris, semblable à celui des Allemands. Donc, pas d'inquiétude. Et elle les aide à grimper dans un camion bâché.

« Cinquante ans plus tard, j'ai découvert le nom du village où le véhicule a subitement stoppé : Viry, entre Saint-Julien et Annemasse. J'ai entendu des enfants s'exclamer : “Les Allemands ! Les Allemands !” Assis au fond, derrière le chauffeur, je ne voyais rien. J'ai rigolé : “Vous vous trompez ! Vous savez bien que ce sont des Suisses !” En fait, il s'agissait bien d'Allemands. Un garçon a essayé de s'enfuir. Il n'est pas allé loin. Les Allemands l'ont jeté dans le camion comme un sac de linge sale. Un autre a commencé à crier : “Je ne suis pas juif ! Je ne suis pas juif !” Ce n’était pas le moment. Je lui ai saisi un bras, un copain l’autre. Un troisième lui a tenu les jambes car il s’agitait. Et un quatrième lui a mis la main sur la bouche. Il a fini par se calmer. À l’extérieur, Marianne et le chauffeur discutaient avec les Allemands. Marianne a brodé une histoire justifiant notre présence sur cette route : nous étions des enfants de cheminots lyonnais, traumatisés par les bombardements qui avaient eu lieu deux jours auparavant, et nous allions nous reposer dans une colonie de vacances. Les Allemands l’ont cru. À moins qu’ils n’aient fait semblant. On a pu redémarrer. L’euphorie ! Nous riions, chantions, nous nous embrassions. À Pas-de-l’Échelle, un village frontalier, nous nous sommes rués, exténués, dans le dortoir de la colonie de vacances, et nous nous sommes effondrés sur les lits. »

Vers trois heures du matin, un vacarme de bottes et de hurlements les réveille. Les Allemands pénètrent en force dans le bâtiment qu’ils ont cerné. Ils réclament les plus âgés. Une main agrippe Wolf par l’épaule. Une lampe de poche l’éblouit. *« Du kommst ! »* (« Tu viens ! ») Sept garçons et quatre filles sont poussés dehors et embarqués, sous la menace de mitraillettes. « À l’hôtel Terminus d’Annemasse, siège de la douane allemande, on nous a enfermés dans une petite pièce. Je me suis allongé sur une table et me suis endormi. Ensuite, on nous a convoqués un par un dans une salle enfumée. Quand est venu mon tour, un type a lancé en allemand : “Trop jeune, dehors !” Un de mes copains n’a pas eu cette chance. Après son interrogatoire, il nous a montré son poignet gauche, tout bleu. Ils l’avaient matraqué. En ce qui concerne les filles, ils se sont amusés à les déshabiller... »

Onze des enfants, ainsi que Marianne Cohn et le chauffeur, Joseph Fournier[1], qui ont été durement tabassés, sont

1. Le 10 septembre 1995, le mémorial Yad Vashem décernera à Joseph Fournier le titre de Juste des nations (dossier 6 755 a).

transférés à la prison, en face de l'hôtel Pax réquisitionné par la kommandantur, où ont été enfermés les plus petits. Le maire d'Annemasse, Jean Deffaugt, réussit à convaincre le chef de la Gestapo locale, Meyer, de lui confier ces derniers, en promettant de les lui rendre dès qu'il le souhaitera. Il les dirige vers une colonie de vacances catholique à Bonne-sur-Ménoge. Bien que désigné par le gouvernement de Vichy, l'édile participe activement à la structure de sauvetage d'enfants juifs qu'a mise en place, au printemps 1943, Georges Loinger, membre du réseau clandestin « Garel » au sein de l'OSE. Avec, notamment, la complicité de cheminots et d'Eugène Balthazar, directeur du Secours national, la filière évacuera vers la Suisse entre 300 et 400 enfants venus de Lyon ou de Limoges. Le 25 février 1966, le mémorial Yad Vashem décernera à Jean Deffaugt le titre de Juste des nations (dossier 178).

La prison est un ancien entrepôt que des murs en planches divisent en cellules. Un escalier central mène à une coursive qui dessert l'étage supérieur. Chaque enfant subit plusieurs séances d'interrogatoire. Elles ont lieu dans le bureau situé à droite de l'entrée. Gifles, coups de nerf de bœuf. « Un mètre quatre-vingt-dix, cent vingt kilos et des mains énormes, l'espèce de brute blonde, surnommée “yeux bleus” ou “le tartare”, a commencé par me balancer deux énormes baffes qui m'ont propulsé à l'autre bout de la pièce. Je me rappelle son nom : Mensold. Un sauvage qui, d'emblée, nous avait averti : “Si l'un d'entre vous s'évade, tous les autres seront fusillés.” Pendant que Meyer tapait ma déposition à la machine, il cognait. M'ayant fait pencher sur un bureau, il m'a tiré mon short. Et s'est mis à frapper. “Où est ta mère ?” Je l'ignorais. “Ton père ?” Même réponse. Les coups de nerf de bœuf pleuvaient. “Tes papiers ?” Je n'en avais pas. Entre Viry et Pas-de-l'Échelle, dans le camion, nous les avions détruits pour protéger ceux qui nous les avaient donnés. Le tabassage a duré un quart d'heure. À la fin, il m'a déculotté. Uniquement pour m'humilier, car il savait que nous étions tous juifs. Pendant plusieurs jours, je n'ai pu ni m'asseoir ni m'allonger. Heureusement, Marianne nous remontait le moral. » Son sourire, ses mots d'espoir aident les enfants à tenir. Lorsque Georges Loinger l'informe qu'il monte une opération de la Résistance pour la faire évader, elle refuse. Elle ne veut pas les abandonner. D'autant qu'elle craint que les Allemands se vengent sur eux. Régulièrement, le maire rend visite aux jeunes prisonniers. Son allure bonhomme et sa petite moustache les rassurent. Il les encourage avec des phrases du style : « Les Russes avancent. Ne vous inquiétez pas ! Vous n'en avez plus pour longtemps. » Eugène Balthazar, qui leur apporte les repas, les réconforte lui aussi. Un jour, le directeur de la prison, Wischman, qui parle un français excellent et sans accent, s'aperçoit qu'il a ajouté une motte de beurre à sa livraison. « Pas de beurre pour les juifs ! » lui hurle-t-il. Les Allemands affectent les enfants à toutes sortes de corvées, comme le déchargement des camions ou la pluche dans la cuisine du mess de la kommandantur. « À notre manière, nous nous rebellions. Dès que le cuistot tournait le dos, on crachait dans la nourriture. On se vengeait comme on pouvait. » Bizarrement, la corvée la plus appréciée est la désinfection des locaux envahis de poux et de blattes. Wolf et un copain se portent volontaires. Et pour cause : « Après avoir calfeutré toutes les ouvertures et répandu un produit, nous avons eu droit chacun à une bassine pleine d'eau chaude. Un délice ! C'était si rare de pouvoir se laver correctement. Dans toute la prison, il n'y avait qu'un seul robinet d'eau froide. » Parfois, les gamins vont travailler à l'extérieur, escortés d'un soldat « armé d'une mitraillette et de deux grenades ». « Dès qu'ils nous apercevaient, les habitants changeaient de trottoir. Sinon ils évitaient de nous regarder. Avaient-ils peur ? Pitié ? »

6 juin 1944 : comme chaque matin, les geôliers désignent deux gosses pour enlever les chevaux de frise qui barrent la rue pendant la nuit. Ce jour-là, c'est le tour d'un compagnon de cellule de Wolf. « En revenant, il s'est assis sur sa paillasse, a allumé une cigarette et nous a dit : "C'est la dernière. Les Américains viennent de débarquer. On va être fusillés cet après-midi." Comment décrire ce que l'on ressent dans un moment pareil, quand on apprend qu'il ne nous reste que quelques heures à vivre ? J'en ai encore la gorge nouée. » La rumeur est fausse. Mais la réalité en est si proche.

Durant la nuit du 7 au 8 juillet, les lumières du couloir central s'allument dans un brouhaha infernal. Wischman, Meyer et Mensold extraient de leurs cellules Marianne Cohn, quatre résistants et la femme d'un communiste qui était absent de chez lui lorsque la Gestapo a voulu l'arrêter. « J'ai entendu Marianne demander à Wischman : "Laissez-moi prendre ma brosse à dents ! — Vous n'en aurez pas besoin", a répliqué l'autre. J'ai alors compris qu'on ne la reverrait plus. » À la Libération, on retrouvera leurs six corps mutilés dans un charnier, au lieu-dit La Rape, près de Ville-la-Grand. Marianne Cohn a été assassinée à coups de bêche[2]. Elle avait vingt-trois ans. Malgré la violence des interrogatoires, elle n'a livré aucune information à ses tortionnaires, se cramponnant à une invraisemblable version des faits : le chauffeur du camion l'avait prise en stop avec ses enfants. En novembre 1943, elle avait écrit ce poème :

Je trahirai demain, pas aujourd'hui.
Aujourd'hui, arrachez-moi les ongles,
Je ne trahirai pas.

2. « Les Femmes juives dans la Résistance », in *Les Femmes dans la Résistance en France,* sous la direction de Mechtild Gilzmer, Christine Levisse-Touzé et Stefan Martens, actes du colloque international de Berlin, 8-10 octobre 2001, Tallandier, 2003, p. 211-212.

Vous ne savez pas le bout de mon courage.
Moi je sais.
Vous êtes cinq mains dures avec des bagues.
Vous avez aux pieds des chaussures
Avec des clous.

Je trahirai demain, pas aujourd'hui,
Demain.
Il me faut la nuit pour me résoudre,
Il ne me faut pas moins d'une nuit
Pour renier, pour abjurer, pour trahir.

Pour renier mes amis,
Pour abjurer le pain et le vin,
Pour trahir la vie,
Pour mourir.

Je trahirai demain, pas aujourd'hui.
La lime est sous le carreau,
La lime n'est pas pour le barreau,
La lime n'est pas pour le bourreau,
La lime est pour mon poignet.

Aujourd'hui je n'ai rien à dire,
Je trahirai demain.

Début août, dans la cellule voisine de celle de Wolf, Wischman, Mensold, Meyer et un SS se ruent sur un résistant qui vient d'être incarcéré. L'homme est nu, les mains menottées dans le dos. Ils le rouent de grands coups de nerf de bœuf. « Au bout d'une demi-heure, ils étaient fatigués de cogner. Wischman a ouvert la porte de ma cellule. *"Du kommst !"* Il m'a tendu un quart en fer-blanc pour que j'aille le remplir d'eau au robinet de la prison. Puis il m'a ordonné de donner à boire au malheureux. C'était affreux ! Pas un centimètre de son corps n'avait été épargné. Seul, son visage était intact. Alors que je lui soulevais la tête, il a murmuré : "Comment ça va ?" Tremblant, j'ai répondu : "Ça va. Et vous ?" Il m'a dit : "Ça ira." Les Allemands l'ont emmené et l'ont fusillé. Longtemps après, j'ai appris son nom : Michel Blanc. »

En prison, les enfants dorment tout habillés au cas où des maquisards viendraient les libérer ; ils ne veulent pas perdre de temps. « En fait, le 14 août, soit quatre jours avant la libération d'Annemasse, c'est Mensold lui-même qui, sur intervention de Jean Deffaugt, nous a laissés sortir. Je me suis toujours demandé pourquoi il ne nous avait pas tués. On nous a dirigés vers la colonie de Bonne-sur-Ménoge où étaient déjà hébergés les plus petits. »

Après un détour par la Suisse, où l'OSE compte remettre en forme les enfants du Pax que les mauvais traitements ont affaiblis, Wolf revient en France : Annemasse, Grenoble, Lyon… Et, enfin, Limoges où il retrouve son père et sa sœur. « Nous y sommes restés un an. Tous les soirs, j'allais attendre ma mère à la gare. J'espérais la voir descendre d'un train de déportés. En vain. Nous sommes rentrés à Metz en novembre 1945. Ma mère me manquait. Elle me manque toujours. Des amis m'ont souvent conseillé de consulter un psy. À quoi bon ? C'est tellement enfoui au fond de moi. Personne ne peut comprendre un tel vide. Alors, pour combler cette solitude, maintenant que je suis à la retraite et que je ne dois plus aller quotidiennement dans le magasin d'articles de sport que j'ai tenu jusqu'à l'âge de soixante-dix ans, j'essaie de me rendre utile. J'enregistre des livres pour une association d'aveugles dont j'assure la permanence les jeudis après-midi. Tous les jours, je consacre quelques heures au Secours populaire. Et, chaque mois, je cotise à

Handicap International, Médecins sans frontières et La Recherche médicale. »

Ses deux mois et demi de prison à Annemasse lui seront décomptés de son temps de service militaire où il sera appelé à la fin de 1948. Il se mariera en 1951 et, en 1956, aura une fille. En 1957, afin de pouvoir s'intégrer totalement dans la société française, il changera de nom et de prénom. Pour son nom, il reprendra celui que lui avait donné monsieur Granger, son « patron » de la Haute-Vienne : Jacquet. Et il choisira Sam comme prénom. « On peut considérer que c'est la traduction de Schmuel en yiddish. Or ma mère m'appelait Schmuelwelwele, diminutif de Schmuel et de Wolf. J'ai donc gardé un lien avec mes origines. Toutefois, elle qui était si croyante, que dirait-elle de me voir athée ? »

Simon Liwerant
12 ans en 1940

Aaron Liwerant était maroquinier. Pourtant, c'est muni d'un contrat de travail des usines Renault de Boulogne-Billancourt que le père de Simon a quitté Varsovie en 1925 pour la région parisienne, où l'avait précédé sa sœur Paula. Il voulait se soustraire au service militaire polonais. Afin de pouvoir émigrer, il avait emprunté les papiers d'identité d'un de ses frères. Ce dernier mourra dans un camp d'extermination, ainsi que son père, rabbin, sa mère, ses deux frères, et toute la famille restée en Pologne. Sara Redler, la fiancée varsovienne d'Aaron, n'a pas tardé à prendre elle aussi un train pour Paris. Un an après leur mariage, en 1926, à la mairie du XIe arrondissement, ils auront une fille, Berthe, puis Simon, le 26 novembre 1928, et, en juin 1940, un second fils, Jacques.

Leur premier logement est un taudis, au troisième étage d'un petit immeuble de la rue des Couronnes, dans le XXe. Le point d'eau et les WC se trouvent au fond d'une cour insalubre. Bientôt, le couple déménage rue des Lilas puis, en 1933, au 13 de la rue Pali-Kao. La plupart des souvenirs d'enfance de Simon date de cette période : la maternelle de la rue Tourtille, l'école communale de la rue Ramponneau, le terrain vague en contrebas de la rue des Envierges jusqu'à Belleville... Lorsque, en juin 1940, les Allemands s'apprêtent à investir Paris, Sara presse son mari de fuir. Elle sait la haine des nazis contre les juifs en Allemagne. Elle se doute de ce qu'ils sont capables de commettre en France. À pied, Aaron et un de ses voisins prennent la route du Sud. Fin juillet, ils rebroussent chemin sans avoir atteint la zone libre. Dans les premiers temps, l'Occupation ne bouleverse pas les habitudes de la rue Pali-Kao. « Parfois, ma mère me demandait d'aller promener mon petit frère. Je rejoignais les copains et, en patins à roulettes, moi poussant le landau, nous descendions la rue Oberkampf, la place Voltaire, l'avenue Ledru-Rollin. On traversait la Seine et on allait jusqu'au Jardin des Plantes. Je roulais soit sur le trottoir, soit sur la chaussée. Jamais le landau ne s'est renversé. Mon père, que ses amis appelaient Nathan, Avram ou Avraham, était employé chez Feldman, un maroquinier de la rue Chabrol, dans le Xe. À la fin de ses journées de travail, il m'arrivait de partir à sa rencontre. Je l'attendais sur la place Combat, aujourd'hui place du Colonel-Fabien. Je m'accrochais à son porte-bagages et il me tirait jusqu'à la maison. »

Le 14 mai 1941, convoqué par un « billet vert » au commissariat de la rue Ramponneau, Aaron s'y rend tôt le matin. « Il s'est présenté sans la moindre appréhension. Selon lui, la France était le paradis des juifs et il ne risquait rien. En fait, les policiers l'ont bouclé dans un centre de regroupement, derrière la piscine des Tourelles. Nous lui avons apporté quelques vêtements dans une mallette. » Interné à Beaune-la-Rolande, il y retrouve son cousin Racimov de la rue Lesage. Il se fait photographier avec lui. Et envoie à sa famille le cliché au dos duquel il a écrit en yiddish et en français : « À la mémoire de mon séjour au camp de Beaune-la-Rolande, pour ma femme et mes enfants. Abram. » Le cousin Racimov sera déporté. Simon a conservé précieusement la photo.

En septembre 1941, Aaron s'évade, dissimulé au fond d'un camion de boucherie qui le conduit en zone libre, à Sancoins dans le Cher. Mais à peine est-il sorti du véhicule que des gendarmes l'interpellent et l'intègrent de force à un GTE qui l'affecte à plusieurs camps de bûcherons dans le Limousin, dont le dernier à Bellac, en Haute-Vienne. « Il comptait gagner Villeurbanne, près de Lyon où, en juin 1940, s'étaient réfugiés son cousin Nathan Kanar, sa femme et ses trois enfants, puis nous y installer tous. » L'échec de ce projet bloque sa famille à Paris où les lois antijuives, l'étoile jaune et les rafles rendent la vie de plus en plus difficile. Le 16 juillet 1942, la police envahit le quartier de la rue Pali-Kao. « Nous habitions au premier étage. Prévenus la veille par la rumeur que quelque chose de grave se préparait, ma mère, mon frère et moi avons passé la nuit dans une chambre de bonne du sixième, tandis que ma sœur est allée dormir boulevard Magenta chez une copine de son atelier de maroquinerie. »

Vers sept heures et demie, Simon descend à l'épicerie acheter du lait pour son frère qui a droit à un demi-litre par jour. Après avoir récupéré le bidon vide dans l'appartement du premier, il tombe au bas de l'escalier sur trois flics, deux en uniforme et un en civil. L'un d'eux lui demande d'où il vient. Il répond : « Du premier. » « Conduis-nous ! » Il les guide jusqu'à l'appartement, vide évidemment. Or ils remarquent qu'il tient dans la main un second trousseau de clefs, celui de la chambre de bonne. « Et ça ? » lui lancent-ils. Il simule celui qui ne comprend pas. « Ils ont essayé le trousseau sur toutes les portes des six étages, se frayant un passage au milieu des locataires que d'autres policiers escortaient sans ménagement dans l'escalier, rassemblant tout le monde dans la cour. » Finalement, une porte s'ouvre au sixième. Sara tient le petit Jacques dans ses bras. Simon assiste alors à une scène incroyable. Farouchement cramponnée à l'argument que son nom n'est pas à consonance juive et ne peut donc figurer sur la liste que leur a remise la préfecture, Sara refuse de suivre les policiers. L'un d'eux vérifie. Elle a raison. Il exige sa carte d'identité. Elle la lui tend. Le papier porte le tampon « juive ». Le policier triomphe. Sara maintient qu'ils n'ont pas le droit de l'embarquer, son nom n'étant pas sur la liste. « Elle s'est défendue bec et ongles. Jusqu'à ce que le flic en civil lâche à l'autre : "Bon ! Elle n'est pas sur la liste. Tu as fait ton devoir. Fichons-lui la paix !" Puis, s'adressant à ma mère : "Maintenant, vous pouvez rentrer chez vous au premier étage." Ma mère était une femme extraordinaire. Elle n'avait peur de rien. »

Ce matin-là, Simon voit tous les habitants de son immeuble poussés dans des autobus, à l'exception de l'épouse d'un prisonnier de guerre, madame Azenstein, de son fils Marcel, de sa fille encore en bas âge, ainsi que du fils Gelgrass, Georges, surnommé JoJo, absent car il commençait son travail très tôt le matin. Aucun n'a survécu. « Dans l'après-midi, j'ai accompagné Jojo au Vel'd'Hiv. Il apportait des affaires à ses parents. Nous avons donné le paquet à des policiers qui gardaient l'entrée. Et nous nous sommes éloignés sans perdre de temps. Il y avait un monde incroyable ! Les bus continuaient à arriver, les uns derrière les autres. Il en descendait des hommes, des femmes, des enfants, qui étaient aussitôt dirigés vers l'intérieur. »

Paris est devenu trop dangereux. Sara décide de mettre ses enfants à l'abri chez le cousin Nathan Kanar qui, à Villeurbanne, ne paraît pas trop inquiété par l'antisémitisme. « Nous sommes convenus qu'elle partirait en premier avec Jacques, puis que Berthe et moi la suivrions. Des copains m'ont indiqué un camionneur qui a accepté, moyennant une certaine somme d'argent, de les transporter. Fin juillet, début août, il est venu les prendre en pleine nuit. D'autres mères juives et leurs enfants étaient déjà assis à l'arrière de son camion. Toutefois, en traversant une forêt, vers Chalon-sur-Saône, il s'est subitement garé dans un endroit isolé, livrant tous ses passagers clandestins à la

Gestapo qui l'attendait. » Gravement malade du foie, Sara est hospitalisée à l'hôpital de Chalon-sur-Saône. De son lit, elle réussit à envoyer à sa belle-sœur Paula, qui habite dans le XXe arrondissement à Paris, au 34, rue Sorbier, une lettre en yiddish. Elle y raconte comment l'homme les a vendus. Elle demande également à Berthe et à Simon de venir à Chalon. De nationalité française, Jacques, qui l'a aidée à manger sa fausse carte d'identité pour la faire disparaître, est recueilli par la Croix-Rouge qui va l'emmener chez le cousin de Villeurbanne.

« Après avoir laissé les clefs de notre appartement à tante Paula, Berthe et moi avons pris le train jusqu'à Beaune, et là, un autocar pour Chalon. À un barrage posté à l'entrée de la ville, des SS sont montés. Ils ont ordonné au chauffeur de rouler jusqu'à la kommandantur. Ils ont rassemblé les voyageurs dans la cour et ont trié les juifs. Moi, ils m'ont enfermé dans une sorte de réduit gardé par un chien qui ne me lâchait pas des yeux. J'avais les mains dans les poches. Quand j'ai voulu les enlever, il a grogné en retroussant les babines. J'étais mort de peur. Pendant plus d'une heure, je n'ai plus osé le moindre mouvement. Ensuite, on m'a traîné dans un vaste bureau où trônait un immense portrait d'Hitler. Avant de nous relâcher, un gestapiste a hurlé que, s'il nous revoyait, ma sœur et moi, à Chalon, il nous déporterait en Allemagne. L'heure du couvre-feu approchait. Nous sommes entrés dans le premier hôtel, près de la kommandantur. Nous n'avions pas d'argent. Le gardien de nuit s'est montré compréhensif. Gratuitement, il nous a donné la clef d'une chambre. À une condition : nous ne devions laisser aucune trace de notre passage et avoir déguerpi à cinq heures trente. Il nous avait refilé la chambre d'un SS, et celui-ci rentrait se coucher à six heures. Dans la matinée, nous nous sommes précipités à l'hôpital où nous avons pu parler à notre mère. Elle nous a dit qu'elle était trop faible et qu'elle ne pouvait pas marcher pour l'instant. Nous avons dû la laisser. »

Simon n'a plus jamais revu sa mère. Partie de Drancy par le convoi n° 26 le 31 août 1942 à 8 heures 55, elle n'a pas atteint Auschwitz. Elle est morte dans le train. À l'exception de douze hommes et de vingt-sept femmes, les mille déportés de ce convoi seront immédiatement gazés. Parmi eux, quatre bambins âgés de deux et trois ans.

Ce 31 août, le secrétaire général à la police de Vichy, René Bousquet, écrit au commissaire général aux questions juives, Darquier de Pellepoix :

Sur l'ordre du gouvernement, il a été procédé depuis le 4 août à l'arrestation de plusieurs milliers d'israélites étrangers, apatrides originaires d'Allemagne, d'Autriche, de Tchécoslovaquie, de Pologne, d'Estonie, de Lituanie et de Lettonie, du Territoire de Dantzig, de la Sarre et de la Russie (y compris les individus de nationalité soviétique).

11 184 israélites ont été ainsi appréhendés et regroupés jusqu'à ce jour, sur lesquels 6 340 ont déjà été dirigés sur la zone occupée, les autres étant en cours d'acheminement.

Des instructions ont d'autre part été données aux préfets régionaux pour que soient intensifiées les opérations de police en vue de rassembler les israélites visés par ces mesures et qui sont parvenus à y échapper. Ces individus seront dirigés au fur et à mesure de leur arrestation sur le camp de Rivesaltes d'où ils partiront ultérieurement pour la zone occupée.

Même dans leurs cauchemars les plus noirs d'enfants arrachés à leurs parents, Berthe et Simon ne peuvent imaginer l'existence de tels documents. Néanmoins, sans père ni mère, ils se sentent désormais terriblement impuissants face au flot des événements qui les emportent. Émue par leur désarroi, une infirmière de l'hôpital les présente à un passeur. Bénévolement, il va les aider, ainsi qu'une vingtaine d'autres juifs, à franchir la ligne de démarcation. Ils traversent la Saône au milieu de la nuit à bord d'une petite barque qui effectue plusieurs allers-retours, emportant d'abord les enfants, puis les femmes et, enfin, les hommes. À peine ont-ils atteint l'autre rivage que les fugitifs s'écroulent de sommeil dans une grange. Au lever du jour, ils se dispersent. Berthe et Simon prennent la direction de Villeurbanne. La banlieue lyonnaise n'étant plus suffisamment sûre pour les juifs, Nathan Kanar s'est replié à Tain-l'Hermitage, dans la Drôme, avec sa femme, deux de ses enfants et le petit Jacques. Son fils aîné, Sami, qui se fait appeler François, est resté à Villeurbanne. Grâce à lui, Berthe obtient un emploi dans une maroquinerie. Elle le conservera jusqu'à la fin de la guerre. Simon et Jacques sont confiés à l'OSE.

Début septembre, une responsable du réseau Garel, Madeleine Dreyfus, les emmène au Chambon-sur-Lignon, en Haute-Loire, où deux femmes du hameau des Tavas, Léonie Deléage et sa fille Éva Philit, recrutent des paysans qui acceptent de cacher des enfants juifs. Le 28 mars 1988, le mémorial Yad Vashem leur décernera le titre de Justes des nations (dossier 3 835). Elles figurent parmi les soixante-dix habitants de cette région huguenote à avoir ainsi été distingués. Car outre le réseau Garel et les Éclaireurs israélites de France, plusieurs organisations protestantes y ont tissé des filières de sauvetage d'enfants : la Cimade, le Secours suisse, le Secours Quaker, le Service civil international, ainsi que l'École nouvelle cévenole. Fondée en 1941 par les pasteurs André Trocmé et Édouard Theis[1], ce foyer universitaire ins-

1. Le pasteur André Trocmé et sa femme Magda recevront le titre de Justes des nations le 5 janvier 1971 (dossier 612). Le 15 juillet 1981, le pasteur Édouard Theis et sa femme Mildred seront également honorés par le mémorial Yad Vashem (dossier 2 066).

tallé à la Maison des Roches abrite une trentaine d'étudiants. Le 10 août 1942, un mois après la rafle du Vel'd'Hiv', Georges Lamirand, secrétaire d'État à la Jeunesse, en visite officielle, y est reçu par une déclaration sans ambiguïté qui le fige : « Nous tenons à vous faire savoir qu'il y a parmi nous un certain nombre de juifs. Or nous ne faisons pas de différence entre juifs et non-juifs. C'est contraire à l'enseignement évangélique. Si nos camarades, dont la seule faute est d'être né dans une autre religion, recevaient l'ordre de se laisser déporter ou même recenser, ils désobéiraient aux ordres reçus et nous nous efforcerions de les cacher de notre mieux. » Le 29 juin 1943, un détachement allemand arrêtera le directeur, Daniel Trocmé[2], neveu du pasteur, et dix-huit élèves. Tous seront déportés. Le 5 septembre 1988, l'ensemble de la population du Chambon-sur-Lignon et du plateau du Vivarais-Lignon recevra le titre de Juste des nations pour avoir sauvé plus de 5 000 juifs, essentiellement des enfants. À Jérusalem, sur la colline de Yad Vashem, une stèle lui rend désormais hommage avec cette inscription : « Ils sont tous des Justes, ceux de ton peuple » (Isaïe, LX, 21). En décembre 1999, dans un numéro spécial consacré à ce plateau austère autrefois appelé « La Montagne », la revue de l'association des Enfants cachés explique cette solidarité avec le « peuple de la Bible » par une tradition « d'accueil aux proscrits, ses habitants ayant conservé le souvenir des persécutions à la suite de la révocation de l'édit de Nantes à la fin du XVIIe siècle ».

La première famille d'accueil de Simon et Jacques vit dans une maison isolée au lieu-dit Les Digons, à huit kilo-

2. Le 18 mars 1976, le mémorial Yad Vashem décerna le titre de Juste des nations à Daniel Trocmé, assassiné en avril 1944 au camp de Maïdanek (dossier 1 037).

mètres du bourg. « Lui était plâtrier, elle, employée dans une ferme. En leur absence, dans la journée, on gardait leurs chèvres. Chaque nuit, mon frère, qui supportait mal la séparation d'avec nos parents, faisait pipi au lit. » Au bout de quinze jours aux Digons, Madeleine Dreyfus, qui sera déportée à Bergen-Belsen en novembre 1943, les change de famille. Jacques est hébergé par les Gibert qui le garderont jusqu'à la Libération. Simon est envoyé chez Georgette Barraud qui tient, avec sa fille Gabrielle, la pension Beau Soleil, sur la route de Tence[3]. Elles logent alors trois autres jeunes juifs, ainsi que deux éclaireurs israélites, Oscar Rozowsky, surnommé « Cacatoès », alias Jean-Claude Plunne, qui s'est spécialisé dans la fabrication des faux papiers, et Roger Klimovitski, dit « Roger Climaud », alias Roger Pierron, chef régional de la Sixième. Ce dernier sera arrêté en 1944, torturé par Klaus Barbie et déporté à Auschwitz d'où il reviendra en mai 1945.

En janvier 1943, Simon est placé dans une ferme au lieudit Romières, à quatre kilomètres du Chambon, sur la route de Saint-Agrève. Il partage alors la rude vie d'un couple de paysans sans enfants, les Bard. « Ils me réveillaient à cinq heures et demi. Je travaillais à la ferme jusqu'à sept heures et demie. Puis, à pied, je partais à l'école du Chambon. À midi, je déjeunais à la pension Barraud. Je remontais à Romières à seize heures trente et reprenais les travaux de la ferme. Je me couchais rarement avant vingt heures. Je gardais les vaches, aidais les Bard dans les champs, mais aussi à faire le pain et le beurre. Ils n'arrêtaient pas de trimer. Moi non plus. Même le dimanche, nous avions toujours quelque chose à faire. Et l'hiver, on gelait. Heureusement, je me suis habitué au froid. »

3. Le 28 mars 1988, Georgette et Gabrielle Barraud seront faites Justes des nations (dossier 3 833).

En février, Simon et Jacques reçoivent la visite de leur père. Aaron a obtenu du responsable de son camp de bûcherons à Bellac une permission de quelques jours. « Les parents d'un copain, monsieur et madame Brottes, lui ont proposé de le planquer dans une ferme à Fay-sur-Lignon. Il a refusé. Il tenait à retrouver ma mère. Ils ont insisté. Ils lui ont dit : "Elle est peut-être en Allemagne." Il a rétorqué : "Tant pis, j'irai en Allemagne." Il est rentré à Bellac. » Aaron et ses enfants ignorent alors que les nazis ont assassiné Sara cinq mois auparavant. « On croyait qu'on la soignait quelque part et que nous la reverrions dès qu'elle serait guérie. En revanche, j'ai longtemps reproché à mon père de ne pas être resté au Chambon avec moi. J'avais tant besoin de lui, j'étais si seul. Des griefs que j'ai regrettés après la guerre quand j'ai appris les atrocités commises dans les camps. Aujourd'hui encore, je pense chaque jour à mes parents, à ce qu'ils ont enduré avant de mourir. Autour de moi, il y a toujours des photos d'eux. Je ne m'habitue pas à leur absence. » Car le 13 février 1943, une action de la résistance parisienne ayant blessé mortellement deux officiers de la Luftwaffe, le lieutenant-colonel Winkler et le major Nussbaum, les Allemands ordonnent en représailles la déportation de 2 000 juifs âgés de seize à soixante-cinq ans. La police de Vichy va obtempérer. À peine de retour à Bellac, Aaron et ses camarades juifs sont entassés dans un train qui, après des étapes à Bordeaux, Pau et Gurs, où il embarque des malheureux raflés dans le Sud, remonte bondé à Drancy.

Les derniers signes de vie d'Aaron seront deux lettres adressées à sa fille qu'il a glissées à l'extérieur de son wagon et que des inconnus ont postées. Écrites en yiddish, Simon les a traduites en français.

Le 3 mars 1943
Ma fille aimée

Je t'écris ces quelques mots dans un wagon où nous sommes trente juifs. Je traverse actuellement LOURDES.

Naturellement, nous ne savons pas où nous allons. Tu vas m'excuser, ma chère enfant, parce que je t'ai peut-être donné du chagrin en te demandant de m'envoyer des certificats de nationalité française pour toi, SIMON et JACQUES. On nous avait dit que cela pourrait nous aider.

Imagine-toi mon enfant qu'avant notre départ, ils nous ont redonné le [illisible]. *Ceci a été très vite fait pour que l'on ne puisse rien tenter contre ce départ.*

Tu ne dois pas avoir de regrets pour cela car tous sont partis, des milliers de juifs des camps et d'autres qui ne viennent pas des camps. Tu dois le dire à SIMON.

Je suis sûr que nous partons travailler. Mais où ? Si nous partons pour l'Allemagne, on dit que nous passerons par DRANCY.

Je pars courageusement et avec un moral extraordinaire. Évidemment, tous ne sont pas comme ça chez nous les juifs. L'un dit une chose, l'autre dit autrement. Tous n'ont pas subi nos épreuves, cela ne me touche pas, et, deuxièmement, je pars avec l'espoir au cœur et il en sera toujours ainsi, aussi longtemps que je n'aurai pas retrouvé votre MAMAN, ma SARA. Cela me réchauffe le cœur parce que je sais que je dois voir votre très chère MAMAN.

Je vous en prie, mes chers enfants, ce n'est vraiment pas gai pour vous qui restez seuls maintenant, sans votre père aussi. Mais vous, toi et Simon, vous êtes encore de jeunes enfants et je te connais, ma chère fille, je connais ton caractère, je sais qu'il est le même que celui de ta mère chérie. Je pense que tu as vu comme la souffrance et les ennuis sont néfastes. Et malgré cela, le caractère de ta mère est resté le même, le mien aussi. Ainsi, avec un peu du sien et un peu du mien, tu deviendras quelqu'un de très bien.

Tu vois comme j'ai du courage, et si vraiment je dois me trouver en Allemagne, je sentirai en moi que je n'ai pas besoin de me faire du souci à cause de vous.

Je t'écris maintenant bien mieux car le train s'est arrêté en gare de LOURDES. Quand le train roule, il y a beaucoup de balancement.

Si je peux, je t'écrirai aussi longtemps que possible. Je vais m'arranger pour que d'autres puissent le faire si je m'arrête pour voir d'autres juifs.

À certains arrêts, nous attendons les [illisible] *et eux nous donnent quelque chose à manger. Nous les avons déjà eus à PAU.*

Ma chère BERTHE, à GURS, j'ai rencontré le commerçant de la rue PALI-KAO, celui qui tenait la blanchisserie. Il reste ici parce qu'il est roumain. Je lui ai donné 1 500 francs pour qu'il te les envoie, sinon cela te parviendra par l'OSE. Je me suis laissé quelques francs, plutôt qu'on me les prenne.

Je suis resté deux jours à GURS et j'ai vu, en passant, MAGNE AYERWEISS. Elle est toute seule. Il y a aussi madame LAZARE et aussi la femme dont le mari est dans le train avec moi. Ils étaient avec nous à GOUSSAINVILLE. Elle a un [illisible] *comme celle dont la mère a les cheveux gris, ainsi que* [illisible] *que j'ai vu aussi. Le maroquinier également. Enfin je vais terminer cette lettre. Tu vas écrire à la même adresse à BELLAC à JACQUES BLASZTAIN afin qu'il t'envoie tout ce qu'il a pour toi et mes affaires qui sont restées ici. Écris-lui qu'il t'envoie les couvertures. Dis-lui que toi et tes frères n'avez pas de vêtements. Qu'il le dise là-bas. Je te mets ma carte de pain, je t'embrasse plein de fois. Il faut que tu voies, avec tes frères et quand tu achèteras quelque chose pour mon adorable JACQUOT, vous devez lui dire que c'est envoyé par sa MAMAN et son PAPA depuis LYON.*

Je pense que tu comprendras ce que je dis et j'ai l'espoir que tu deviendras, en grandissant, une enfant adulte, ce que j'ai toujours espéré de toi.

Tu liras cette lettre à SIMON, car j'écris tout cela pour lui également.

Le train est arrêté en gare. Je termine cette lettre. Donne le bonjour et embrasse NATHAN et sa femme et ses enfants, pour la famille GRYN et pour tous les amis et connaissances également. Donne le bonjour à l'ouvrier de ton atelier ainsi qu'à ton patron.

Ton PAPA qui espère se revoir avec vous très bientôt.

Le 4 mars 1943

Chère Berthe,

Aujourd'hui, nous sommes le 4. Je me trouve dans le wagon. Maintenant nous allons sûrement vers l'Allemagne et je suis sûr que c'est pour partir travailler.

Nous sommes 700 hommes dans 23 wagons et il y a deux gendarmes pour surveiller chaque wagon.

C'est un wagon de marchandises installé avec des bancs et un poêle, évidemment allemand, et naturellement sans waters. Ils ont installé un seul seau. Imagine-toi quelle impression cela fait. Pas tout le monde ne peut l'utiliser. Il faut être très fort pour supporter cela.

J'espère, mon enfant, que toutes ces lettres te parviendront. SI TU PEUX, GARDE-LES ET CACHE-LES. TOUT CELA POUR LA MÉMOIRE.

Chère Berthe, je te joins deux billets de loterie car je n'ai pas de journal.

J'espère pouvoir écrire une lettre à tante PAULA. Je crois, mon enfant, que tu sauras te comporter comme une adulte, malgré que tu sois momentanément sans tes parents et N'OUBLIE PAS QUE TU DOIS RESTER, ET NE PAS OUBLIER QUE VOUS ÊTES JUIFS ET AUSSI DES ÊTRES HUMAINS LIBRES. ÇA, TU DOIS LE DIRE AUSSI À SIMON. RESTEZ DES HOMMES LIBRES ET REGARDEZ TOUJOURS AVEC LES YEUX BIEN OUVERTS SUR CHAQUE CHOSE.

Ne te laisse pas subjuguer par le premier regard. Tu dois savoir qu'on ne peut pas prendre un homme, l'ouvrir et regarder sa conscience intime, même s'il présente un visage honnête, s'il sourit, s'il est beau, ne pense pas seulement à une seule chose. Je parle de ce qu'il y a de vivant en toi, et tout ce que tu vois, tu dois le voir entre les mauvaises pensées et les bonnes pensées de l'homme. Pensées qui peuvent changer comme son comportement, selon tes paroles.

Ce n'est pas en un jour que l'on peut juger de la fausseté ou de l'honnêteté des gens. J'ESPÈRE QUE TU ME COMPRENDS ET QUE CES PAROLES SONT DITES POUR TON BIEN. N'oublie jamais ces conseils, souviens-t'en toujours.

Je pense que cette lettre est la dernière, car nous approchons de PARIS. Si cela se peut, j'écrirai encore. Je crois, ma chère petite BERTHE, que tu feras en sorte d'être en bonne santé. Tu ne dois pas boire de boisson froide quand tu seras en nage et encore d'autres choses de ce genre. Ainsi je reverrai des enfants en bonne santé.

Tu dois dire cela à SIMON. Tout ce que je te dis à toi, tu dois le lui dire. Dis-lui qu'il doit bien étudier parce qu'il a beaucoup de capacités. Et qu'il fasse ce qu'il veut faire. Je termine mon écrit. Je t'embrasse sans compter, je pars avec la certitude que tu grandiras en une bonne, belle et intelligente enfant.

Ton papa qui a le grand espoir de te revoir très bientôt.

Les 4 et 6 mars 1943, deux convois, le n° 50 et le n° 51, chargés des 2 000 otages juifs exigés par les nazis à la police française, partent de Drancy pour le camp d'extermination de Maïdanek. « Sur le bordereau allemand correspondant au n° 51, on peut lire le nom de mon père, mais également celui du père de ma future femme, Hertzel Weltman, de deux de ses oncles, Mayer Ziemlakowski et Maurice Weltman, ainsi que de son beau-frère, Moniek Stopnicki.

Habitant dans l'Oise, ils s'étaient réfugiés à Martel, dans le Lot, où ils se pensaient à l'abri. Jusqu'au jour où des gendarmes ont frappé à leur porte. » Autant d'étapes de l'indicible que Simon découvrira bien après la Libération. Elles lui rendront encore plus cruelle la mort de ses parents, et encore plus culpabilisant le ressentiment à l'encontre de son père qui l'avait laissé à Romières, préférant réintégrer le camp de bûcherons de Bellac.

En 1943, Simon a quinze ans. Il ne sait pas qu'il est désormais orphelin, que ni sa mère, abandonnée agonisante dans un wagon plombé, ni son père, assassiné de manière industrielle dans une lointaine plaine polonaise, n'ont eu droit à un enterrement. Chez les Bard, il s'accroche à la vie. Les mois passent. La rigueur du climat et les longues journées de travail l'endurcissent. Une nuit de décembre, il entend au loin un bruit de voitures. Il sort de l'étable, où il dort dans une alcôve. Dans la vallée, il aperçoit des phares qui montent vers la ferme. Inquiet, il va avertir les Bard et se dissimule dans une mangeoire de l'étable. « Il s'agissait d'une opération des miliciens. Ils ont fouillé la ferme, la grange, l'étable, inspectant les moindres recoins. Je les entendais. Ils sont passés tout près de moi. Je suis resté immobile. J'ai eu de la chance. »

Le lendemain, l'OSE l'évacue près de Roanne, à Saint-Just-en-Chevalet, chez des amis de la rue Pali-Kao, et à la fin des vacances de Noël, il est inscrit au lycée Champollion de Figeac où se cachent dix autres enfants juifs. Tous portent des noms d'emprunt. Sauf lui. Il se souvient de certains visiteurs envoyés par la Sixième : Frédéric Hammel, totem « Chameau », délégué national des EIF, Edgar Lévy et Marcel Gradwohl, totem « Souris ». Lors du débarquement en Normandie, Edgar Lévy, Marcel Gradwohl, son frère Roger et leur cousin Raymond Winter, totem « Girafe », recevront l'ordre de rejoindre le maquis. Arrêtés en route, le 10 juin, à Saint-Flour dans le Cantal, ils seront fusillés le 14 à six heures du matin avec vingt-deux autres résistants non juifs, à Soubizergues, à quelques kilomètres de là.

Mai 1944 : une colonne de la division Das Reich se gare le long du lycée. Des soldats entrent et convoquent tous les élèves à la préfecture. « J'ai tenté de convaincre les juifs de ne pas y aller. Seul Daniel Vincent, de son vrai nom David Weltman, a suivi mon conseil. Nous sommes montés nous cacher dans le grenier du lycée. Les autres ont tous été déportés. Les gars de la Sixième nous ont récupérés et nous ont intégrés dans une colonie de vacances d'une trentaine de garçons et de filles dont le plus jeune avait cinq ans. En train, ils nous ont accompagnés à Clermont-Ferrand, Aurillac et, enfin, Lyon où nous avons pris un tortillard pour la Haute-Savoie. En effet, on nous évacuait vers la Suisse. Nous devions descendre en gare de Saint-Julien-en-Genevois. Ce qu'a fait mon groupe. Mais les autres ont raté l'arrêt et ont poursuivi jusqu'à Annemasse. Nous les avons attendus derrière une haie. Ils nous ont rejoints à pied en longeant la voie de chemin de fer et en chantant des chants scouts. Parmi eux, il y avait Simone Vincent, en fait Sara, la sœur de mon copain David Weltman. Elle me plaisait beaucoup. Je ne la quittais pas des yeux. Lorsque, après avoir marché pendant plusieurs heures guidés par un passeur, nous nous sommes glissés sous les barbelés de la frontière, ses beaux cheveux châtain clair se sont accrochés dans les fils de fer. Je me suis précipité pour l'aider. Impossible de les couper. Je n'avais pas de paire de ciseaux. Je ne pouvais pas non plus les arracher. Je ne voulais pas lui faire mal. Je les ai dégagés mèche par mèche. »

Ce 23 mai 1944, une autre jeune fille franchit la frontière : Édith Mayer, alias Élise Maillet, seize ans. Elle appartient au groupe qui a raté la gare de Saint-Julien. À peine arrivée en Suisse, elle écrit un poème intitulé *Liberté* :

Mon rêve est réalité
Nous voilà en liberté !
Plus de cache-cache,
Plus de mensonge,
Plus de faux papiers,
Plus rien qui me ronge.

Je ne veux point penser au lendemain.
Pour aujourd'hui nous sommes tous réunis
Et ici on ne nous veut que du bien.

Est-ce vrai que je suis libre ?
Il me semble que je suis ivre !
Je me laisse aller à ce délice
Car fini est le supplice
De sans cesse jouer la comédie
Sans jamais montrer son ennui.

Mais désormais tout cela est fini
Et j'aspire de nouveau aux douceurs de la vie.

Édith Mayer-Cord vit maintenant aux États-Unis. Soixante ans après la guerre, elle vient de retrouver Simon au détour d'un des nombreux entretiens qui ont alimenté l'écriture de ce livre. Elle se rappelle la peur du moindre bruit, ses chaussures à semelles de bois qui s'enfonçaient dans le sol détrempé, les soldats suisses qu'elle a pris pour des Allemands... Et Simon prenant le temps de dégager les cheveux de « sa Simone » alors qu'une patrouille allemande pouvait surgir à chaque instant. Elle se souvient aussi du doux sourire d'une accompagnatrice de la Sixième, Marianne Cohn, alias Marianne Colin. « Lorsque, à peine le frontière franchie, elle nous a laissés pour rentrer en France, je lui ai demandé pourquoi elle ne restait pas avec nous. Elle était en Suisse. Elle ne risquait plus rien. Elle a simplement secoué la tête et est repartie. » Elle sera arrêtée huit jours plus tard.

En 1947, Simon épousera « sa Simone ». Ils auront deux fils, Alain, en 1948, et Bruno, en 1955. Il apprendra le métier de maroquinier auprès de son oncle Max et se mettra à son compte. Il abandonnera finalement le cuir pour acheter une laverie, puis deviendra chauffeur de taxi. Lorsqu'il a pris sa retraite, il dirigeait une société de vingt-deux taxis. Il a fait deux pèlerinages à Auschwitz : le premier, en juillet 1995, avec ses deux fils, le second, en février 2002, accompagné de quatre de ses six petits-enfants.

David Fuchs
6 ans en 1940

C'est Israël, le grand-père paternel de David Fuchs, qui, séparé de sa femme, avait immigré le premier en France. Originaire de Tomaszov-Mazowieski, près de Lodz, il avait ouvert un magasin de bonneterie à Laon, dans l'Aisne. Le père de David avait suivi peu de temps après. Prénommé Avram en hébreu et Laïbus en yiddish, il s'était installé à Étrépagny, dans l'Eure. Charcutier ambulant, il se levait dès cinq heures du matin et se couchait très tard, rayonnant sur une quarantaine de kilomètres autour de la bourgade. Les ouvriers agricoles polonais employés dans les fermes de la région constituaient l'essentiel de sa clientèle. Attirés par la France après la guerre de 1914-1918, ces prolétaires misérables de la paysannerie retrouvaient autour de sa camionnette garée sur les marchés ou, lors de ses tournées, devant les fermes, les saveurs de la charcuterie polonaise, sa spécialité. Sa femme Déborah, originaire de Chmielnick dans la banlieue de Lodz, l'aidait dans son commerce. En janvier 1932, Avram et Déborah ont eu une fille, Estéra-Szprinka, prénom que la famille franciserait en Sabine. Puis, le 16 mars 1934, est né David.

Automne 1939 : David entre au cours préparatoire alors que la guerre débute. Le conflit perturbe la quiétude d'Étrépagny jusque dans la cour de récréation où, face aux risques de bombardement, on a creusé des tranchées. Noël est l'occasion d'un moment de joie. Le grand-père Israël offre une bicyclette à ses deux petits-enfants. Au printemps, il part se réfugier avec sa nouvelle femme, une Séfarade de Tunisie, à Bourgneuf-la-Forêt, un village de la Mayenne. La débâcle panique les populations. Invincible, l'armée allemande ne cesse de progresser. Des foules de civils encombrent les routes. Avram s'engage dans les troupes polonaises combattant en France. Lors d'une permission, il emmène sa famille en Mayenne. Un trajet mouvementé dans la cohue de l'exode qui interrompt l'année scolaire de David. « Les véhicules roulaient au pas. De temps en temps, des avions italiens nous mitraillaient. J'entends encore le bruit de la balle qui a traversé la tôle de notre camionnette. » Bientôt, Pétain ordonne à l'armée française de cesser le combat. Les Fuchs rentrent à Étrépagny.

Relayé par le gouvernement de Vichy, l'ordre nazi se prépare à étouffer la République. Les lois, ordonnances et autres textes antisémites ne vont pas tarder à rendre la vie des juifs de plus en plus impossible. Jusqu'à les charger comme du bétail dans les trains de la mort. Le 26 avril 1941, il leur est interdit d'exercer une activité économique. « Mon père a dû cesser de vendre de la charcuterie. En complément des légumes que donnait le grand potager près de notre maison, il a loué une parcelle de champ où il a cultivé des pommes de terre, base de nos repas. Pour la viande et le beurre, il se fournissait auprès des paysans qu'il desservait dans ses tournées avant la guerre. Ne pouvant plus utiliser sa camionnette, il s'y rendait à bicyclette. Néanmoins, nous n'avons jamais manqué de nourriture. » Le 13 août 1941, les postes de radio appartenant aux juifs de la zone nord sont confisqués. « J'ai eu beaucoup de peine lorsque mon père a apporté le nôtre à la gendarmerie. Non seulement c'était pour moi le plus bel objet de la maison, mais comme peu d'habitants du village en possédaient, les copains venaient l'écouter à la maison. » Le 29 mai 1942, une ordonnance impose aux juifs le port de l'étoile jaune. « Ma mère l'a cousue sur nos vêtements, mais cela n'a rien changé dans nos rapports avec les habitants d'Étrépagny. Mes copains ne m'ont pas tourné le dos. Je n'ai pas subi la moindre réflexion antisémite, ni la moindre attitude d'exclusion. Les gens savaient que nous étions juifs mais ne semblaient pas y prêter attention. Ils nous avaient parfaitement intégrés. Ils estimaient mon père qui assistait aux matchs de foot de l'équipe locale, participait aux battues et allait boire l'apéritif avec eux au bistrot. À l'époque de la Pâque juive, je distribuais des galettes de pain azyme aux copains. Comme ils n'en mangeaient pas chez eux, ils aimaient ça. Tous en voulaient. »

La relative tranquillité des Fuchs, qui ont conservé leur nationalité polonaise, vole en éclats le 12 juillet 1942. En fin d'après-midi, des feldgendarmes et des policiers français, accompagnés de l'huissier de justice d'Étrépagny, se présentent à leur domicile. Ils ont ordre d'arrêter Avram. Il est absent. « Alors ils nous ont priés, ma mère, ma sœur et moi de les suivre. L'huissier, que nous connaissions bien, a objecté que l'ordre ne concernait pas les deux enfants car, nés en France, nous avions la nationalité française. Les autres n'ont pas insisté. Le ton était correct. Pas de brutalité. Pas de précipitation. Ils ont laissé à ma mère le temps de préparer une petite valise, l'un d'eux lui suggérant même de prendre des vêtements chauds car, dans l'est où elle allait, a-t-il précisé, elle en aurait besoin. Plus tard, j'ai réalisé le paradoxe de son conseil : il lui avait expliqué qu'il faisait froid dans le pays où elle était née. »

Les autorités françaises hébergent David et sa sœur à l'hospice Saint-Jacques aux Andelys. Ils dorment dans une salle commune au milieu des vieillards. En rentrant chez lui, Avram, qui apprend par des voisins le passage des

Allemands, trouve une convocation pour le commissariat des Andelys. Il s'y rend aussitôt et est écroué sur-le-champ. À Étrépagny, la rafle du Vel'd'Hiv aura eu lieu quatre jours avant Paris. « Le 14 juillet, les gendarmes sont venus nous chercher à l'hospice pour que nous puissions dire au revoir à nos parents. À la prison, on nous a laissés seuls avec eux dans une pièce. Nous les avons embrassés et nous avons dû repartir. Quelques jours plus tard, ils nous ont envoyé une carte de Pithiviers. Puis, plus rien. Après, nous les avons attendus, ne sachant pas où on les retenait. Nous ne soupçonnions pas le programme d'extermination engagé par Hitler. Nous pensions qu'ils avaient été envoyés dans un lointain camp de travail et qu'une fois la guerre terminée ils seraient libérés. Mon père non plus ne s'est certainement douté de rien. Comment aurait-il pu envisager que la France, ce pays de liberté, d'égalité et de fraternité dont il avait rêvé l'enverrait à la mort ? »

Avram Fuchs sera déporté à Auschwitz le 31 juillet 1942 par le convoi n° 13, Déborah le 3 août, par le convoi n° 14. David ne les reverra jamais. Pas plus qu'il ne reverra son oncle maternel, Maurice, épicier à Méru, dans l'Oise, arrêté dans le Lot, ainsi qu'une tante maternelle, Roukhele, son mari Haïm et leurs enfants. Ils étaient ouvriers tailleurs rue des Écouffes à Paris, dans le IVe arrondissement. Restés en Pologne, la grand-mère paternelle de David et ses deux grands-parents maternels périront également dans la Shoah.

Encombrée par les deux gosses, l'administration française souhaite s'en débarrasser et leur demande de contacter un membre de leur famille afin qu'il les prenne en charge. « Nous avons écrit à notre tante Rachel qui habitait Paris. Son mari, Israël, était le plus jeune frère de ma mère. Sous-officier de l'armée française, il avait été tué en mars 1940 en Champagne. Veuve de guerre, elle bénéficiait, ainsi que ses deux fils David et Jean-Claude, déclarés pupilles de la nation, de la protection du ministère des Anciens Combattants qui lui versait une pension. Elle nous a accueillis dans son deux pièces de la rue des Boulets, dans le XIe arrondissement. Nous y avons vécu à peu près normalement, bien que nous percevions une tension beaucoup plus forte qu'en Normandie. Estéra allait à l'école du passage Voltaire. Moi, rue Alexandre-Dumas. Lorsque nous jouions dans la rue, nous dissimulions notre étoile sous une cape ou un gilet jeté sur les épaules. Tout naturellement, nous avons acquis un certain nombre de réflexes : ne pas attirer l'attention, rester en permanence sur le qui-vive, éviter les Allemands, les policiers français et les passants qui nous paraissaient suspects. Une sorte d'instinct de survie qui se développe en côtoyant un péril extrême. Une voisine de ma tante, amie d'un policier, la prévenait des rafles. À chaque alerte, nous montions tous dormir dans une chambre de bonne. Certes, nous échappions au danger, mais être réveillés à six heures du matin, parfois plusieurs jours de suite, par une cavalcade de godillots dans la cage d'escalier de l'immeuble, ça vous marque. D'autant que, dans ces moments-là, vous savez que vous ne devez faire aucun bruit. En outre, les conditions de vie à Paris étaient nettement plus dures que dans la campagne normande. La nourriture manquait. L'hiver, on grelottait. »

Fin 1943, la traque des juifs s'intensifie. Les Anciens Combattants, qui ne peuvent plus protéger Rachel, l'incitent à envoyer ses enfants dans une des maisons qu'ils gèrent en province. Quant à David et Estéra, elle les confie à l'UGIF. Après une dizaine de jours au foyer de la rue Lamarck, dans le XVIIIe, ils prennent un train pour la province. « Plus tard, j'ai appris que nous avions été évacués par une filière clandestine de la Wizo. Ce réseau de femmes sionistes avait infiltré les structures officielles de l'UGIF qui lui servaient de couverture pour sauver des enfants. C'est ainsi qu'accompagnés par une jeune femme blonde, nous avons débarqué à Chavagnes-en-Paillers, en Vendée. »

À l'âge de la retraite, David découvrira que la jeune femme blonde, alors âgée de vingt ans, s'appelait Suzanne Mathieu. Étudiante en lettres à la Sorbonne, elle avait entendu par hasard à la radio l'appel du 18 juin 1940 du général de Gaulle qui l'avait enthousiasmée. Elle abhorrait les occupants nazis et les collaborateurs. Mais comment résister ? Une amie lui a fourni la réponse en lui proposant, parce que aryenne, donc moins soupçonnable, de convoyer des enfants juifs en Vendée et en Loire-Inférieure. Elle a accepté immédiatement, ignorant qu'elle venait d'être recrutée par la Wizo. À cette époque, il valait mieux en savoir le moins possible. Aux contrôles de police, une carte tricolore attestait qu'elle conduisait à la campagne des enfants de prisonniers supportant mal les difficultés d'approvisionnement de la capitale. Elle en a descendu une quarantaine, peut-être plus, à Chavagnes-en-Pailliers. Là, un médecin gaulliste, Gabriel Foucaud, une aristocrate résistante, Hélène de Suzannet, un maire maréchaliste, Gilbert de Guerry, et un vieux curé, l'abbé Henri Crouzat qui, malgré sa fidélité au vainqueur de Verdun, méprisait les « païens nazistes » et « le satanique Hitler », disséminaient les gosses dans les familles qui, pour la plupart, n'avaient jamais vu un juif.

Agricole, la commune compte près de 3 000 habitants, dont seulement un tiers réside dans le bourg, la majorité vivant dans la campagne environnante. Avec Saint-Laurent-sur-Sèvre, elle porte fièrement le titre de « ville sainte » de Vendée. Le catholicisme, empreint d'antijudaïsme traditionnel, y est omniprésent. Outre l'église paroissiale, la maison mère de la congrégation des ursulines, dites les « dames de Chavagnes », et celle des fils de Marie-Immaculée, appelés aussi les « pères de Chavagnes », ainsi que plusieurs autres institutions religieuses, Chavagnes totalise près de quarante croix et calvaires, une dizaine de chapelles, vingt arceaux et statues... À la rentrée de 1942, pas moins de 165 élèves franchissent le porche du petit séminaire[1].

David, qui a conservé son nom de famille, se prénomme désormais Daniel. Sa sœur devient Simone. Ils ont retiré leur étoile jaune. Officiellement, ils ne sont pas juifs, mais de simples gosses qu'il s'agit d'éloigner de la guerre et de ses privations. Un premier couple, des ouvriers agricoles, prend David en charge pendant deux mois dans sa modeste maison du hameau du Cormier, à trois quarts d'heure de marche du bourg. « Moi qui avait été terriblement dépaysé à Paris, où j'avais crevé de faim, je me suis replongé en Vendée dans ma vie de petit campagnard normand, jouant dans les prés et mangeant normalement du beurre et de la viande, comme à Étrépagny. »

Au printemps 1944, on le déplace vers le bourg, où sa sœur a été recueillie par des commerçants qui tiennent un dépôt de pain et de charcuterie. Sa nouvelle protectrice, Marie-Élise Roger, épouse de prisonnier, a une fille, Bernadette, et s'occupe déjà d'un gamin, Bernard, non juif, réfugié des Ardennes. Très vite, David se sent le fils de la maison, un enfant du village. « Je ne vivais pas caché, je vivais en pleine lumière. Meilleur élève de l'école, une institution religieuse car il n'en existait pas de laïque, je suis devenu la fierté de l'instituteur. Meilleur élève des cours de catéchisme, enfant de chœur consciencieux, je suis devenu la fierté du curé. Marie-Élise aussi était fière de moi. Rien ne me manquait. Je pouvais courir, jouer, rire. J'allais à l'école, à la messe, comme tous les enfants de la commune. Je me sentais aimé, choyé par Marie-Élise. Régulièrement,

1. *Des enfants juifs en Vendée. Chavagnes, 1942-1944,* Centre vendéen de recherches historiques, 2004.

les gens chez qui logeait ma sœur me donnaient une bonne brioche. Traité comme un coq en pâte, j'étais heureux. Pourtant, mon instinct de survie me poussait à taire que j'étais juif. Jusqu'à la Libération, je ne l'ai dévoilé à personne, ni à mon meilleur copain, ni au curé avec qui je discutais beaucoup, ni à l'instituteur. Marie-Élise, que j'aimais tant, que j'appelais maman et qui me considérait comme son fils, savait mon secret. Elle gardait le silence sur ce sujet tabou, trop dangereux pour être abordé. Puis, de bonnes nouvelles nous sont parvenues de la guerre. Le jour du débarquement en Normandie, le directeur de l'école a rassemblé les élèves dans la cour et nous a fait chanter *La Marseillaise.* La fin du conflit approchait et tout allait rentrer dans l'ordre. J'étais certain de revoir bientôt mes parents. »

L'année suivante, l'Allemagne nazie capitule. La France se réhabitue à la paix. Les prisonniers, dont le mari de Marie-Élise, rentrent dans leurs foyers. Début juillet, le directeur de l'école se doute que le rapatriement de David vers Paris ne va pas tarder. Or il voudrait éviter que le gamin ne reparte sans son certificat d'études. Le temps presse. L'examen dans le canton de Saint-Fulgent auquel est rattaché Chavagnes ayant lieu quinze jours après celui du canton voisin de Montaigu, le directeur va obtenir de l'évêché l'inscription de David à Montaigu. « Le matin de bonne heure, le responsable de l'enseignement du diocèse est venu en personne me prendre à Chavagnes et m'a conduit à Montaigu. J'ai eu la meilleure note du canton. » À la fin de l'été, ses tantes, qui l'ont récupéré, le placent dans une maison d'enfants à Montmorency. Il effectue son année de sixième au cours complémentaire de la ville.

Jusqu'en première, David est pensionnaire au lycée Maïmonide de Boulogne-Billancourt, près des jardins Albert-Kahn. Bien qu'il s'agisse d'un établissement religieux traditionnel, il milite dans le mouvement de jeunesse sioniste socialiste Hachomer Hatzaïr. Après sa terminale au lycée Jacques-Decourt, dans le IXe arrondissement de Paris, il entreprend des études supérieures de langues orientales et de psychologie. Il continue aussi à militer à Hachomer Hatzaïr, qu'il préside aujourd'hui, tout en assumant les fonctions de secrétaire général du cercle Bernard Lazare qui regroupe des juifs de gauche fidèles aux idéaux socialistes des fondateurs de l'État d'Israël. Lorsqu'il prend sa retraite, il est maître de conférence en psychologie à l'université Paris VII et attaché à l'Assistance publique en tant que psychologue. De ses trois enfants, « aucun n'a choisi un métier banal ». Son fils Ariel, né en 1961, père de deux fillettes, est plongeur et chercheur en biologie marine. Sa fille aînée, Déborah, née en 1970, mère également de deux fillettes, est docteur en éducation physique, spécialisée dans les grands handicapés. Sa fille cadette, Yaël, née en 1973, « le jour du déclenchement de la guerre du Kippour », est astrophysicienne.

Et ses parents ? Quand a-t-il réalisé qu'il ne se blottirait plus jamais dans leurs bras ? « Je les ai attendus, attendus. Je les attends toujours. Les reportages d'actualités au cinéma nous ont montré l'horreur des camps de la mort. Progressivement, j'ai pris conscience de la Shoah, tout en espérant que mes parents figureraient parmi les rescapés. Je n'ai pas eu d'information brutale sur leur sort. Cela s'est fait progressivement. Cependant, je n'ai pas intégré l'idée qu'ils ne reviendraient pas. Personne ne sait ce qu'ils sont devenus. Les archives les déclarent officiellement disparus le 1er janvier 1943. Vous comprenez ? Disparus, pas morts. Deux notions vraiment différentes. Ils sont considérés comme disparus car on n'a jamais eu de leurs nouvelles. Ils ont certainement été tués à Auschwitz. Mais entre le penser et l'intégrer, il y a vraiment une marge. Je me demande si j'admettrai un jour que je ne les reverrai jamais. Après la guerre, j'ai reconquis ma liberté. Pas toute ma liberté. Il subsiste encore maintenant un résidu que je n'ai pas évacué. La preuve : me voilà incapable d'évoquer mes parents sans avoir les larmes aux yeux ! Plus de soixante ans après, vous vous rendez compte ? Pleurer des parents disparus il y a plus de soixante ans ! C'est ça mon résidu. »

Marie-Élise Roger, sa « mère de guerre », lui a donné une nouvelle famille, l'a aidé à se reconstruire, compensant le vide laissé par la « disparition » de ses parents. « Après mon départ de Chavagnes, je lui ai écrit. D'abord régulièrement. Ensuite, mes lettres, auxquelles parfois je joignais une photo, se sont espacées. Toutefois, dès que j'ai pu acheter ma première moto, en 1952, j'ai pris la route pour Chavagnes. Depuis, j'y retourne fréquemment. » « La première fois qu'il est revenu, ajoute Marie-Élise, il avait grandi, il avait changé. C'était un beau jeune homme. Je lui ai dit : "Bonjour monsieur", et il a corrigé : "Mais tu m'appelais Daniel !" Il ne m'avait pas oubliée. En 1945, je me doutais qu'il ne retrouverait pas ses parents. En partant, il nous avait dit : "Je ne sais pas où je vais aller !" Je n'avais pas répondu. Sa femme m'a confié qu'il lui parlait fréquemment de moi. Moi aussi, je pensais à lui. Maintenant, il me téléphone aussi souvent que mes enfants, lorsqu'il part en voyage, quand il rentre. Et il m'envoie des cartes postales. Il ne me laisse jamais longtemps sans nouvelle ou sans me rendre visite. » Marie-Élise évoque les années d'occupation, la vie à Chavagnes, l'absence de traque des juifs et de délation malgré une unité de soldats ennemis cantonnée dans la commune, un mari retenu prisonnier en Allemagne, et ce garçonnet qui lui a apporté tant de joies. « À son arrivée à la maison, il avait sa petite étoile dans une poche. Je l'ai rangée dans un tiroir. Et nous n'y avons plus fait la moindre allusion. On taisait ces choses. D'ailleurs, qu'il soit juif ou pas, c'était un gosse comme les autres. Il avait besoin qu'on s'occupe de lui. Quant au danger que cela pouvait représenter de le cacher, je n'y prêtais pas attention. Avant lui, j'avais hébergé d'autres petits réfugiés, non juifs ceux-là. Mais contrairement à eux, Daniel ne recevait jamais de courrier. »

Très croyante, Marie-Élise n'explique pas son attitude par la foi. Plutôt par son besoin d'une maison pleine de vie, de rires et de cris. « À la mort de mon père, qui a été tué durant la Première Guerre mondiale, j'avais six mois. Dans mon enfance, j'ai souffert de n'avoir ni frère ni sœur. J'ai voulu éviter à ma fille la même solitude. »

David Fuchs a dû insister pour qu'elle accepte le titre de Juste des nations. « À une époque tragique, elle a incarné comme beaucoup d'autres dans le pays le vrai visage de la France. » Marie-Élise, elle, estime qu'elle n'a rien fait d'extraordinaire. « Quoi de plus normal, de plus naturel, que d'ouvrir sa maison à un enfant ? Je n'ai pas agi en héroïne. Ce petit garçon, il m'a aimé, je l'ai aimé. Un tel bonheur ne méritait pas une récompense. Bon ! Puisqu'il y tenait tant, j'ai cédé. Et ça me fait plaisir, quand même. » Le 14 novembre 1999, Yigal Palmor, conseiller à l'ambassade d'Israël en France, lui a remis la médaille des Justes. « Je voudrais rappeler, a-t-il déclaré lors de la cérémonie, que c'est tout le village de Chavagnes-en-Paillers qu'il faut reconnaître et remercier. Il a fallu tout un village pour créer une communauté et sauver des vies humaines. » Soulignant que les trois quarts des juifs de France avaient survécu, Jean-Claude Ross, représentant du comité français pour le mémorial Yad Vashem, a précisé : « Il fallait une personne pour dénoncer une famille juive, mais une très importante chaîne de solidarité pour en sauver une seule. » Ensuite, David Fuchs a remercié publiquement sa « mère de guerre » : « *Ah'aron, Ah'aron, H'aviv* (dernière et bien-aimée Marie-Élise), tu tiens maintenant en main la médaille qui t'honore au titre de Juste parmi les nations, et je sais qu'en cet instant encore, tu considères que tu n'as agi que très naturellement. Oui, moi aussi, je considère que nous avons vécu ces moments de la guerre tout à fait naturellement, comme ce matin quand j'ai mis mon col blanc sur ma veste ainsi que tu le faisais il y a cinquante-cinq ans. Il m'en a donc fallu du temps, tout ce temps pour faire que ces moments intimes de bonheur soient étalés sur la place publique. En fait, le même temps pour qu'un Papon se retrouve enfin dans une cellule d'une prison française. Et ce rappel donne pour moi son sens aux actes de tous ceux qui, comme toi, au lieu de se réfugier derrière les ordres d'un État et d'un gouvernement renégats, ont agi comme des êtres humains devant le malheur d'autres êtres humains. Oui, comme d'autres, tu as mérité cette distinction du peuple juif pour rappeler aux générations futures, à commencer par tes enfants et petits-enfants, mes enfants et petits-enfants, que tu m'as sauvé la vie, qu'en plus tu m'as aimé comme on peut aimer un enfant, et m'as donné ainsi la force de mener une vie riche de ces souvenirs qui me permettent de m'acquitter de cette dette de vie, en essayant d'agir moi aussi au sein de la vie juive. Alors je suis heureux de te dire publiquement merci, merci simplement ; un merci que je partage avec tous ceux qui, même encore inconnus à ce jour, en nous aidant ont mérité d'être Justes parmi les nations ! Et à l'hébreu du début, j'ajouterai en latin : *Ave Maria,* je te salue Marie, Marie-Élise ! »

Six semaines auparavant, une plaque de marbre noir avait été dévoilée sur la façade de la mairie : « Aux habitants de Chavagnes et de ces villages qui ont eu le courage d'accueillir et de protéger des enfants en danger de mort parce que nés juifs. Les anciens enfants cachés de Chavagnes ». Dans les années 1990, David Fuchs a en effet découvert, grâce à d'autres anciens, qu'ils n'avaient pas, sa sœur et lui, été les seuls enfants juifs recueillis à Chavagnes, que cette commune très catholique de Vendée en avait sauvé beaucoup d'autres. Plusieurs dizaines. D'où cette plaque de marbre et l'hommage qu'il a rendu à « son » village : « Alors qu'un sombre nuage de haine envahissait l'Europe, des lueurs de lumière et d'amour apparaissaient dans des lieux les plus humbles comme Chavagnes-en-Pailliers. Alors que disparaissaient nos familles naturelles dans la fumée des trains précédant celle des fours crématoires, d'autres familles, ici, à Chavagnes-en-Pailliers, nous ouvraient grands leurs bras et leurs cœurs. Dans ces deux phrases se résume pour moi l'essentiel de ce que le peuple juif a vécu comme peuple, et ce que moi, comme un de ses enfants, j'ai vécu comme individu. Et c'est le bonheur d'être là, vivant, que je suis heureux de partager avec vous qui avez vécu ces moments, ou avec vos descendants qui doivent être fiers de ce que leurs parents ont fait durant cette sombre période de notre histoire ! Le Talmud, dans la tradition juive, rappelle que "celui qui sauve un être humain sauve toute l'Humanité", alors vous pouvez contempler quel apport glorieux Chavagnes-en-Pailliers a fait à toute l'Humanité ! Et puisque je rappelle la tradition juive, je me souviens que c'est à l'église que je l'ai rencontrée, sans le savoir, lorsque je reprenais le Halelouyah et que j'ai appris plus tard être de l'hébreu, comme ce mot également commun à nos deux traditions par lequel je terminerai en vous souhaitant, à tous, longue vie et bonheur : Amen, oui, je crois ! »

Estéra Fuchs-Gireau
8 ans en 1940

Sœur aînée de David Fuchs, Estéra a deux autres prénoms : Sabine, que ses parents lui ont donné avant guerre par souci d'intégration, et Simone, qu'elle a tenu à conserver après la Libération. Il vient de son baptême, en 1944, par le curé de Chavagnes-en-Paillers. Née le 26 janvier 1932, elle se dit « judéo-chrétienne ». « J'ai eu une mère juive et une nourrice catholique, très pratiquantes l'une et l'autre. Je les aime profondément. Je ne veux pas choisir entre les deux. »

Dans la vie quotidienne, son père, Avram, ne suit pas les préceptes du judaïsme. Comme l'interdiction de manger du porc, qu'il contourne allègrement. D'ailleurs, son métier de charcutier lui offre de multiples tentations. En revanche, Déborah, sa femme, ne cuisine que kasher. « Tolérante, elle lui avait réservé un placard où elle rangeait les aliments interdits par la religion. Lui, de son côté, respectait les traditions de sa femme. » Les Fuchs sont les seuls juifs d'Étrépagny, bourgade catholique de l'Eure où il n'existe d'autre école maternelle que celle des sœurs de Saint-Vincent-de-Paul. C'est donc entourée de cornettes blanches qu'Estéra débute sa scolarité. Avant d'intégrer l'école communale laïque et républicaine, où l'enseignement du catéchisme est au programme tous les mercredis après-midi. Dès le cours préparatoire, elle apprendra avec ses camarades de classe la vie de Jésus et de ses saints. Pas plus que David, son frère, elle ne souffre de la moindre attitude antisémite.

De l'exode, une anecdote marque Estéra : Avram avait chargé sur le toit de sa camionnette plusieurs grosses valises pleines de linge et de draps brodés. « Au moment du départ, je n'ai voulu me séparer ni de ma poupée, ni de sa salle à manger, ni de sa chambre à coucher. Mon père a descendu une des valises afin de dégager de la place pour mes jouets. Nos parents étaient ainsi. Ils nous adoraient. » L'autre souvenir, douloureux celui-là, est l'arrestation de ses parents, le 12 juillet 1942. Lorsqu'on les conduit, son frère et elle, à l'hospice Saint-Jacques aux Andelys, la mère supérieure s'inquiète : « Comment allons-nous être payés ? — Avec les pommes de terre qu'a cultivées monsieur Fuchs », répond l'homme de loi qui les accompagne. « Dans les jours qui ont suivi, j'ai vu qu'on livrait des sacs pleins de patates à l'hospice : c'était la récolte de mon père. » Jamais Estéra ne se sentira abandonnée. « Ma tante Rachel nous a rapidement recueillis chez elle, à Paris. Réfugiées en province, deux cousines, Annie et Jeannette Laski, nous envoyaient des colis de nourriture pour compenser les restrictions de la capitale. »

David et Estéra deviennent des enfants cachés fin 1943, après leur départ du foyer de l'UGIF de la rue Lamarck, dans le XVIIIe arrondissement. Une vie clandestine qui débute par un voyage en train vers la Vendée, avec leur accompagnatrice, Suzanne Mathieu. « Je n'ai pas vu le temps passer. Suzanne était tellement attentionnée, tellement chaleureuse. Pendant tout le trajet, nous avons parlé de poésie, de littérature, de Victor Hugo. Je n'ai jamais rencontré une jeune femme plus belle. Elle était grande et mince, avait des cheveux blonds et de magnifiques yeux bleus. »

À Chavagnes-en-Pailliers, tandis que David est dirigé vers un hameau de la commune, Suzanne Mathieu la conduit chez Émile et Eulalie Drouin. Ils habitent rue du Calvaire et ont une fille adoptive, Annick, qui a cinq ans de moins qu'elle. Ils vont devenir « papa Émile » et « maman Lalie ». Menuisier, Émile fabrique des chaises « extraordinaires ». « C'était le genre de meuble que vous pouviez transmettre à vos enfants, puis à vos petits-enfants, sans qu'il se casse. Je rêvais de lui en acheter. Mais lorsque mes moyens financiers me l'ont permis, le pauvre était mort. » Eulalie tient un dépôt de pain et de charcuterie. Le charcutier de Saint-Denis-la-Chevasse l'approvisionne une fois par semaine. Le boulanger des Brouzils lui livre le pain quotidiennement. Pompon, le cheval qui tire sa carriole, apprécie la présence d'Estéra. Elle lui donne régulièrement des morceaux de sucre. « Un exemple de la gentillesse de la famille Drouin : ils me permettaient, en pleine Occupation, de donner du sucre à un cheval. Évidemment, les restrictions touchaient moins la Vendée que Paris. Mais quand même... C'étaient des gens fabuleux. Un soir, avant de monter me coucher, je cherchais papa Émile pour lui souhaiter une bonne nuit. J'ai demandé à maman Lalie où il se trouvait. Elle m'a répondu qu'il travaillait. L'ayant rejoint dans son atelier, je l'ai regardé quelques minutes, en silence. Il a senti ma présence, s'est tourné vers moi et m'a prise dans ses bras. Des moments comme celui-ci vous permettent vraiment de reconnaître les gens qui vous aiment. »

Le dimanche, Estéra garde des jumeaux chez le notaire du village, Philippe Salmon. Et gagne cinq francs. C'est également le salaire que lui donnent les sœurs Lainé, propriétaires d'un domaine viticole, qui l'emploient pour les vendanges. « Le dernier jour, elles m'ont envoyée chercher une corde à tourner le vent. Je n'ai pas deviné la plaisanterie. J'ai cherché l'objet mystérieux jusque tard dans la nuit.

Je ne pouvais pas imaginer que les sœurs Lainé, à l'allure si sérieuse, puissent me faire une telle farce. Nous avons bien ri. Nous ne sentions pas qu'il y avait la guerre. »

À l'école, tenue par des religieuses, elle est première de sa classe et elle a deux copines, Yvonne Pitiveau et Michèle Salmon, la fille aînée du notaire. Elle va évidemment au catéchisme et, le dimanche, à la messe ou aux vêpres. Lors du mois de Marie, c'est tous les jours qu'elle pousse la porte de l'église. Elle aime les pétales de rose qu'on jette sur le passage des processions. Elle est aussi inscrite aux Âmes vaillantes, où elle a pour monitrice Osmane de Guerry, la fille du maire. Maman Lalie se doute qu'elle ne retrouvera jamais ses parents. Elle envisage de l'adopter. « Je pense que c'est pour cette raison qu'elle m'a fait baptiser. De sa part, très pratiquante, il s'agissait d'un acte d'amour. »

Après la guerre, maman Lalie ne pourra pas adopter sa petite Simone qui sera placée par ses tantes dans des maisons de l'OSE. Simone ne se séparera pas pour autant de sa religion adoptive. Elle ne s'éloignera pas non plus de celle de ses parents. Ayant la foi, elle prie tous les jours. Connaissant essentiellement des prières catholiques, c'est à travers elles qu'elle s'adresse à Dieu. « Ma préférée est le *Notre-Père*. En hébreu, je n'en sais qu'une, le *Shema Israël.* » Est-ce cette proximité religieuse qui explique son mariage, en 1951, avec un catholique, Guy Gireau, ingénieur dans l'industrie agroalimentaire ? « Peut-être », répond-elle. Quand Bernadette, la femme de son fils Daniel, croyante comme elle, va à la messe, elle l'accompagne. Quand ses petits-enfants Annie-Lise et Simon ont fait leur première communion, elle s'est avancée vers l'autel et a pris l'hostie que lui tendait le prêtre. Pourtant, chaque soir, elle s'adresse à sa mère, Déborah, assassinée à Auschwitz avec soixante-treize autres membres de sa famille. « Elle me protège, affirme-t-elle, une étoile de David pendue à la chaîne en or qu'elle porte autour du cou.

L'antisémitisme n'a pas disparu. On aurait pu penser qu'Hitler et la solution finale l'avaient définitivement couvert de honte. Pas du tout. Si vous saviez toutes les vacheries que j'ai entendues dans ma vie d'adulte, même de la part de collègues de travail de mon mari. Vous n'imaginez pas les idioties que certains continuent à colporter sur les juifs, comme de dire qu'ils ont le pouvoir, l'argent, contrôlent les médias, complotent dans l'ombre... »

Si Estéra est rarement retournée à Chavagnes-en-Paillers, elle a correspondu jusqu'à leur mort avec papa Émile et maman Lalie. Sur leur tombe, elle a fait graver ces mots : « Ici gisent deux Justes. Passants, souvenez-vous. » Elle est toujours en contact avec leur fille, Annick, ainsi qu'avec Osmane de Guerry, sa monitrice des Âmes vaillantes.

Ida Rozenberg-Apeloig et Marcel Apeloig
3 ans et 6 ans en 1940

20 novembre 2004. Une plaque est dévoilée sur la façade du vieux marché couvert, près de la mairie de Châteaumeillant dans le Cher : « Entre 1940 et 1944, une quarantaine de familles juives trouvèrent refuge à Châteaumeillant. Traquées et pourchassées par le gouvernement de Vichy et par l'armée allemande qui occupait notre pays, elles furent, pour la majorité d'entre elles, sauvées par le silence et l'action de la population, à l'exception de trois personnes arrêtées et déportées. Aujourd'hui, en 2004, les enfants de ces familles tiennent, en apposant cette plaque, à honorer tous ces gens qui, en pleine connaissance des risques encourus, les sauvèrent de l'arrestation et de la déportation. »

Le hasard est à l'origine de cette plaque. « En août 2003, raconte Ida Rozenberg-Apeloig, une amie de mon fils m'a offert un petit livre intitulé *Avant l'oubli... résistance* qu'elle avait déniché chez un libraire parisien. Son auteur, Roger Sandrier, décédé en 1997, y relate la résistance à Châteaumeillant où mon père, ma mère, mon frère aîné Benjamin et moi avons passé les quatre années de l'Occupation. Mon petit frère, Jean, y est né en septembre 1942. Il est l'un des six enfants juifs que le docteur Léon Guyot a aidé à mettre au monde. » De cette époque datent les premiers souvenirs d'Ida. « Plus précisément, note-t-elle, les premières sensations qui se sont imprimées dans ma mémoire. » Ainsi les conseils d'une nourrice, après le passage de son père dans la clandestinité : « Si tu vois tes parents, fais comme si tu ne les connaissais pas. » Ou bien : « Surtout, ne dis pas que tu es juive ! »

À la lecture de ce livre, des bribes de son passé émergent. Ida découvre le rôle de la résistance communiste locale, à laquelle appartenait son père, dans le sauvetage des juifs. Elle peut identifier ceux qui ont permis à sa famille d'échapper aux camps de la mort, après avoir mis notamment en place un « réseau d'alerte ». Elle a souligné un paragraphe : « Raveau qui, dès qu'il voyait arriver un pli cacheté à n'ouvrir qu'à telle heure, savait de quoi il retournait, c'était une opération dans un délai très court. Ce gendarme avait l'habitude d'aller chaque jour à la pâtisserie René Dupuis, qui était des nôtres. Il lâchait négligemment : "Triste besogne ce soir." Vacher était aussitôt alerté et prévenait les juifs qui travaillaient (étaient planqués, devrait-on dire) chez Camille Lacaisse, tailleur, et chez Maurice Chaussé. Tous les juifs du secteur étaient immédiatement alertés et planqués chez nos voisins. »

Ida a voulu en savoir plus. Aidée par le fils de Roger Sandrier, Jean-Claude, député du Cher, elle établit une liste, « certainement incomplète », de neuf résistants : André Vacher, ébéniste, Jean Raveau, gendarme, Camille Lacaisse, tailleur, Maurice Chaussé, menuisier, René Dupuis et Lucien Cluzel, pâtissiers, Auguste Petit, boulanger, André Desternes, conseiller général, et, bien sûr, Roger Sandrier, marbrier. Aux archives départementales de Bourges, elle découvre que « ce bourg de 2 800 habitants a accueilli 500 réfugiés, dont cent 106 ». Elle retrouve également une vingtaine d'enfants qui y ont été cachés. Ensemble, ils décident d'honorer par une plaque « tous ces gens qui, en pleine connaissance des risques encourus, les sauvèrent de l'arrestation et de la déportation ».

Comment les Rozenberg se sont-ils réfugiés à Châteaumeillant ? Par quelle filière ? Ida l'ignore. Elle ne s'explique pas non plus pourquoi la plupart des juifs de cette commune venaient du XIe arrondissement.

Polonais originaires de Kazimierz-Dolny, petite ville au sud-est de Varsovie, ses parents, Samuel et Golda, alors enceinte de huit mois, ont immigré à Paris au début du mois de mai 1930. Quelques jours plus tard, le 28, naissait leur fils aîné, Benjamin. Aidé par son frère Joseph, en France depuis le milieu des années 1920, Samuel, ébéniste, s'est installé à son compte, au 275 de la rue du Faubourg-Saint-Antoine, dans le XIe arrondissement. Ida est née le 7 juillet 1937.

À Châteaumeillant, les Rozenberg louent une petite pièce au premier étage d'une maison, près de l'épicerie Martin, dans la Grande-Rue. Samuel travaille tantôt chez le menuisier, Maurice Chaussé, tantôt chez l'ébéniste, André Vacher. Golda est employée comme femme à tout faire chez des paysans, les Fayat, qui, vers la fin de l'Occupation, embauchent également son fils aîné, Benjamin.

En octobre 1943, Samuel frôle l'arrestation. « Ma mère a eu la présence d'esprit de le cacher dans un placard dont la porte était tapissée d'un papier peint identique à celui de la pièce où nous vivions, et a poussé sa machine à coudre contre le réduit afin de mieux le camoufler. Elle a affirmé aux gendarmes qu'il s'était absenté pour quelques jours. Après une rapide inspection du logement, ils sont repartis sans voir le placard. À peine avaient-ils tourné les talons que mon père a sauté par la fenêtre et a gagné le maquis. Nos voisins épiciers, les Martin, ont pris en charge ma mère et mon petit frère. Une autre famille a recueilli Benjamin. Les parents de ma camarade d'école Jeanine Lemort m'ont gardée chez eux en attendant que l'ancien maire, monsieur Massicart, m'héberge. Par la suite, j'ai également séjourné chez monsieur et madame Sotton. Des gens adorables qui se sont pris d'affection pour moi. D'ailleurs, après la guerre, nous leur avons rendu visite. À cette occasion, madame Sotton a déclaré à mes parents médusés : "Ah ! Si vous aviez été arrêtés et si vous n'étiez pas revenus, j'aurais pu garder la petite Ida !" Il faut préciser qu'elle m'aimait beaucoup. D'où sa maladresse. »

À la Libération, Samuel récupère son atelier de la rue du Faubourg-Saint-Antoine que des inconnus, peut-être des voisins, ont pillé. Ida retourne à l'école et ses parents l'inscrivent à un patronage de l'UJRE. Après son certificat d'études, ils souhaitent l'orienter vers la fourrure ou les fleurs artificielles. Elle préfèrera s'inscrire, seule, à un cours de comptabilité, rue Ginoux dans le XVe arrondissement, où elle obtiendra un CAP d'aide-comptable. En 1962, elle épousera Marcel Apeloig, dépanneur en électroménager, qui montera une petite entreprise dont elle assurera l'administration. Ils auront deux enfants, Évelyne, qui sera directrice d'école maternelle, et Philippe, graphiste-designer indépendant.

Aujourd'hui, elle consacre sa retraite à la lutte contre l'oubli, notamment au sein de l'Union des engagés volontaires et anciens combattants juifs (1939-1945), leurs enfants et leurs amis (UEVACJEA). Une préoccupation que partage son mari, Marcel Apeloig, dans une autre association, la Mémoire juive de Paris. Car lui aussi descend de ces juifs qui, chassés de l'empire tsariste par l'antisémitisme et les pogroms, découvrirent en France « une terre de liberté et de tolérance » qu'évoque Georges Charpak, prix Nobel de physique, dans la préface d'un livre intitulé *Images de la mémoire juive*[1]. Un pays, pourtant, qui allait trahir ses

1. Nicole Priollaud, Victor Zigelman et Laurent Goldberg, *Images de la mémoire juive. Immigration et intégration en France depuis 1880,* éditions Liana Lévi-Mémoire juive de Paris, 2000.

valeurs. Le même livre publie la photo d'un homme arborant ses décorations et s'appuyant sur deux béquilles. À sa droite : un petit garçon. À sa gauche : une petite fille. Les deux portent l'étoile jaune. Légende de la photo : « Victor Faynzylberg est coiffeur, 12, boulevard de la Villette. Grand mutilé de guerre, il se retrouve seul avec ses deux jeunes enfants car sa femme vient d'être internée. Il décide alors d'écrire au maréchal Pétain et de joindre cette photo pour demander au héros de Verdun la libération de sa femme. La réponse ne se fait pas attendre : la police vient l'arrêter à domicile. Refusant d'obtempérer, il se défend jusqu'au bout à coups de béquille et finit par être emporté, ligoté sur une civière. »

Le père de Marcel, Nathan, avait deux ans lorsqu'il est arrivé de Pologne en 1904 avec ses parents, sa sœur Hanna, et son frère Schaïa qui sera déporté en mars 1943 par le convoi n° 51. Tabletier, il a épousé, le 11 avril 1940, après plusieurs années de vie commune, Hélène Gremillon, une catholique sarthoise. Auparavant, ils avaient eu un fils, Marcel, né le 13 septembre 1934. Nathan étant atteint de tuberculose, le bambin est aussitôt éloigné pour éviter tout risque de contamination, et confié à une nourrice dans le Loir-et-Cher. En septembre 1939, malgré sa fragilité, Nathan s'engage dans la Légion étrangère. Il est réformé en avril 1940 pour raison de santé.

Marcel découvre ses premiers uniformes allemands dans le Loir-et-Cher. « Nous nous sommes planqués au fond du jardin. Quelqu'un s'est exclamé : “Faites attention, ils ont des mitrailleuses qui vous coupent la tête !” Résultat : j'ai cru que les mitrailleuses étaient des sortes de guillotines. Autre anecdote : ces militaires, que je n'aurais su distinguer des soldats français, ont distribué du gruyère aux habitants. » L'association caritative qui a pris en charge Marcel, Le Placement familial des tout-petits, le rend à ses parents dont le logement, rue Baudin à Saint-Mandé, se limite à une pièce-cuisine au cinquième étage sans ascenseur. « Luxe suprême, nous avions des WC et un balcon. » Déjà guère brillante, la situation matérielle des Apeloig se dégrade. Dénoncé comme juif par son associé, Nathan doit abandonner sa femme et son fils. Débute pour lui une vie d'homme traqué et de résistant qui ne prendra fin qu'à la Libération. En 1945, il demandera la nationalité française. Elle lui sera refusée le 10 décembre 1946, malgré son engagement dès mars 1942 dans les rangs du Front national de lutte pour la libération et l'indépendance de la France. Meurtri, il renoncera à une seconde tentative de naturalisation. Il mourra, le 15 septembre 1975, citoyen russe.

N'étant pas juive, Hélène ne risque, en principe, rien. Néanmoins, en 1944, elle doit fournir un certificat de baptême. Après la guerre, elle racontera à son fils la visite d'un policier à la recherche de Nathan qui, de passage, s'était discrètement replié sur le balcon :

« Est-ce ici qu'habite Nathan Apeloig ?

— Oui, mais il n'est pas là. Je suis sans nouvelles de lui depuis plusieurs semaines.

— Qui êtes-vous madame ?

— Sa femme.

— Et vous prétendez ne pas avoir de nouvelles de votre mari ?

— ...

— Écoutez, je reviendrai dans quelques jours et ne serai probablement pas seul. Si vous voyez votre mari, conseillez-lui de ne pas rester en région parisienne et de se cacher. »

Autre moment de tension pour Nathan : alors qu'il loge dans une chambre de bonne, au sixième étage d'un immeuble du boulevard Voltaire, les militaires allemands investissent le quartier, vérifiant les identités des occupants de chaque immeuble, étage par étage. Pas assez sportif, il ne peut pas fuir par les toits. Il est piégé. Heureusement, ayant achevé l'inspection du cinquième étage, les Allemands ne remarquent pas, au bout du couloir, l'escalier qui mène au sixième. « Monsieur Nicklès, qui lui prêtait la pièce, était un de ses anciens camarades d'atelier. Il était scieur à ruban. Sa femme et lui ont fait preuve d'un grand courage. Comme ces Français simples, souvent peu argentés, peu instruits, qui surent malgré le danger se montrer bons, généreux et désintéressés. »

Vers la fin de 1941, les parents de Marcel l'envoient dans un petit bourg du Finistère, Lanmeur, entre Morlaix et Plestin-les-Grèves, chez Roger et Jeanne Jacquin. « Il était communiste. Elle, je ne sais pas. Un couple sans enfants, ni gentil ni méchant. Ils ne me maltraitaient pas. À l'inverse, ils ne se montraient pas particulièrement affectueux. Ils s'occupaient de moi, me nourrissaient, me donnaient un toit. J'allais à l'école, jouais avec les petits paysans des hameaux environnants. Dans le bourg, tout le monde savait que j'étais juif, ce que j'ignorais. Pour moi, qui avais reçu auprès des voisins des bribes de catéchisme chrétien, les juifs étaient ceux qui avaient tué Jésus-Christ. Mes connaissances du judaïsme se limitaient à la crucifixion. En outre, je n'avais aucune idée de ce qu'était une famille. Je n'ai vécu avec mes parents qu'à partir de 1945. De ses années de clandestinité, de caches et de traques, mon père garda une nervosité extrême, se montrant irritable et peu patient. Longtemps, il sursauta au moindre coup de sonnette. En 1949, lors de l'enterrement à Pantin de son frère Georges, un rabbin, j'ai découvert que j'avais, moi aussi, une famille. On y parlait avec un accent épouvantable une langue étrange. C'était le yiddish. À partir de là, je me suis intéressé à ma judéité, un cousin m'a fait entrer dans des associations juives dépendant de l'UJRE, dont le YASC[2], où j'ai

2. Yiddishe Arbeter Sporting Club.

fait de la gymnastique. Mais je n'ai jamais été baptisé ni circoncis. »

Marcel a rencontré Ida Rozenberg en 1952, à la Fête de *L'Humanité* qui se tenait alors sur la pelouse de Reuilly, au bois de Vincennes. Ils vendaient des sandwichs sur le stand du YASC. Il avait dix-huit ans. Elle en avait seize.

Jean-Michel Rosenfeld
6 ans en 1940

25 août 1944. Il est dix-neuf heures. D'une fenêtre du premier étage de l'Hôtel de Ville de Paris, le général de Gaulle lance à la foule : « Paris ! Paris outragé, Paris brisé, Paris martyrisé, mais Paris libéré ! Libéré par lui-même, libéré par son peuple, avec le concours des armées de la France, avec l'appui et le concours de la France tout entière, de la France qui se bat, de la seule France, de la vraie France, de la France éternelle ! » Ce jour-là, quand la mère de Jean-Michel Rosenfeld découd l'étoile jaune de ses vêtements, c'est pour lui une seconde naissance. Il a dix ans. « Jusqu'alors, nous étions condamnés à mort. Subitement, nous n'avions plus peur. Nous pouvions nous promener tranquillement dans les rues. Plus personne ne nous regardait étrangement. Il ne nous était plus interdit d'entrer dans les salles de cinéma, dans les squares et autres lieux publics. Si nous passions devant un flic, nous ne craignions plus qu'il nous embarque. Nous recommencions à vivre. » Quatre années d'angoisse s'achèvent enfin. Quatre années terribles pour un petit juif et sa mère qui n'ont pas quitté leur ville. « Nous ne nous sommes pas cachés. Nous nous sommes faits tout petits. »

Les grands-parents paternels de Jean-Michel Rosenfeld, Moïse, tailleur pour dames, et Sarah, couturière, ont émigré de Lublin en 1907. Une région de Pologne occupée à l'époque par la Russie. À leur arrivée à Paris, la veille du 14 juillet, les traditionnels bals de quartiers les ont émerveillés. Ils ont cru que les habitants de cette magnifique ville dont ils avaient tant rêvé avaient pour habitude de danser dans les rues. Le grand-père maternel de Jean-Michel, Berek-Altman, s'y était installé un an auparavant. Ouvrier chapelier-casquettier, également originaire de Lublin, il allait épouser une Parisienne, Suzanne, fille d'un juif roumain et d'une juive alsacienne.

Jean-Michel est né le 5 mars 1934, à Paris comme son père Joseph, chambre-maître, c'est-à-dire ouvrier fourreur à domicile, et sa mère Jacqueline, secrétaire. Son premier souvenir est la mobilisation de septembre 1939. « Les hommes avaient revêtu des uniformes kakis, les femmes pleuraient. On a accompagné mon père à la caserne des Lilas. Il allait participer à la campagne de France dans les rangs du 21e régiment d'infanterie coloniale. Capturé en juin 1940 dans la forêt de Warne, près d'Épinal, il a passé quatre ans en Autriche, à Innsbruck, Kaisersteinbrouh et Klagenfurt, dans un kommando de prisonniers de guerre juifs. Soumis à un statut intermédiaire entre celui des prisonniers de guerre classiques et celui des juifs, ils étaient affectés aux travaux les plus pénibles et les plus dangereux, notamment dans les mines, au flottage du bois et sur les chantiers de construction de routes. Mon père a tenté quatre évasions. Quatre échecs. »

En septembre 1940, Jean-Michel, qui habite avec sa mère au quatrième étage du 8 de la rue d'Enghien dans le Xe arrondissement, entre au cours préparatoire de l'école communale du 5 de la rue Martel. Il voit ses premiers soldats allemands défiler place Lafayette, aujourd'hui place Franz-Liszt, non loin de la gare du Nord. « Ils ne m'effrayaient pas. Ils m'impressionnaient plutôt. J'étais admiratif devant ces militaires impeccables. Je n'avais pas la moindre idée de ce que signifiait réellement le mot juif que j'entendais dans certaines conversations. Mes parents étaient laïcs et nous n'allions jamais à la synagogue. »

Deux événements vont lui apprendre qu'il est juif. D'abord, un cousin germain de son père, Élias Eizenfarb qui, en 1939, s'est engagé dans la Légion étrangère, reçoit le 13 mai 1941 le fameux « billet vert ». La simple formalité administrative de recensement se transforme en internement au camp de Pithiviers, d'où il part pour Auschwitz le 21 juin 1942. « La plupart des déportés de son convoi, le n° 4, étaient d'anciens combattants de l'armée française. » Deuxième événement : en juin 1942, Jean-Michel accompagne sa mère qui est convoquée au poste de police de la rue Chabrol. « Lorsque nous sommes ressortis, nous avions chacun deux étoiles jaunes, et ma mère, la mention "juive" tamponnée sur sa carte d'identité. J'ai alors pris conscience que j'étais juif, sans comprendre exactement ce que cela voulait dire. Seule certitude : je n'étais pas comme les autres. D'autant que ma mère n'a pas tardé à me lire dans le journal la liste des interdits nous concernant, comme de jouer dans les jardins publics. »

Femme de prisonnier de guerre français, Jacqueline Rosenfeld bénéficie d'une vague protection. À condition de ne pas attirer l'attention. « Dépasser de quelques minutes le couvre-feu ou laisser filer, la nuit, un trait de lumière d'une fenêtre mal camouflée pouvait causer des ennuis à un non-juif. Mais un juif courait le risque de la déportation. »

À l'école, l'étoile de Jean-Michel le distingue de la majorité des élèves. Ce qui ne lui déplaît pas. D'ailleurs, il n'est pas le seul à en porter une. « Rue Martel, au moins un écolier sur cinq était dans mon cas. D'emblée, le directeur, monsieur Potelet, a mis tout le monde en garde : "La moindre brimade ou la moindre réflexion au sujet de l'étoile jaune de certains sera sévèrement sanctionnée. Même si elle vient du meilleur d'entre vous." Quant aux maîtres et aux maîtresses, ils se sont très bien comportés. Régulièrement, avant la sortie des classes, l'un d'eux allait vérifier sur le trottoir si des policiers n'étaient pas postés à l'extérieur. Les grandes vacances ont débuté le 13 juillet, trois jours avant la rafle du Vel'd'Hiv. »

Dans la nuit du 15 au 16, la mère de Jean-Michel pressent un danger et entraîne son fils au deuxième étage de leur immeuble, dans l'atelier de bijoux fantaisie où elle travaille clandestinement. Sa patronne, madame Lasserre, lui a prêté les clefs pour le cas où elle aurait besoin de se cacher. Vers six heures du matin, des bruits dans l'escalier les réveillent. Jean-Michel reconnaît la voix de son copain d'école, Sylvain Velt. Il ne le reverra jamais. Il entend aussi un policier demander à la concierge si les Betch, un couple de juifs étrangers, habitent toujours l'immeuble. Répondant par l'affirmative, la femme ajoute qu'ils ne sont pas sortis et qu'ils sont peut-être descendus dans une cave. « Les policiers se sont contentés d'ouvrir la porte du sous-sol, mais n'ont pas poussé leur curiosité plus loin. Cette concierge, madame Darde, était très antisémite. Dès qu'elle voyait ma mère, elle fredonnait la chanson de Rina Ketti, *C'est une petite étoile qui scintille à l'horizon*. En 2002, je me suis trouvé par hasard en face de sa fille, une dame de soixante-dix ans. J'ai failli me trouver mal. »

À la rentrée scolaire du 1er octobre 1942, les gamins de l'école de la rue Martel qui portent l'étoile ne sont plus que quatre ou cinq. « Les autres avaient été déportés, comme Sylvain Velt, ou alors se planquaient. » Jean-Michel et sa mère se « faufilent entre les gouttes ». « Passé la période de fierté de porter un insigne, j'ai vécu dans un climat de peur permanente. J'entendais les adultes qui évoquaient Untel ou Untel emmenés par la police. Je me rappelle les leçons de ma mère, le soir à la maison, quand elle me disait : “Il est possible que nous soyons séparés. Quoi qu'il arrive, n'oublie pas que tu es le fils de Joseph et de Jacqueline Rosenfeld, que tu habites au 8, rue d'Enghien.” Je me tenais constamment sur mes gardes, évitais les soldats allemands et les policiers. Depuis, à chaque fois que je croise un gardien de la paix, je me demande comment il se serait comporté à cette époque. Aurait-il lui aussi arrêté des juifs ? La vue d'un képi m'a toujours mis mal à l'aise. Aussi, la décision de Pierre Joxe, alors qu'il était ministre de l'Intérieur, de remplacer les képis par des casquettes, m'a apporté un immense soulagement. »

Excepté la concierge, antisémite, et la patronne de sa mère, qui les aide, les voisins non juifs de l'immeuble restent « passifs ». « Ni collabos ni résistants. » Parmi ceux qu'il appelle « les gens bien », Jean-Michel évoque l'épicière de la rue d'Enghien qui mettait toujours de côté pour sa mère des pâtes, du lait et des produits de base. « En plus des restrictions et des files d'attente devant les magasins, les juifs ne pouvaient faire leurs courses qu'à certaines heures, quand il n'y avait plus rien. »

Jean-Michel ne dissimule l'étoile que pour se rendre chez ses grands-parents maternels. Ils habitent Aulnay-sous-Bois, en Seine-et-Oise. Or les juifs parisiens n'ont pas le droit de sortir du département de la Seine. « Ma mère m'a emmené trois fois au cinéma d'Aulnay-sous-Bois, Le Prado, bien que ce genre de sortie fût interdit aux juifs. Nous y avons vu *Fièvres,* dans lequel jouait Tino Rossi, *Premier de cordée,* de Louis Daquin, et *Poncarral, colonel d'Empire,* de Jean Delannoy, avec Pierre Blanchard, Jean Marchat et Simone Valère. » Sa grand-mère, qui ne porte pas un nom à consonance israélite, ne s'est pas déclarée juive au commissariat. Elle n'apparaît donc sur aucune liste. Son mari, en revanche, qui, pour survivre, fabrique des casquettes au noir, a tenu à respecter la loi, confiant en la patrie des droits de l'homme et du citoyen. En juin 1944, peu après le débarquement en Normandie, une main anonyme glisse un mot sous leur porte : « Cachez-vous. Demain, on vient vous arrêter. » Le grand-père se réfugie alors au troisième étage de leur immeuble, dans l'appartement vide d'un fonctionnaire muté en province, que lui a indiqué le concierge avec cette consigne : « Ne faites pas de bruit pour ne pas éveiller les soupçons des voisins. » Le lendemain, dans la matinée, trois policiers se présentent. Le grand-père étant absent, ils n'insistent pas et repartent. Mais à peine s'éloignent-ils que l'un d'eux, à l'écart des deux autres, glisse à la grand-mère : « Surtout, insistez auprès de votre mari pour qu'il se cache. » Jusqu'en d'août, il va monter tous les soirs dans l'appartement vide du troisième étage, prenant bien soin d'éviter tout bruit et de ne pas heurter le moindre objet.

Quant aux grands-parents paternels de Jean-Michel, ils habitent rue Saint-Honoré, dans le I[e] arrondissement. « Nous allions chez eux un dimanche sur deux. Celui d'après, ils venaient chez nous. Ce qui nous a valu ce commentaire de ma grand-mère : « Ta mère et toi vous êtes comme un malade qui croit pouvoir se porter mieux en changeant de lit. »

La Shoah a peu touché la famille de sa mère, dont beaucoup de membres vivaient aux États-Unis ou en Angleterre. En revanche, dans celle de son père, sur une quarantaine d'arrestations, personne n'a survécu. Libéré par les partisans de Tito qui l'ont remis aux Anglais avec les autres prisonniers de son stalag, Joseph est rentré à Paris le 6 juin 1945. « Il ne pesait plus que trente-six kilos pour un mètre soixante-dix et avait perdu toutes ses dents. »

Après la guerre, Jean-Michel, qui avait abandonné l'école à quinze ans, sera grouillot à la Bourse, commis drapier dans le IVe, représentant en bijoux fantaisies... et employé à la Sécurité sociale où il achèvera sa vie professionnelle, en

1997, au poste de sous-directeur de la Caisse nationale d'assurance-maladie. Entré en 1967 à la SFIO, qui allait devenir le PS, il sera nommé en 1981 conseiller au cabinet de Pierre Mauroy, alors Premier ministre, puis chef adjoint du cabinet de Michel Delebarre, ministre du Travail, de l'Emploi et de la Formation professionnelle dans le gouvernement de Laurent Fabius. Aujourd'hui, père d'une fille, comédienne, il occupe les fonctions d'adjoint au maire du XXe arrondissement, « chargé de la mémoire, du patrimoine, des droits de la personne humaine et du monde combattant ». Il souhaiterait que soit apposée sur la façade des commissariats parisiens une plaque en mémoire des milliers de juifs et de résistants raflés par les policiers français.

Il reste une seule ressource : se souvenir, se recueillir. Là où on ne peut rien « faire », on peut du moins ressentir *inépuisablement.*

WLADIMIR YANKÉLÉVITCH[1]

1. *L'Imprescriptible,* « Points », le Seuil, 1996.

GLOSSAIRE

AC : Amitié chrétienne
AJ : Armée juive
AJDC : American Joint Distribution Committee
ARJF : Anciens de la résistance juive en France
CBIP : Comité de bienfaisance israélite de Paris
CDJC : Centre de documentation juive contemporaine
CAR : Comité d'assistance aux réfugiés
CGQJ : Commissariat général aux questions juives
CIMADE : Commission intermouvements auprès des évacués
CRJF : Conseil représentatif des juifs de France. Aujourd'hui CRIF : Conseil représentatif des institutions juives de France
EIF : Éclaireurs israélites de France
ET : Entraide temporaire
FSJF : Fédération des sociétés juives de France
GTE : Groupement de travailleurs étrangers
KKL : Keren Kayemeth le-Israël
MJS : Mouvement de la jeunesse sioniste
MNCR : Mouvement national contre le racisme
MOI : Main-d'œuvre immigrée
OJC : Organisation juive de combat
OSE : Œuvre de secours aux enfants
PQJ : Police aux questions juives
UGIF : Union générale des israélites de France
UJRE : Union des juifs pour la résistance et l'entraide
WIZO : Women International Zionist Organization
YMCA : Young Men Christian Association.

CHRONOLOGIE

1933
30 janvier : Adolf Hitler devient chancelier du Reich.
30 mars : ouverture du camp de concentration de Dachau (Allemagne).
26 avril : création de la Gestapo.

1937
Juillet : ouverture du camp de concentration de Buchenwald (Allemagne).

1938.
11 mars : l'Allemagne annexe l'Autriche (Anschluss).
Juillet : construction du camp de concentration de Mauthausen (Autriche).
29 et 30 septembre : conférence de Munich au cours de laquelle le Français Daladier et le Britannique Chamberlain cèdent devant Hitler et acceptent qu'il annexe à l'Allemagne une partie de la Tchécoslovaquie (territoire des Sudètes).
9 novembre : *Nuit de cristal.*

1939
Janvier : *construction du camp de concentration de Ravensbrück (Allemagne), spécialement destiné aux femmes.*
15 mars : les armées allemandes occupent toute la Tchécoslovaquie.
13 mai : *premier convoi vers Ravensbrück.*

23 août : pacte de non-agression germano-soviétique.
1er septembre : l'Allemagne attaque la Pologne.
Le 3 : la Grande-Bretagne, puis la France déclarent la guerre à l'Allemagne.
Le 12 : débarquement en France d'un corps expéditionnaire de 158 000 soldats britanniques.
Le 17 : entrée de l'armée soviétique en Pologne.
Le 26 : en France, le Conseil des ministres dissout le Parti communiste.
Le 27 : la Pologne capitule.
Le 28 : l'Allemagne et l'URSS se partagent la Pologne.
16 octobre : offensive allemande en Moselle.
Le 28 : *le port de l'étoile est rendu obligatoire pour les juifs en Allemagne.*
30 novembre : en France, les pleins pouvoirs sont accordés au gouvernement Daladier. Les troupes soviétiques entrent en Finlande.
11 décembre : à Genève, la Société des nations somme l'URSS de stopper les hostilités contre la Finlande.

1940
1er janvier : mobilisation générale en Grande-Bretagne.
Le 18 : le Danemark, la Suède et la Norvège proclament leur neutralité.
1er février : l'URSS attaque la Finlande.
12 mars : traité de paix entre l'URSS et la Finlande.
Du 20 au 22 : le gouvernement Daladier démissionne. Paul Reynaud forme un nouveau gouvernement.
9 avril : les Allemands envahissent la Suède et la Norvège.
Le 10 : combat naval anglo-allemand dans la baie de Narvik, en Norvège.
Du 14 au 19 : les Britanniques débarquent en Norvège, où arrive un corps expéditionnaire français.
Le 28 : en Norvège, après une victoire éphémère des Anglais, des Français et des Polonais, les alliés doivent réembarquer en

raison de la situation catastrophique des troupes franco-britanniques en Belgique.
4 mai : *création du camp d'extermination d'Auschwitz (Pologne).*
Le 10 : vaste offensive allemande en Belgique, aux Pays-Bas, au Luxembourg et en France.
Le 14 : rupture du front français à Sedan.
Le 15 : *clôture du ghetto de Varsovie.*
Le 17 : repli des troupes françaises et britanniques.
Le 18 : le maréchal Pétain devient vice-président du Conseil.
Le 23 : *la France interne, avec leurs enfants, 9 000 ressortissantes allemandes et autrichiennes dont la moitié sont juives, au camp de Gurs, dans les Pyrénées-Atlantiques.*
Le 27 : l'armée belge capitule.
Le 28 : à Dunkerque, 350 000 soldats alliés, dont 100 000 Français, tentent d'embarquer pour l'Angleterre.
Mai et juin : exode de la population française fuyant l'avancée allemande.
3 juin : la Luftwaffe bombarde Paris. À Dunkerque, fin du réembarquement allié.
Le 5 : le général de Gaulle est nommé sous-secrétaire d'État à la Guerre.
Le 10 : l'Italie déclare la guerre à la France et à la Grande-Bretagne. Le gouvernement français se replie à Tours, puis à Bordeaux.
Le 14 : les Allemands entrent dans Paris.
Le 17 : discours du maréchal Pétain demandant de « cesser le combat ».
Le 18 : depuis Londres, le général de Gaulle lance un appel à la résistance.
Le 22 : le maréchal Pétain signe l'armistice à Rethondes.
Le 24 : signature de l'armistice franco-italien.
Le 29 : le gouvernement français quitte Bordeaux pour Vichy.
2 juillet : le gouvernement français s'installe à Vichy.
Le 3 : à Mers el-Kébir, la flotte anglaise ouvre le feu sur des navires français.

Le 4 : le gouvernement de Vichy rompt les relations diplomatiques avec Londres.
Le 10 : le Parlement vote les pleins pouvoirs au maréchal Pétain ; 80 parlementaires s'y opposent.
Le 16 : *les Allemands décident d'expulser les juifs d'Alsace vers la zone libre.*
Le 22 : *le gouvernement de Vichy crée une commission chargée de réviser les naturalisations accordées depuis la loi du 10 août 1927 qui permet à quiconque né en France de parents étrangers d'opter pour la nationalité française ; 15 154 Français d'origine étrangère dont 6 307 juifs sont déchus de la nationalité française.*
2 août : le tribunal militaire de Clermont-Ferrand condamne le général de Gaulle à mort par contumace.
Le 16 : *les Allemands expulsent les juifs de Lorraine.*
19-30 août : *les Allemands interdisent aux juifs qui ont fui l'invasion de rentrer en zone occupée.*
Le 24 : premiers bombardements allemands sur Londres.
Le 27 : *Vichy abroge le décret-loi Marchandeau du 21 avril 1939 qui punit toute attaque par voie de presse « envers un groupe de personnes qui appartiennent par leur origine à une race ou à une religion déterminée, lorsqu'elle aura pour but d'exciter la haine entre les citoyens ou habitants ».*
Le 29 : création de la Légion française des combattants.
Septembre : *création du Judenreferat, service antijuif de la Gestapo.*
Le 23 : en France apparaissent les cartes de rationnement pour le pain et la viande.
Le 27 : *ordonnance allemande pour le recensement des juifs et de leurs biens en zone occupée. D'ici le 20 octobre au plus tard, les juifs doivent « se faire inscrire sur un registre spécial » dans les commissariats de police et un double doit être transmis à la Gestapo. Tout manquement sera puni « d'emprisonnement et d'amende ou d'une de ces deux peines ». Article 1 : « Sont reconnus comme juifs ceux qui appartiennent ou appartenaient à la religion juive, ou qui ont plus de deux grands-parents (grands-pères ou grands-mères) juifs. »*

3 octobre : *le gouvernement de Vichy promulgue le premier statut des juifs. Article 1er : « Est regardé comme juif pour l'application de la présente loi toute personne issue de trois grands-parents de race juive ou de deux grands-parents de la même race, si son conjoint lui-même est juif. » Ce statut exclut les juifs des postes d'encadrement des services publics, du corps des officiers et des sous-officiers, ainsi que des professions à responsabilités dans la presse, le cinéma et le théâtre. Ils peuvent occuper des fonctions subalternes s'ils sont anciens combattants de 1914-1918 ou s'ils se sont distingués en 1939-1940. Enfin, des quotas limitent leur nombre dans les professions libérales.*
Le 4 : *loi de Vichy « sur les ressortissants étrangers de race juive » qui permet aux préfets de les assigner à résidence ou de les interner dans des camps spéciaux. Parmi eux, ceux qui ont perdu leur nationalité française depuis le 22 juillet.*
Le 4 : rencontre Hitler-Pétain à Montoire.
Le 7 : *abrogation du décret de naturalisation collective des juifs d'Algérie (décret Crémieux de 1870).*
Du 19 octobre au 7 novembre : *en zone occupée, les juifs doivent se présenter au commissariat de leur domicile pour que la mention « Juif » ou « Juive » soit apposée sur leur carte d'identité.*
Le 24 : à Brazzaville, le général de Gaulle crée le Conseil de défense de l'empire.
4 novembre : les Anglais débarquent en Crète.
Le 11 : manifestation sur les Champs-Élysées de 2 000 lycéens et étudiants qui bravent l'interdiction de la kommandantur et de la préfecture de police de commémorer l'armistice de 1918. Ils déposent une gerbe bleue en forme de croix de Lorraine sous l'Arc de triomphe.

1941
17 janvier : les secrétaires d'État et hauts fonctionnaires doivent désormais prêter serment au maréchal Pétain. En octobre, cette mesure sera étendue à tous les fonctionnaires.
1er février : à Vichy, création du Rassemblement national populaire.

1er mars : en Libye, après s'être emparé de l'oasis de Koufra, le général Leclerc fait prêter ce serment à ses hommes : « Jurez de ne déposer les armes que lorsque nos couleurs, nos belles couleurs, flotteront sur la cathédrale de Strasbourg. »
Le 11 : aux États-Unis, le président Franklin Delano Roosevelt réussit à faire voter la loi « prêt-bail » permettant d'armer et de ravitailler la Grande-Bretagne.
Le 23 : *en France, création du Commissariat général aux questions juives dirigé par Xavier Vallat.*
6 avril : les Allemands entrent en guerre contre la Yougoslavie et la Grèce.
Le 26 : *en zone occupée, interdiction aux juifs d'exercer des activités économiques. Des administrateurs sont nommés dans les entreprises qu'ils ont le droit de vendre à des aryens ou de liquider.*
13 mai : *les policiers remettent aux juifs une convocation appelée le « billet vert ».*
Le 14 : *près de 4 000 juifs étrangers sont arrêtés à Paris. Regroupés notamment au gymnase Japy dans le XIe arrondissement, ils sont ensuite internés dans les camps de Beaune-la-Rolande et de Pithiviers, dans le Loiret.*
Le 27 : au large de Brest, les Anglais coulent le *Bismarck*, un des plus puissants navires au monde.
Le 31 : les Britanniques bombardent Cologne.
2 juin : *le gouvernement de Vichy promulgue le second statut des juifs. Article 1 : « Est regardé comme juif celui ou celle, appartenant ou non à une confession quelconque, qui est issu d'au moins trois grands-parents de race juive, ou de deux seulement si son conjoint est lui-même issu de deux grands-parents de race juive.*
« Est regardé comme étant de race juive le grand-parent ayant appartenu à la religion juive.
« Celui ou celle qui appartient à la religion juive, ou y appartenait le 25 juin 1940, et qui est issu de deux grands-parents de race juive. »
Le 2 : *le gouvernement de Vichy entreprend de recenser les juifs en zone libre.*

Le 8 : les Anglais et les Forces françaises libres occupent la Syrie.
Le 21 : *loi limitant à 3 % de l'effectif total le nombre des étudiants juifs inscrits dans les facultés.*
Le 22 : l'Allemagne déclenche l'opération « Barbarossa » contre l'Union soviétique.
7 juillet : création de la Légion des volontaires français contre le bolchevisme.
Le 12 : accord anglo-soviétique d'assistance mutuelle.
Le 22 : *création du camp d'extermination de Majdanek (Pologne).*
4 août : bombardements anglais sur Kiel, Hambourg et Berlin.
Le 10 : à Terre-Neuve, Winston Churchill et Franklin Delano Roosevelt signent la charte de l'Atlantique.
Le 13 : *ordonnance allemande portant confiscation des postes de TSF appartenant aux juifs :*
« En vertu des pleins pouvoirs qui m'ont été conférés par le Führer et commandant en chef de la Wehrmacht, j'ordonne ce qui suit :
« Il est interdit aux juifs d'avoir des postes récepteurs de TSF en leur possession.
« Les juifs ayant des postes récepteurs de TSF en leur possession devront les remettre, jusqu'au 1er septembre 1941, contre récépissé, au maire (autorité locale de police) de leur domicile ou de leur résidence permanente... »
Les 20 et 21 : *création du camp de passage et d'internement de Drancy, en région parisienne.*
Le 21 : *rafle dans le XIe arrondissement à Paris. Tous les avocats juifs présents de la Capitale sont internés.*
24 septembre : création du Comité national de la Résistance (CNR).
21 octobre : en France, exécution des otages de Châteaubriant.
17 novembre : offensive anglaise en Libye.
Le 17 : *loi interdisant aux juifs propriétaires de biens mis sous administration provisoire d'être employés dans leur entreprise et,*

d'une manière générale, d'occuper aucun poste d'encadrement dans une entreprise quelconque.
Le 27 : le général des Forces françaises libres Georges Catroux proclame l'indépendance du Liban.
Le 29 : *le commissaire aux questions juives Xavier Vallat crée l'Union générale des israélites de France (UGIF) qui absorbe les œuvres juives déjà existantes. Instituée à la demande des Allemands, l'UGIF est destinée à encadrer les juifs.*
7 décembre : les Japonais détruisent la flotte américaine à Pearl Harbour.
Le 8 : les États-Unis et la Grande-Bretagne déclarent la guerre au Japon.
Le 10 : *ordonnance du préfet de police de la Seine obligeant les juifs du département à signaler leurs changements de domicile et les soumettant à des contrôles périodiques.*
Le 11 : l'Allemagne et l'Italie déclarent la guerre aux États-Unis.
Le 12 : *mille notables juifs, pour la plupart français, sont arrêtés à Paris.*
Le 18 : Hitler prend le commandement de la Wehrmacht.

1942
20 janvier : *en Allemagne, conférence de Wannsee ; sous le nom de « solution finale », la décision est prise d'exterminer systématiquement les juifs d'Europe.*
7 février : *en zone occupée, une ordonnance allemande interdit aux juifs de sortir entre vingt heures et six heures, et de changer de résidence.*
Le 10 : *loi interdisant les changements de nom et décidant de la révision de tous les décrets accordant des changements de noms « habituellement portés par les juifs » intervenus depuis le 24 octobre 1870.*
Le 19 : en France, ouverture du procès de Riom. Léon Blum, Édouard Daladier, le général Gamelin, Paul Reynaud et Georges Mandel comparaissent devant une juridiction excep-

tionnelle. Vichy les considère responsables de la défaite de 1940.
1er mars : Pierre Mendès-France rejoint le général de Gaulle à Londres.
Le 27 : *premier convoi de déportation de juifs français. Les mille notables arrêtés à Paris le 12 décembre 1941 sont envoyés dans les camps de la mort.*
18 avril : à Vichy, Pierre Laval est nommé chef du gouvernement.
6 mai : *Louis Darquier, dit de Pellepoix, remplace Xavier Vallat à la tête du Commissariat général aux questions juives.*
Le 29 : *ordonnance allemande imposant aux juifs de porter l'étoile jaune :*
« En vertu des pleins pouvoirs qui m'ont été conférés par le Führer et commandant suprême du Reich, j'ordonne ce qui suit :
1 Il est interdit aux juifs, dès l'âge de six ans révolus, de paraître en public sans porter l'étoile juive.
2 L'étoile juive est une étoile à six pointes ayant les dimensions de la paume d'une main et les contours noirs. Elle est en tissu jaune et porte, en caractères noirs, l'inscription « Juif ». Elle devra être portée bien visiblement sur le côté gauche de la poitrine, solidement cousue sur le vêtement... »
Le 30 : mille avions britanniques bombardent Cologne.
11 juin : les troupes françaises évacuent Bir-Hakeim.
Le 20 : les Allemands prennent Tobrouk.
Le 26 : cinq cents avions britanniques bombardent Hambourg.
3 juillet : *à Paris, arrestation des malades de l'hôpital Rothschild.*
Le 8 : *en zone occupée, interdiction pour les juifs de fréquenter les salles de spectacles, les restaurants, les jardins publics... Ils ne peuvent faire leurs achats qu'entre quinze et seize heures. À la suite d'attentats commis contre les Allemands, les juifs doivent payer une amende d'un milliard de francs collectés par l'UGIF.*
Le 11 : arrivée à Compiègne des premiers prisonniers français libérés au titre de la relève.
Le 13 : *circulaire n° 173-42, neuf pages frappées du mot « secret » adressées par la direction de la police municipale de la*

préfecture de police « à messieurs les commissaires divisionnaires, commissaires de voie publique et des circonscriptions de banlieue » : « Les autorités occupantes ont décidé l'arrestation et le rassemblement d'une certain nombre de juifs étrangers. » Dans le premier chapitre consacré aux « principes », la question « À qui s'applique cette mesure ? » est suivie, dans le paragraphe « a », de la liste des nationalités concernées (Allemands, Autrichiens, Polonais, Tchécoslovaques, Russes – réfugiés ou soviétiques, c'est-à-dire « blancs » ou « rouges », apatrides, c'est-à-dire de nationalité indéterminée), et, dans le paragraphe « b », intitulé « âge et sexe », de ces deux phrases : « Elle concerne tous les juifs des nationalités ci-dessus, quel que soit leur sexe, pourvu qu'ils soient âgés de 16 à 60 ans (les femmes, de 16 à 55 ans). Les enfants de moins de 16 ans seront emmenés en même temps que les parents. » Plus loin, des lignes froides, précises, scrupuleuses, méthodiques, fixent les modalités d'« exécution » :

« Chaque israélite (homme et femme) à arrêter fait l'objet d'une fiche. Ces fiches sont classées par arrondissement et par ordre alphabétique.

« Vous constituerez des équipes d'arrestation. Chaque équipe sera composée d'un gardien en tenue et d'un gardien en civil ou d'un inspecteur des Renseignements généraux ou de la police judiciaire.

« Chaque équipe devra recevoir plusieurs fiches. À cet effet, l'ensemble des fiches d'un arrondissement ou d'une circonscription sera remis par ma direction ce jour, à 21 heures.

« Les équipes chargées des arrestations devront procéder avec le plus de rapidité possible, sans paroles inutiles et sans commentaires. En outre, au moment de l'arrestation, le bien-fondé ou le mal-fondé de celle-ci n'a pas à être discuté. C'est vous qui serez responsables des arrestations et examinerez les cas litigieux qui devront être signalés.

« Vous instituerez, dans chacun de vos arrondissements ou circonscriptions, un ou plusieurs « centres primaires de rassemblement » que vous ferez garder. C'est dans ce ou ces centres que seront examinés par vous les cas douteux. Si vous ne pouvez tran-

cher la question, les intéressés suivront momentanément le sort des autres.
« Des autobus, dont le nombre est indiqué plus loin, seront mis à votre disposition.
« Lorsque vous aurez un contingent suffisant pour remplir un autobus, vous dirigerez :
« a) sur le camp de Drancy, les individus ou familles n'ayant pas d'enfant de moins de 16 ans.
« b) sur le vélodrome d'Hiver, les autres.
« En ce qui concerne le camp de Drancy, le contingent prévu doit être de 6 000. En conséquence, chaque fois que vous ferez un départ pour Drancy, vous ferez connaître le nombre de personnes transportées dans ce camp à l'État-major qui vous préviendra lorsque le maximum sera atteint. Vous dirigerez alors les autobus sur le Vélodrome d'Hiver. »
« Vous affecterez à chaque autobus une escorte suffisante. Les glaces de la voiture devront demeurer fermées et la plateforme sera réservée aux bagages. Vous rappellerez aux équipes spéciales d'arrestation, en leur donnant lecture, les instructions contenues dans les consignes que vous remettrez à chacune d'elles avant de procéder aux opérations.
« Vous leur indiquerez également, d'une façon nette, les renseignements qu'ils devront après chaque arrestation porter au verso de la fiche afférente à la personne arrêtée. »
Au chapitre « effectifs et matériel », les « dispositions générales » prévoient :
« Les permissions seront suspendues du 15 courant à 18 heures au 17 courant à 23 heures et tous les cours seront supprimés jusqu'à la reprise des permissions.
« Le service de garde des établissements allemands ne sera pas assuré, sauf celui des parcs de stationnement et des garages installés dans les passages souterrains, du 15 courant à 21 heures 30 au 17 à 21 heures 30, sauf quelques rares exceptions dont vous serez seuls juges.
« En conséquence, les renforts fournis habituellement pour ce service spécial ne vous seront pas envoyés.

« De cette situation, il résulte que chaque arrondissement peut sans difficulté affecter à la constitution des "équipes spéciales" : dix gardiens par brigade de roulement et la brigade D au complet, sans que le service normal de l'arrondissement en soit affecté, assuré qu'il sera par le reste de la brigade de roulement (dont l'effectif, du fait de la suppression des permissions, correspondra au moins à son effectif habituel).
« Les gardiens désignés pour constituer les équipes spéciales seront exemptés de leur service normal d'arrondissement à partir du 15 courant à 18 heures. Ils assureront à nouveau leur service habituel à partir du 17 courant à 23 heures.
« Ceux qui prendront la surveillance des établissements allemands le 17 courant à 21 heures 30 devront être libérés de tout service dans l'après-midi du même jour. »
Les 16 et 17 : *rafle du Vel'd'Hiv' à Paris. Plus de 13 000 juifs, dont 4 500 enfants, sont arrêtés. Emmenés à Drancy, Beaune-la-Rolande et Pithiviers, ils seront déportés à partir du 21 juillet.*
Le 19 : en URSS, les Allemands engagent la bataille de Stalingrad.
Le 21 : en France, échec d'une opération de débarquement allié à Dieppe.
Du 26 au 28 : *en France, premières grandes rafles de juifs en zone Libre. Vichy livre 10 000 juifs « apatrides » à la Gestapo pour être « déportés vers l'Est ».*
3 novembre : en Égypte, le général britannique Montgomery remporte la bataille d'El-Alamein contre Rommel.
Le 8 : débarquement anglo-américain en Afrique du Nord. Vichy rompt les relations diplomatiques avec les États-Unis.
Le 11 : en France, les Allemands envahissent la zone sud.
Le 27 : la flotte française se saborde à Toulon.
24 décembre : à Alger, des patriotes exécutent l'amiral Darlan.

1943
13 janvier : la division Leclerc et la VIIIe armée britannique opèrent leur jonction en Libye.

Le 28 : à Marseille, les Allemands détruisent quatorze hectares de la vieille ville.
Le 30 : en France, Vichy crée la Milice.
3 février : capitulation des Allemands devant Stalingrad.
Le 16 : loi instituant le Service du travail obligatoire (STO) en Allemagne.
Le 21 : en France, Jean Moulin est chargé de présider le Conseil national de la Résistance.
5 avril : le gouvernement de Vichy livre Léon Blum, Édouard Daladier, le général Gamelin, Paul Reynaud et Georges Mandel aux Allemands.
Le 9 : *en Pologne, les SS envahissent le ghetto de Varsovie.*
Le 19 : *début du soulèvement du ghetto de Varsovie.*
12 mai : en Tunisie, l'Afrikakorps de Rommel capitule.
Le 27 : première réunion du Conseil national de la Résistance (CNR) sous la présidence de Jean Moulin.
3 juin : formation, à Alger, du Comité français de libération nationale (CFLN).
Le 8 : arrestation, à Paris, du général Delestraint, chef de l'Armée secrète.
Le 21 : arrestation, à Caluire, de Jean Moulin.
2 juillet : *en France, le camp de Drancy passe sous administration allemande.*
Le 10 : les alliés débarquent en Sicile.
Le 25 : en Italie, arrestation de Mussolini.
Le 25 août : les alliés reconnaissent le Comité français de libération nationale.
8 septembre : l'Italie capitule.
Le 10 : les Allemands envahissent l'Italie du Nord et occupent Rome.
Le 12 : délivré par les Allemands, Mussolini crée, à Salo, sur le lac de Garde, une « république socialiste » pour continuer le combat contre les alliés.
1er octobre : en Italie, les troupes alliées occupent Naples.
28 novembre : début de la conférence de Téhéran entre

Churchill, Roosevelt et Staline. Ils décident un débarquement allié au printemps sur les côtes françaises.
30 décembre : en Ukraine, l'armée soviétique enfonce les lignes allemandes sur trois cents kilomètres.

1944
5 janvier : les troupes soviétiques entrent en Pologne.
Le 30 : à Brazzaville, discours du général de Gaulle sur l'avenir des colonies.
14 février : au bout de 900 jours de siège, l'armée soviétique libère Léningrad.
Le 21 : exécution au mont Valérien des 21 résistants du groupe « Manouchian » (l'Affiche rouge).
15-18 et 24 mars : *rafles de juifs réfugiés à Monaco, neutre jusque-là.*
6 avril : *les Allemands arrêtent les enfants de la maison d'Izieu, près de Lyon, et les déportent.*
9 mai : en URSS, libération de Sébastopol.
Le 17 : en Italie, les troupes alliées s'emparent du mont Cassino.
2 juin : le Comité français de libération nationale devient « Gouvernement provisoire de la République française ». Les alliés entrent dans Rome.
Le 6 : débarquement allié en Normandie.
Le 7 : en France, la Milice assassine Georges Mandel.
Le 10 : massacre d'Oradour-sur-Glane, en Haute-Vienne.
Le 13 : premier bombardement de Londres par des V1.
Le 14 : le général de Gaulle rentre en France.
Le 20 : en Allemagne, attentat manqué contre Hitler.
Le 21-23 : le maquis du Vercors, en Isère, est décimé.
9 août : *libération du camp de Pithiviers.*
Le 15 : les alliés débarquent en Provence.
Le 17 : *départ du dernier convoi de Drancy pour Auschwitz.*
Le 25 : les chars de la 2e DB entrent dans Paris.
Le 26 : le général de Gaulle descend les Champs-Élysées.

7 septembre : le maréchal Pétain et Pierre Laval quittent la France pour l'Allemagne.
Le 8 : le général de Gaulle forme son premier gouvernement en métropole.
5 octobre : en France, ordonnance sur le droit de vote des femmes.
23 novembre : la 2e DB libère Strasbourg.
16 décembre : contre-offensive allemande dans les Ardennes.

1945
27 janvier : *l'armée soviétique libère le camp d'Auschwitz.*
2 février : la Ire armée du général de Lattre entre dans Colmar.
Du 3 au 11 : conférence de Yalta entre Churchill, Roosevelt et Staline.
3 mars : en Yougoslavie, le maréchal Josip Broz, surnommé « Tito », devient Premier ministre.
11 avril : *les Américains libèrent le camp de Buchenwald.*
Le 12 : mort du président américain Roosevelt.
Le 21 : l'armée soviétique entre dans Berlin.
Le 28 : en Italie, les partisans exécutent Mussolini.
Le 29 : élections municipales en France. Les femmes votent pour la première fois.
Le 30 : à Berlin, suicides d'Hitler et d'Eva Braun.
7 mai : à Reims, signature de la capitulation allemande au QG du général américain Eisenhower.
Le 9 : à Berlin, deuxième signature de la capitulation allemande au QG du maréchal soviétique Joukov. Le général de Lattre signe pour la France.
6 août : les Américains lancent une bombe atomique sur Hiroshima.
Le 15 : le Japon capitule.

REPÈRES BIBLIOGRAPHIQUES

Bailly Danielle (collectif coordonné par), *Traqués, cachés, vivants. Des enfants juifs en France (1940-1945),* L'Harmattan, 2004.

Baruch Marc-Olivier, *Servir l'État français. L'administration en France de 1940 à 1944,* Fayard, 1997.

Brauman Jean, Loinger Georges, Wattenberg Frida, *Organisation juive de combat. Résistance sauvetage France 1940-1945,* Autrement, 2002.

Cain Larissa, *Une enfance au ghetto de Varsovie,* L'Harmattan, 1997.

Cohen Asher, *Persécutions et sauvetages : Juifs et Français sous l'Occupation et sous Vichy,* éditions du Cerf, 1993.

Conan Éric, *Sans oublier les enfants, 19 juillet-16 septembre 1942,* Grasset, 1991.

Croquet Jean-Claude, Molliet Michel et Baré Jean-Marie, *Chemins de passage. Les passages clandestins en Haute-Savoie de 1940 à 1944,* éditions La Salévienne, 1996.

Dassa Sami, *Vivre, aimer avec Auschwitz au cœur,* L'Harmattan, 2002.

Delpart Raphaël, *Les Enfants cachés,* éditions Jean-Claude Lattès, 1993.

Diamant David, *La Résistance juive,* L'Harmattan, 1993.

Gutman Israël (sous la direction de), *Dictionnaire des Justes de France,* édition établie par Lucien Lazare, éditions Yad Vashem, Jérusalem, Fayard, Paris, 2003.

Guéno Jean-Pierre (sous la direction de), *Paroles d'étoiles, mémoire d'enfants cachés (1939-1945),* Librio, 2002.

Halimi André, *La Délation sous l'Occupation,* éditions Alain Moreau, 1983.

Hilberg Raul, *La Destruction des juifs d'Europe,* Gallimard, 1992.

Exécuteurs, victimes, témoins, Gallimard, 1994.

Holstein Denise, *Je ne vous oublierai jamais, mes enfants d'Auschwitz,* Éditions n° 1, 1995.

Kaspi André, *Les Juifs pendant l'Occupation,* Le Seuil, 1991.

Klarsfeld Serge, *Vichy-Auschwitz (I) 1942 : le rôle de Vichy dans la solution finale de la question juive en France,* Fayard, 1983.

Vichy-Auschwitz (2) 1943-1944, éditions Fayard, 1985.

Le Mémorial des enfants juifs déportés de France, éditions de l'association des Fils et Filles de déportés juifs de France (FFDJF), 1995.

Le Calendrier de la persécution des juifs de France. 1940-1944, Fayard, 2001.

Lafitte Michel, *Un engrenage fatal. L'UGIF face aux réalités de la Shoah. 1941-1944,* éditions Liana Levi, 2003.

Levy Claude et Tillard Paul, *La Grande Rafle du Vel'd'Hiv',* Robert Laffont, 1967.

Levy Paul, *Un camp de concentration : Poitiers 1939-1945*, éditions Sedes, 1995.

Lazare Lucien, *La Résistance juive, un combat pour la survie,* éditions du Nadir, 2001.

Lewendel Isaac, *Un hiver en Provence,* éditions de l'Aube, 1996.

Marrus Michaël R. et Paxton Robert O., *Vichy et les Juifs,* Calmann-Lévy, 1981.

Moscovici Jean-Claude, *Voyage à Pitchipoï,* éditions Médium, 1995.

Paxton Robert O., *La France de Vichy,* Le Seuil, 1974.

Pinta Bernard, *Les Enfants de Pitchipoï,* France-Empire, 1994.

Poliakov Léon, *L'Étoile jaune : la situation des juifs en France sous l'Occupation,* éditions Grancher, 1999.

Priollaud Nicole, Zigelman Victor, Goldberg Victor, *Images de la mémoire juive de Paris. Immigration et intégration en France depuis 1880,* Liana Levi – Mémoire juive de Paris, 2000.

Ramani Moïse, *Rhodes, un pan de notre mémoire,* éditions Romillat, 2000.

Rajsfus Maurice, *Drancy, un camp de concentration très ordinaire,* le cherche midi éditeur, 1996.

Rayski Adam, *Le Choix des juifs sous Vichy : entre soumission et résistance,* La Découverte, 1992.

Reiner Silvain, *Et la terre sera plus pure,* éditions de l'Archipel, 1997.

Rousseau Jean, *Des enfants juifs en Vendée. Chavagnes, 1942-1944,* Centre vendéen de recherches historiques, 2004.

Sandrier Roger, *Avant l'oubli... résistance,* imprimerie IFC, 2003.

Vegh Claudine, *Je ne lui ai pas dit au revoir. Des enfants de déportés parlent*, Gallimard, 1979.

Wellers Georges, *Un juif sous Vichy,* éditions Tirésias, 1991.

Zeitoun Sabine, *L'Œuvre de secours aux enfants (OSE) sous l'Occupation en France,* L'Harmattan, 1990.
Ces enfants qu'il fallait sauver, Albin Michel, 1989.

Les Enfants de la Guette. Souvenirs et documents, 1938-1945, Centre de documentation juive contemporaine, 1999.

L'OSE sous l'occupation allemande en France, 1940-1944, Centre de documentation juive contemporaine, 1947.

Une mémoire pour le futur, 90 ans de l'OSE, Somogy, 2003.

La Vie et la Mort dans les camps de concentration nazis, Centre de documentation juive contemporaine.

Les Éclaireurs israélites de France dans la guerre, revue d'histoire de la Shoah, Centre de documentation juive contemporaine, 1997.

REMERCIEMENTS

Pour leurs conseils éclairés et amicaux ainsi que pour leur aide précieuse, je tiens à remercier plus particulièrement Frida Wattenberg, secrétaire générale de la Mémoire juive de France, déléguée à la mémoire des Anciens de la Résistance juive en France (ARJF), Georges Loinger, président de l'ARJF France, et Liliane Klein-Lieber, présidente de l'association Enfants cachés. Je remercie également Raphaël Feigelson, président de la Fraternité de la Résistance, de l'Association générale des israélites de la Résistance (AGIR) et de l'association Auschwitz-Birkenau-Monowitz, Marc Fineltin, secrétaire général de Mémoire et espoirs de la Résistance (MER), Paulette Neu, Aline Deutscher, Robert Carles, Liliane Goldberg-Lancry, Edmond Benaderette, Sami Dassa, Jeannette Wolgust, Julien Engel, Salomon Galdbart, Nelly Scharanpan, David Fuchs, Marie-Élise Roger, Simone Miliband-Fenal, Sarah Tieder-Kaminsky et Paul, Lilian Reznik-Soret, Jean-Michel Rosenfeld, Estéra Fuchs-Géreau, Fernand Fikman, Ida Rozenberg-Apeloig, Marcel Apeloig, Édith Mayer-Cord, Simon Liwerant, Gilberte Czyzyk-Eugénie, Léon Wodowski-Vermont, Wolf-Sam Jakubowitz-Jacquet, Iana Zbar, ainsi que mon éditrice Geneviève Perrin.

Table des matières

Achevé d'imprimer par N.I.I.A.G.
en juin 2006
pour le compte de France Loisirs, Paris

N° d'éditeur : 46013
Dépôt légal : Mai 2006